FONDATION HARDT

POUR L'ÉTUDE DE L'ANTIQUITÉ CLASSIQUE

ENTRETIENS

Tome XV

LUCAIN

ENTRETIENS SUR L'ANTIQUITÉ CLASSIQUE
Publiés par Olivier Reverdin
TOME XV

LUCAIN

SEPT EXPOSÉS SUIVIS DE DISCUSSIONS

PAR

BERTHE M. MARTI, PIERRE GRIMAL, F. L. BASTET,
HENRI LE BONNIEC, OTTO STEEN DUE, WERNER RUTZ,
MICHAEL VON ALBRECHT

Entretiens préparés et présidés
par Marcel Durry

VANDŒUVRES-GENÈVE
26 - 31 AOÛT 1968

CES ENTRETIENS ONT ÉTÉ ORGANISÉS ET CE VOLUME A ÉTÉ PUBLIÉ
AVEC LE CONCOURS DE LA FONDATION DU JUBILÉ
DE L'UNION DE BANQUES SUISSES

AVANT-PROPOS

La Fondation Hardt fait alterner les thèmes historiques, littéraires, philosophiques, les sujets grecs et romains. Depuis 1962 (Varron), elle n'avait plus choisi d'auteur latin. C'est ce qui l'a incitée à placer ses entretiens de 1968 à l'enseigne de Lucain. Elle a chargé le professeur Marcel Durry (Paris) de les préparer et de les diriger.

Sept spécialistes, venus de cinq pays, ont éclairé le poète et son poème sous l'angle des structures (Berthe M. Marti, University of North Carolina, U.S.A.), de l'histoire (Pierre Grimal, Paris), des arts plastiques (F. L. Bastet, Leyde), de la religion (Henri Le Bonniec, Paris), de la philosophie (Otto Steen Due, Aarhus), de la rhétorique (Werner Rutz, Bad Segeberg), de la tradition épique (Michael von Albrecht, Heidelberg). Le présent volume comprend leurs exposés et les discussions qui les ont suivis.

Pour la structure de la Pharsale, *il a été retenu que l'on pouvait hésiter entre la théorie des XII chants et celle des XVI chants, mais à l'exclusion de toute autre. Lucain respecte les faits historiques ; il ne s'en écarte que rarement et par souci littéraire. Dans ses scènes et tableaux, point de descriptions d'œuvres d'art, ce qui s'explique mal. On rencontre chez lui plus de curiosité théologique que de véritable sentiment religieux, plus d'intérêt pour la philosophie de l'histoire que pour les manuels de doctrine stoïcienne. Sa rhétorique n'est de même pas scolaire et il sait la transmuer en poésie. D'Homère à Virgile en passant par Ennius, on suit la voie d'une longue tradition épique au terme de laquelle éclate l'originalité de la* Pharsale.

Au fur et à mesure que se déroulaient les séances et les discussions, on a vu se multiplier les problèmes sur lesquels on ne saurait trop recommander aux spécialistes actuels et futurs de se pencher. En voici quelques exemples : culture hellénique ; religion et symbolique d'après les monuments figurés ; realia *(animaux ; jeux de l'amphithéâtre et vision de la mort) ; prières et rites : rapports de la magie et de la philosophie stoïcienne ;* dispositio *et* elocutio. *Influence de Lucrèce, d'Ovide.*

Ainsi ces entretiens, qui apportent beaucoup de neuf dans le détail, ont essayé de faire le point ; on souhaite qu'ils servent de base de départ pour de nouvelles études sur Lucain et sur la Pharsale.

Un ouvrage contenant des contributions de sept auteurs et des discussions au cours parfois capricieux n'est vraiment accessible, pour qui veut le consulter ou l'utiliser, que s'il est complété par des index exhaustifs. M. René Amacker, membre de l'Institut suisse de Rome, a rédigé ceux qui figurent à la fin du présent volume. Il l'a fait avec le plus grand soin. Qu'il en soit ici remercié.

TABLE DES MATIÈRES

I

BERTHE M. MARTI

La structure de la *Pharsale*

LA STRUCTURE DE LA PHARSALE

Je me propose d'examiner le premier problème qui se pose à tout critique de la *Pharsale*, celui de la structure d'un poème resté inachevé et dont, par conséquent, le schéma complet et définitif nous échappe. Il n'est plus nécessaire, je pense, de discuter si, alors qu'il projetait d'écrire un poème de longue haleine, Lucain en avait au préalable établi le plan et fixé les grandes lignes [1]. Une série d'études importantes, dont un résumé a paru dans le neuvième volume de *Lustrum*, a vu le jour au cours de la dernière génération [2]. Elles ont démontré par des analyses détaillées du texte avec quelle habileté Lucain a su combiner et agencer les diverses parties du poème et les intégrer en un tout homogène pour en faire une œuvre d'art unifiée. M. Rutz en particulier a souligné, dans une dissertation remarquable par la sûreté de sa méthode et la connaissance approfondie du poème [3], un certain nombre de points relatifs à la composition. Sur ce sujet, je tiens ses conclusions pour acquises et baserai ma discussion en partie sur elles. Elles peuvent se résumer ainsi : les éléments premiers dont s'est servi Lucain pour construire son poème sont des scènes, de longueur inégale, concentrées en général sur un personnage ou sur un groupe anonyme qui en constitue l'unité. Elles représentent des moments distincts, ont chacune sa valeur

[1] W. STEINHARD, *Jahrb. f. kl. Phil.* 83, 1861, considère la composition du poème déficiente. DESSAU, *Gesch. d. röm. Kaiserzeit* (Berlin 1924-30), II, 235, affirme que le plan n'avait pas été arrêté alors que Lucain écrivait les premiers livres. KLOTZ, *Gesch. der röm. Lit.* (1930), 258 : «Das Werk ist also nicht nach einem Plane entstanden.»

[2] Pour le résumé des études sur la composition et la structure du poème par W. Menz, H. Haffter, O. Schönberger, H. P. Syndikus, H. Nehrkorn, H. Flume et O. S. Due, voir W. RUTZ, *Lustrum* 9, 1965, 262-66.

[3] W. RUTZ, *Studien zur Kompositionskunst und zur epischen Technik Lucans* (Diss. Kiel 1950, dactylogr.). Voir aussi *Lustrum*, *op. cit.*

propre, ne sont pas étroitement reliées et sont souvent disposées autour d'un axe central et composées en net contraste les unes avec les autres. Elles peuvent aussi se succéder sans transition, en crescendo, le mouvement ascendant aboutissant à une scène qui constitue le point culminant de la série. Ces groupes de scènes sont combinés en blocs assez étendus qui sont les véritables unités de base avec lesquelles Lucain a bâti son poème. La juxtaposition de ces blocs homogènes forme les livres qui ne sont qu'un des éléments contribuant à la construction totale et ne constituent pas de véritables unités autonomes [1]. L'unité la plus considérable est la tétrade, qui forme la structure fondamentale de la *Pharsale*. Chacun de ces groupes de quatre livres est unifié, homogène et indépendant. Chaque tétrade est partagée en groupes de deux livres, chaque livre est subdivisé en blocs contenant une série de scènes détachées. Chaque partie est complète en soi et préserve son indépendance. Cependant les coupures qui séparent les éléments de construction sont estompées et si peu apparentes que chacun semble former une partie intégrante du tout et se fondre insensiblement dans le suivant sans la moindre interruption [2]. Il n'y a de pause, d'arrêt véritablement perceptible, qu'au terme des tétrades qui marquent un temps d'arrêt à ce mouvement en apparence si fluide.

Cette conception des procédés de construction de Lucain me semble démontrée et je ne m'y arrête pas [3].

[1] HANS PETER SYNDIKUS, *Lucans Gedicht vom Bürgerkrieg (Untersuchungen zur epischen Technik und zu den Grundlagen des Werkes)* (München 1958), 105 s., considère à tort que chaque livre forme une entité bien unifiée et indépendante.

[2] Une nouvelle scène commence souvent au milieu d'un vers ; la fin d'un livre est liée au début du suivant, etc. Il n'y a même pas de division nette et complète entre les deux moitiés de chaque tétrade.

[3] OTTO SCHÖNBERGER, Zu Lucan. Ein Nachtrag, *Hermes* 86, 1958, 234, reconnaît que la scène est la première subdivision : « Die Szene wird nun zum beherrschenden Formprinzip ». Il se trompe à mon avis lorsqu'il cherche

Mais la structure de la *Pharsale* présente d'autres problèmes que ceux de Lucain technicien et homme de métier. Avant de pouvoir distinguer clairement l'architecture et la portée du poème, il est nécessaire de chercher une hypothèse valide sur l'étendue et la conclusion que Lucain avait dès le début l'intention de lui donner. Je me propose de reprendre ici l'hypothèse que j'avais avancée dans un article publié en 1945 et que le manque de place m'avait empêchée d'étayer par les arguments sur lesquels elle était basée [1]. Malgré l'opposition de la majorité des critiques, je suis convaincue que seule la mort de César pouvait fournir à la *Pharsale* la conclusion que fait pressentir le poète [2].

à diviser chaque bloc en scènes de longueur approximativement égale et chaque livre en blocs d'égales proportions. Le seul critère valable pour la division en scènes et en blocs est celui que constituent l'idée centrale ou le personnage dominant, comme l'a fort bien vu M. Rutz. Je ne suis pas d'accord non plus avec la thèse de R. Getty, Neopythagoreanism and mathematical symmetry in Lucan, *De bello civili I*, *TAPhA* 91, 1960, 310-323, qui cherche à démontrer que, dans le premier livre tout au moins, Lucain a établi les relations des différentes parties entre elles, et leurs proportions relatives selon la « règle d'or » (b : B = B [b + B]). Il semble cependant que Lucain ait une certaine tendance à diviser un bloc en trois sections, dont une souvent plus importante que les deux autres. Je ne discuterai pas ici les dimensions respectives des blocs et des scènes, ni du point où les uns doivent être séparés des autres. Ce sujet est traité dans plusieurs des études mentionnées dans la note 2, p. 3.

[1] Berthe M. Marti, The Meaning of the *Pharsalia*, *AJPh* 66, 1945, 352-76.

[2] Otto Ribbeck, *Gesch. der röm. Dichtung*, III (1892-95), 95, considérait nécessaire à l'architecture du poème la scène du meurtre : « Erst so erhielt das Werk einen angemessenen Abschluss ». F. Marx, *RE*, I, 2233, cite Lucain 10, 525 et y voit une indication que le poète dans sa description de l'assassinat de César, en aurait fait la contrepartie du meurtre de Pompée. De même Enrica Malcovati, *Lucano* (Brescia 1947), 58 : « Ma ragioni ideali e ragioni artistiche rendon probabile l'ipotesi che il racconto giungesse fino alle idi di Marzo del 44, fino alla catastrofe del grande dramma, alla quale il poeta, come spingendo lo sguardo nel futuro, più volte chiaramente allude». Robert Graves, *Lucan. Pharsalia* (trad. [Penguin Books] 1956), propose 12 livres se terminant par les ides de mars. O. Schrempp, *Prophezeiung in Lucans Bellum Civile* (Winterthur 1964), observe que les anticipations de la mort de César dans le poème se trouvent toutes, à quatre exceptions près (1, 691 ; 5, 200 ; 6, 791 ss. ; 7, 810), en dehors du contexte de la guerre civile et indépendantes

Il est toujours hasardeux de chercher à percer le mystère de la création poétique et, dans le cas d'une œuvre inachevée comme l'est celle de Lucain, d'échafauder des théories invérifiables sur l'envergure et le but que projetait pour elle son auteur. Mais les intentions profondes et souvent cachées d'un poète sont si étroitement liées au plan total de son œuvre que, de tout temps, les critiques ont dû chercher à distinguer la fin vers laquelle semblait tendre la stratégie poétique de Lucain [1]. Leurs opinions sont parfois aussi intransigeantes que contradictoires. Elles sont cependant basées, du moins en partie, sur des interprétations nécessairement subjectives et souvent impressionnistes de certains passages dans lesquels Lucain semble anticiper les scènes finales qu'il méditait de développer. Je passerai rapidement en revue les plus importants de ces passages dont Lucain semble avoir ponctué son poème pour servir de jalons et de guides au lecteur et montrerai, ce faisant, en quoi les autres hypothèses qui ont été émises ne me paraissent pas convaincantes et me semblent laisser à désirer.

Avant de procéder à cet examen basé sur le texte du poème, je commencerai par quelques observations sur le rapport qui existe entre le traitement de la guerre civile dans la *Pharsale* de Lucain et dans l'*Histoire* de Tite-Live, tel qu'il nous est transmis dans les résumés connus sous le nom de *Periochae* [2] et par l'*Epitome* de Florus. Nous savons

de sa description, et n'en ont que plus de portée. C'est en général le poète qui, en son propre nom, y fait allusion (exceptions : 1, 691 ; 2, 283 et 456 ; 6, 791 et 614 ; 10, 397). Thomas May, le poète anglais qui avait écrit un *Supplementum Lucani*, avait l'intention de le conclure par la mort de César ; v. R. Bruère, The Scope of Lucan's Historical Epic, *CPh* 45, 1950, 231, n. 7.

[1] Voir par exemple P. Grenade, Le mythe de Pompée et les Pompéiens sous les Césars, *REA* 52, 1950, 28-63, p. 49 : « ... quelle que soit la hâte avec laquelle Lucain a composé son poème, il est inimaginable qu'il n'en ait pas conçu d'avance les limites : tant le choix d'un terme préfix était fatalement lié à la portée qu'il entendait donner à son œuvre. »

[2] Les *Periochae* contiennent le résumé des matières contenues dans chaque livre. Elles semblent basées sur le texte complet de l'*Histoire* dont elles repré-

que Lucain a emprunté à l'historien les lignes directrices, le mouvement, la substance historique de son poème. La confrontation des deux textes est donc justifiée lorsque nous cherchons à établir les limites chronologiques que le poète avait fixées à son récit. La distribution des épisodes chez Tite-Live, le schéma qu'il avait adopté pour son exposé, peuvent nous fournir sinon des arguments probants, du moins quelques analogies frappantes.

Tite-Live semble avoir, au début de son entreprise, envisagé de composer son œuvre en pentades et décades. Mais la variété et la complexité des événements exerçaient, déjà à partir de la seconde guerre punique, une telle pression sur ce moule trop rigide qu'il s'était vu obligé d'y renoncer [1]. Pour organiser le désordre apparent et la confusion des faits qu'il avait à exposer, un plan plus flexible s'imposait. Il existe entre le groupement des livres et entre les analyses structurales proposées par les critiques certaines divergences. Ils s'accordent cependant pour grouper en un large bloc tout le mouvement révolutionnaire à partir des guerres sociales jusqu'à la *pax augusta*, c'est-à-dire les livres 71-133 (91-29 avant J.-C.) [2]. Ce groupe se divise en plusieurs sections

sentent fidèlement les grandes lignes, sans toutefois reproduire toujours correctement l'ordre et l'agencement des sujets traités dans chacun des livres (comme l'indique l'emploi occasionnel de formules comme *praeterea continet*). Elles ne mêlent cependant pas les matières contenues dans différents livres dont elles observent les limites fixées par Tite-Live. L'auteur a peut-être consulté un *Epitome* de l'*Histoire* et inséré des adjonctions empruntées à d'autres auteurs, dont il n'y a cependant pas de traces après le livre 104, donc dans la partie qui nous intéresse ici. Pour plus de détails et de renseignements bibliographiques, voir ALFRED KLOTZ, Zu den *Periochae* des Livius, *Philologus* 91, N.F. 45, 1936; R. SYME, Livy and Augustus, *HSClPh*, 64, 1959, 27-87.

[1] La division en décades s'adaptait bien aux exigences de la publication et semble être le fait des libraires. Tite-Live n'en paraît pas responsable. A. KLOTZ, *RE*, XIII/1, 818 ss.; R. SYME, *loc. cit.* (p. 6, n. 2).

[2] Je cite, comme exemple, J. BAYET, *Tite-Live, Histoire romaine I* (Paris 1954), pp. xiii-xv, qui propose le schéma suivant: 71-76, guerre sociale; 77-90,

homogènes [1]. S'il avait projeté d'écrire des *Annales* à l'imitation d'Ennius, Lucain aurait pu y faire entrer le fond et les principaux motifs de ce vaste récit. Comme nous possédons le début du poème, nous savons qu'il avait opté pour une solution radicalement différente et que les événements précédant la traversée du Rubicon ne sont compris dans la *Pharsale* qu'indirectement par le moyen d'allusions et de rappels du passé.

Son premier livre débute par un exposé des causes de la guerre entre César et les Pompéiens et par les premiers épisodes de ce conflit, exactement comme le livre 109 de Tite-Live. Le point de départ choisi, il lui restait à décider quelle envergure il donnerait à son poème et quel épisode lui servirait de conclusion. Se basant sur les groupements et les divisions que l'historien avait établis dans son récit, Lucain aurait pu continuer jusqu'à Actium et la fin des guerres civiles (*Décades* 109-133), ou se limiter aux faits traités par Tite-Live dans l'une ou l'autre section qui formaient les subdivisions de ce tronçon de son histoire. C'est-à-dire qu'il aurait pu se borner aux huit livres que l'historien consacre à la guerre entre César et les Pompéiens,

du conflit entre Marius et Sulla jusqu'à la mort de Sulla et à ses suites immédiates ; 91-96, jusqu'à la fin des campagnes menées par Pompée en Espagne ; 97-103, de la victoire de Crassus sur les esclaves à la salutation de Pompée comme *Magnus* ; 104-108, jusqu'à la réduction complète de la Gaule par César ; 109-116, des débuts de la guerre civile jusqu'au meurtre de César ; 117-134, de l'arrivée d'Octave à Rome jusqu'à ses triomphes après Actium et la fin des guerres civiles. R. Syme, *loc. cit.* (p. 6, n. 2), voit dans les mêmes livres trois divisions principales subdivisées en sept groupes comme il suit : 1) 71-80, *bellum italicum*, jusqu'à la mort de Marius ; 81-89, jusqu'à la fin de la guerre en Italie ; 90-99, années 78-67 avant J.-C. ; 2) 100-108, années 68-50 avant J.-C. ; 3) 109-133, années 49-29 avant J.-C., partie subdivisée en trois groupes : 109-116, huit livres consacrés à César (guerres civiles) ; 117-124, huit livres, de l'arrivée d'Octave à Rome jusqu'à la bataille de Philippes ; 125-133, neuf livres, terminant le récit de la guerre civile par le triomphe d'Octave.

[1] W. Soltau, *Livius' Geschichtswerk* (Leipzig 1897) ; A. Klotz, *loc. cit.* (p. 7, n. 1), 819 s. ; H. Bornecque, *Tite-Live* (Paris 1933), etc.

qui se terminent par la mort de César; ou inclure la substance des huit livres suivants (117-124) depuis l'arrivée à Rome d'Octave jusqu'à la bataille de Philippes.

Il lui était de toute évidence également loisible de se libérer de son guide, d'imiter les *Commentaires* de César, par exemple, et de terminer comme lui au début de la guerre d'Alexandrie, comme le veulent certains critiques (chacun sait que le poème dans l'état actuel du texte s'arrête à ce point) ; ou de grouper à sa manière, et différemment de lui, les faits rapportés par Tite-Live, en terminant au milieu du livre 114, à la mort de Caton, comme le veulent d'autres savants. Ceci me semble peu probable pour deux raisons. Les livres 109-116 de Tite-Live forment une unité historique et dramatique ; c'est l'avis de presque tous ceux qui se sont occupés de la structure de l'*Histoire* de Tite-Live [1], malgré les différences qui les séparent quant à la distribution et la répartition des autres subdivisions du groupe 109-133. Ces huit livres, dont le premier correspond au début du poème de Lucain, portent dans les *Periochae* non seulement le numéro d'ordre qui leur appartient dans la série des *Décades* (109-116), mais aussi, en sous-titre, celui qui revient à chacun d'eux dans le groupe des huit. Ainsi le livre 109 est intitulé *qui est civilis belli primus*, le livre 110 *qui est civilis belli secundus*, et ainsi de suite jusqu'au livre 116, le dernier, *qui est civilis belli octavus*. Les commentateurs médiévaux

[1] A l'exception de R. Bruère, *loc. cit.* (p. 5, n. 2), 221. J. Bayet, *Tite-Live, Histoire romaine* I (Paris 1954), p. xiv : « Ce groupe de livres formait certainement un tout désigné sous le titre *Belli civilis libri i-viii...* » ; K. Büchner, *Röm. Literaturgesch.* (Stuttgart 1957), 368: « Buch 109-116 wurden zum Beispiel als eine solche Einheit als *Belli civilis libri octo* betrachtet. » Syme, *loc. cit.* (p. 6, n. 2), 32 : « Books CIX-CXVI, taking the story from the outbreak of the war between Pompey and Caesar down to the assassination of the dictator, form a unit : they are described in the *Periochae*, one by one, as Books i-viii of the *bellum civile*. » Il est évident que, même si les sous-titres sont des interpolations, ils n'auraient pas été ajoutés si le texte lui-même n'avait pas formé un tout unifié, ainsi que le remarque très justement Syndikus, *op. cit.* (p. 4, n. 1), 177, n. 106.

de Lucain connaissaient ces sous-titres [1]. Nous ignorons si, comme le pensent certains, ils se trouvaient déjà dans le texte original ou s'ils ont été ajoutés plus tard. Nous savons cependant que Tite-Live considérait certaines parties de son œuvre comme unités indépendantes. Il cite lui-même « le quatrième livre des guerres samnites » (10, 31, 10). Quoiqu'il en soit, ces sous-titres indiquent qu'il devait être possible de se procurer en édition à part le *Bellum civile* de Tite-Live, c'est-à-dire l'histoire de la guerre entre César et les Pompéiens [2], cela peut-être déjà du vivant de l'auteur. Il est donc concevable que Lucain ait consulté, au cours de la composition de la *Pharsale*, un exemplaire de ces huit livres publiés séparément, ou peut-être un digeste de ceux-ci.

Tite-Live avait un sens aigu de la disposition et de l'unité dramatique. Dans les huit livres de son *Bellum civile* il met en action la grandeur et la chute des trois protagonistes, César, Pompée et Caton, de telle manière que Lucain y trouvait la matière déjà organisée d'une épopée tragique. Tite-Live avait conçu son récit comme un tout solidement lié et même dans le sec précis que nous transmettent les *Periochae* et Florus, les grandes lignes d'un drame en quatre actes sont apparentes, dont Lucain s'est inspiré pour construire son poème. Les livres 1 et 2 de Lucain correspondent, quant aux données historiques, au premier livre du *Bellum civile* de Tite-Live (*Décades* 109), les livres trois et quatre au second livre du *Bellum civile* (*Décades* 110). Ainsi, pour la première tétrade, deux livres de Lucain contiennent la substance historique d'un livre de Tite-Live. Pour les besoins de sa thèse, Lucain diffère l'arrivée des tribuns

[1] *Commenta Bernensia*, 3, 182 : *In primo belli civilis ; Adnotationes super Lucanum* (éd. Endt), 10, 471 : *ut Titus Livius meminit libro quarto* ; 10, 521 : *ut meminit Liuius in libro quarto civilis belli.*

[2] W. SOLTAU, *op. cit.* (p. 8, n. 1), 18 : « Die Bücher 109-116 wurden später auch separat als *civilis belli libri octo* gelesen ».

auprès de César de façon qu'il n'ait même pas l'excuse de leur rapport pour ouvrir les hostilités. Il remet au livre suivant le passage de César en Epire pour conclure la tétrade, non par un simple mouvement de troupes, mais par la scène pathétique de la mort de Curion.

La seconde tétrade est siri che en développements oratoire et moraux qu'elle ne correspond qu'à un livre et demi de Tite-Live. Bien qu'il supprime quelques faits et renvoie au livre 10, pour l'incorporer aux événements d'Egypte, l'usurpation du trône par le frère de Cléopâtre, il consacre près de trois livres du poème au seul livre 111 de l'*Histoire* de Tite-Live, qui est le troisième de son *Bellum civile*. Quant au livre 112 de Tite-Live, qui est le quatrième de son *Bellum civile*, il fournit la matière des livres 8, 9 et de la section de 10 qui a été composée. Ce livre de l'historien est nettement divisé en deux parties et c'est à la coupure entre la description de la fuite et du meurtre de Pompée et celle des événements subséquents que Lucain place la fin de la seconde tétrade et le début de la troisième. Ainsi parce qu'il a étoffé son récit de nombreuses adjonctions non factuelles, il consacre deux livres et demi au seul livre 112 des *Décades*. La plupart des critiques pensent que le suicide de Caton aurait fourni à Lucain la conclusion du livre 12. Cette mort est décrite au milieu du livre 114 de l'*Histoire* de Tite-Live, le sixième du *Bellum civile*. Les livres 113 et la première moitié du livre 114 des *Décades* auraient donc correspondu à la seconde partie du livre 10 et aux livres 11 et 12 de la *Pharsale*, deux livres et demi du poème contenant la substance d'un livre et demi de Tite-Live [1]. Le meurtre

[1] M. Rutz pense que Lucain devait traiter, dans la dernière partie du livre 10 et dans le début du 11e, le matériel contenu dans le livre 115 de Tite-Live. Il n'aurait pas décrit la guerre d'Espagne, qui d'après M. Rutz ne contient pas d'éléments propres à être développés selon la méthode de Lucain, gradation progressivement intensifiée jusqu'à un point culminant (mais c'est exactement ce que faisaient ses sources, jusqu'à la catastrophe finale de Munda). Cette guerre aurait en outre ouvert des perspectives sur trop d'événements

de César était représenté au terme du huitième et dernier livre du *Bellum civile* (116 des *Décades*). Si Lucain avait eu l'intention de terminer de la même manière son épopée, comme je le crois, il aurait sans doute ajouté une tétrade après le livre douze, car il n'aurait certainement pas altéré sa technique poétique en renonçant à composer en tétrades. Les quatre derniers livres de la *Pharsale* auraient donc correspondu à deux livres et demi de Tite-Live, ce qui laisse à penser qu'il aurait abrégé un peu plus rigoureusement le récit de la campagne d'Espagne que celui des récits précédents. Car il est clair que, possédant à fond son sujet, Lucain contrôlait le matériel que lui fournissait Tite-Live et ne se faisait pas faute de le remanier légèrement selon ses besoins. Nous avons vu qu'il le suit avec fidélité dans l'agencement des faits, pour autant, toutefois, qu'un poète qui n'est pas un simple versificateur peut se modeler sur un historien, si dramatique soit-il. Si le plan de son poème l'exige, et la disposition des parties, il altère. Il n'aurait pas, par exemple, décrit la mort volontaire de Caton et ensuite celle de ses associés, comme le fait Tite-Live, parce qu'il aurait évité de passer du sublime à l'ordinaire et parce qu'il a une prédilection pour les descriptions en gradation ascendante. Il condense les faits, comme nous venons de le voir, pour leur donner une unité qu'ils ne pouvaient pas toujours posséder dans un récit historique (par exemple dans la description de la bataille de Marseille). Il les dilate aussi en introduisant de nombreux discours et commentaires. Ceci est particulièrement apparent vers le milieu du poème

qu'il ne lui aurait pas été loisible de traiter (mais Tite-Live ne semble pas avoir eu de difficulté à intégrer cette campagne dans son récit de la guerre jusqu'au meurtre de César, et je suis d'avis que Lucain, dans sa quatrième tétrade, aurait traité à sa manière les événements contenus dans les derniers livres du *Bellum civile* de l'historien). Dans le livre 11, Lucain aurait, d'après M. Rutz, décrit la guerre contre Pharnace, les troubles à Rome avec Dolabella (en supprimant la mutinerie des troupes). Le livre 12 aurait été consacré à Thapsus et à Caton.

tel que nous le possédons. Malgré ces légères divergences, ces différences d'accentuation et d'articulation, la correspondance entre les deux textes est frappante. Elle se présente de la manière suivante:

Première tétrade, terminée par la mort de Curion = fin du livre 2 du *Bellum civile* (*Décades* 109, 110).

Seconde tétrade, terminée par la mort de Pompée = milieu du livre 4 du *Bellum civile* (*Décades* 111, 112^1).

Troisième tétrade, terminée par la mort de Caton = milieu du livre 6 du *Bellum civile* (*Décades* 112^2, 113, 114^1)

Quatrième tétrade, terminée par la mort de César = fin du livre 8 du *Bellum civile* (*Décades* 114^2, 115, 116).

Il existe de même une correspondance très étroite entre la répartition des événements dans l'*Epitome* de Florus et dans le poème de Lucain, ce qui était à prévoir puisque Florus dépend dans une large mesure de Tite-Live. La substance du *Bellum civile* de Tite-Live (*Décades* 109-116) est résumée dans un très long chapitre du livre 2 de l'*Epitome*. Ce chapitre est intitulé *Bellum civile Caesaris et Pompei*, mais ce titre semble être une adjonction tardive. Si nous supprimons du récit de Florus douze sections près du début (6-17), qui traitent de faits antérieurs à la guerre, auxquels Lucain se borne à faire allusion [1], ou qu'il rappelle simplement en passant, nous notons qu'une vingtaine de sections de ce chapitre 13 du second livre de l'*Epitome*, qui en comprend 95, correspondent à chacune des tétrades de Lucain:

2, 13, 1-34 (moins les douze sections récapitulant des faits non traités par Lucain), terminées par la mort de Curion, fin du livre 4 de Lucain, 22 sections de Florus.

[1] Florus, 2, 13, 6-7 : résumé des événements de la guerre civile ; 8-13 : causes de la formation du premier triumvirat ; 15-17 : rupture du premier triumvirat, conflit entre César et le sénat à propos de sa candidature au consulat.

2, 13, 34-52 terminées par la mort de Pompée, fin du livre 8 de Lucain, 18 sections de Florus.

2, 13, 53-72 terminées par la mort de Caton, fin du livre 12 de Lucain, 19 sections de Florus.

2, 13, 73-95 terminées par la mort de César, fin du livre 16 de Lucain, 22 sections de Florus.

Nous avons vu que deux livres, plus ou moins, de Tite-Live, c'est-à-dire un quart de son *Bellum civile*, correspondent à une tétrade de Lucain. De même, si nous supprimons les douze sections mentionnées, nous observons que la mort des quatre personnages qui mettent un *finale* tragique à chacune des tétrades de la *Pharsale* est placée presque exactement au terme de chaque quart du long chapitre de Florus.

Comme Tite-Live et Lucain, Florus débute par les causes de la guerre ; comme eux (*ex hypothesi*), il termine par la mort de César. Seule la fin de chaque tétrade marque une véritable pause, un temps d'arrêt dans le cours rapide du poème, et le procédé que semble avoir adopté Lucain de faire coïncider avec ce terme la mort d'un personnage important sert à souligner la coupure qui divise chaque groupe de quatre livres. Il a cependant évité la monotonie qui résulterait de scènes parallèles à la fin de chaque tétrade en variant la description des derniers moments de chacun des héros et en disposant leur mort de façon différente. Ainsi celle de Curion est suivie d'une apostrophe passionnée du poète; celle de Pompée, de ses funérailles improvisées et de commentaires sur la renommée future du chef des républicains. Il est probable que celle de Caton aurait été suivie de louanges ferventes à la gloire du héros stoïcien, semblables à celles qu'il exprime dans d'autres passages, par exemple lorsqu'il engage les Romains à vénérer la mémoire de cet homme divin par ses vertus morales et politiques. Après la mort de César, des réflexions sur la Fortune et sur le despotisme auraient sans doute été développées assez longuement et suivies du thème de la rétribution, dans le genre de celle qui se lisent chez les auteurs liviens : Florus (2, 13, 95) *Sic ille qui terrarum orbem civili sanguine impleverat, tandem ipse sanguine suo curiam implevit* ; Plutarque (*Caes.* 66) « Le piédestal de la statue de Pompée fut couvert du sang de César, de sorte que Pompée semblait présider à la vengeance tirée de son rival qui gisait à ses pieds, pantelant de ses multiples blessures. » En terminant ainsi les tétrades, Lucain s'inspirait des historiens qui souvent plaçaient en fin de livre la mort de personnages notables [1], et des Stoïciens, en particulier de Sénèque [2] qui affirme que la valeur de toute une vie se prouve par la mort et que c'est au moment de la mort que se révèle la véritable qualité, la *virtus*, d'un être humain. Ces scènes procurent à Lucain l'occasion de démontrer sa virtuosité en diversifiant et en intensifiant de façon progressive le pathétique de ces *exempla* de la mort [3]. Mais surtout il s'en sert comme d'éléments de structure [4].

[1] R. SYME, *loc. cit.* (p. 6, n. 2), 35 « Livy had an amiable propensity for narrating the deaths of famous men. Such obituaries often came in handy to conclude a book or a series of books (for example Livius Drusus, Marius, and Caesar). »

[2] O. REGENBOGEN, Schmerz und Tod in den Tragödien Senecas, *Vorträge Bibl. Warburg* 1927-28, 167-218. PETER SCHUNCK, *Römisches Sterben, Studien zu Sterbeszenen in der kaiserzeitlichen Literatur, insbesondere bei Tacitus* (Diss. Heidelberg 1955, dactylogr.), 54 : « Für den Vollzug des Sterbens gab es anscheinend eine Art Wertskala. »

[3] Sur le *topos* des *exitus illustrium virorum*, voir SCHUNCK, *op. cit.* (p. 15, n. 2). Ce thème était beaucoup pratiqué par les stoïciens. En relation avec les *laudationes Catonis*, voir E. BENZ, Das Todesproblem in der stoischen Philosophie, *Tübinger Beiträge zur Altertumswissenschaft* 7 (Stuttgart, 1929) ; F. A. MARX, *Philologus* 92, 1937 ; A. RONCONI, *SIFC*, N.S. 17, 1940, 3-32 ; W. METGER, *Kampf und Tod in Lucans Pharsalia* (Diss. Kiel 1957, dactylogr.). Les livres 2, 3, 4, 5, 10, 11, 12 de l'*Enéide* se terminent par une mort. NORDEN, *Vergils Aeneid VI* [2], 338, note que Virgile « liebt ein derartiges tragisches Finale ».

[4] Curion, par exemple, qui est une sorte de « type » de César, est un *exemplum* de l'action corruptrice de l'argent et du luxe décrits par Lucain comme une des causes de la guerre civile. Sa mort est une expiation et un châtiment

Encore une brève observation sur la possibilité d'une *Pharsale* en seize livres. Les poètes romains ne semblent pas avoir estimé qu'un poème épique devait se composer d'un nombre fixe de livres, prescrit par la tradition ou par les règles du genre. Le fait que Virgile avait composé son *Enéide* en douze livres, et que la plupart des autres épopées latines ont disparu, tend à faire considérer ce nombre comme la norme pour un long poème narratif. Mais Névius n'avait pas réparti en livres son poème, que le grammairien Octavius Lampadio avait plus tard divisé en sept parties [1]. Ennius avait publié ses *Annales* en plusieurs sections parues séparément ; des dix-huit livres que comprenait son poème, les trois derniers avaient été composés peu avant sa mort, assez longtemps après les premiers. Accius avait écrit 27 (ou peut-être 7) livres d'*Annales*. Celles de Volusius et d'Hortensius étaient volumineuses. Les *Métamorphoses* d'Ovide comprenaient quinze livres, les *Punica* de Silius Italicus dix-sept [2]. Je me suis attardée à cette comparaison des textes de Lucain et de Tite-Live parce qu'on n'en a pas suffisamment tenu compte dans les discussions sur la manière dont Lucain avait projeté d'achever son poème et sur le plan total qu'il en avait dressé. Elle ne nous fournit qu'une présomption en faveur de l'hypothèse que j'ai émise, qui ne peut être confirmée que par le texte lui-même de la *Pharsale*. Il est temps de l'aborder et d'examiner les autres solutions proposées au problème de son extension et de sa structure, et de voir sur quels passages du poème elles sont fondées.

parce qu'il est le véritable instigateur de la guerre (4, 38 ss.), anticipant le sort de César. Son aveugle confiance dans sa Fortune est la cause de sa destruction. La première tétrade débute et se termine avec lui, correspondant ainsi à la quatrième et dernière, et en antithèse aux scènes de la mort de Pompée et de Caton. Curion doit disparaître afin que César seul porte désormais l'entière responsabilité de la guerre. Voir aussi Lélius.

[1] Suet., *Gramm.*, 2.

[2] Dans les *Punica*, la *nekuia* est placée au livre 13.

Quatre hypothèses sont en présence. La première, récemment reprise par M. H. Haffter [1], n'a été soutenue que par une très faible minorité de critiques. Il pense que les manuscrits de la *Pharsale* nous ont transmis le poème complet, tel que Lucain l'avait écrit et achevé. Le point terminal coïncide, à peu de chose près, avec celui des *Commentaires* de César, ce qui, d'après M. Haffter, ne peut être l'effet du hasard [2]. Il divise le poème en deux pentades, division qui lui semble confirmée par la correspondance chiastique entre la première mise en scène de Caton au deuxième livre et la seconde à l'avant-dernier. César est le pivot de tout ce qui précède et suit ces deux scènes ; la partie comprise entre elles décrit le conflit entre les deux *duces* [3]. Il considère comme impensable que le conflit continue

[1] H. HAFFTER, «Dem schwanken Zünglein lauschend wachte Cäsar dort», *MH* 14, 1957, 118-126. Ses vues sont partagées par son élève O. SCHREMPP, *Prophezeiung und Ruckschau in Lucans Bellum Civile* (Winterthur 1964, thèse dactylogr.), 3 : « Wollte er nicht viel mehr im Kleinen das Grosse, im einzelnen Geschehen den ganzen Krieg einschliessen und dies dem Leser immer wieder vor Augen führen? Ist nicht für ihn was vorher geschah und das spätere Geschehen eine Folge aus dem Geschildertem Kampf? Die vielen Vorgriffe können doch nicht nur die Aufgabe haben auf einen geplanten Werkabschluss hinzuweisen. » De même Mme JACQUELINE BRISSET, *Les idées politiques de Lucain* (Paris 1959), 49 : « En effet, comme le montre justement M. Haffter, le récit d'une guerre conduite par César et Pompée ne peut être notablement prolongé au-delà du moment où l'un des deux généraux a trouvé la mort. » Cette thèse avait déjà été proposée par E. KAESTNER, *Quaestionum in Lucani Pharsaliam particula* (Progr. Gubenae 1824).

[2] Lucain continue un peu au-delà du point où se terminent les *Commentaires* de César, afin de montrer la mort des assassins de Pompée et de donner un aperçu de celle de César. M. Haffter fait remarquer que le poème se termine avec le nom de Pompée, comme du reste aussi les livres 2, 5 et 8. Dans les dernières lignes Lucain rappelle les crises précédentes surmontées par César (4, 249 ss., cf. 6, 140-262) et anticipe sa destruction (10, 529).

[3] César et Pompée seuls sont représentés comme les *duces* dès le début (1, 99 ; 104 ; 120 ; 131 ; 144 ; 158) et leur opposition est décrite de façon frappante (1, 84-128 ; 129-157). Ils sont au centre du conflit, alors que Caton n'est pas un des *duces* mais bien plutôt un être humain érigé en principe, un *exemplum*. (Mais après la mort de Pompée, c'est Caton qui est le chef, et il est constamment appelé *dux*: 9, 255 ; 402 ; 503 ; 504 ; 546 ; 882.)

après la mort de l'un d'eux. La structure de la *Pharsale* est celle de l'*Enéide* en un plus petit format, les pentades remplaçant les hexades. Il note certaines correspondances entre les deux poèmes qui lui paraissent confirmer sa thèse [1]. On lui a objecté que la division en pentades ne tient pas compte des coupures très distinctes après les livres quatre et huit; que le dernier livre, s'il est terminé, est beaucoup plus court que les autres; que les passages de l'*Enéide* et de la *Pharsale* qu'il cite comme argument ne sont ni analogues ni parallèles; et que Stace (*Silv.*, 2, 7, 64) semble bien considérer le poème comme inachevé [2].

La seconde hypothèse, qui propose le plan d'un poème en douze livres se terminant par la mort de Caton, paraît réunir la majorité des suffrages [3]. M. Rutz, qui l'a déve-

[1] Pour M. Haffter le véritable conflit entre les deux chefs débute au livre 6, le premier de la seconde moitié de la *Pharsale*, comme il débute au livre 7, le premier de la seconde partie de l'*Enéide* ; l'épreuve d'endurance que subit César dans sa traversée solitaire de la mer déchaînée (*Alleingang*) correspond à la descente solitaire d'Enée aux enfers ; les créatures infernales, Allecto et Erichtho, apparaissent aux livres 6 et 5 respectivement. En réalité la correspondance avec la *nekuia* de Virgile est au livre 6 de la *Pharsale*.

[2] Vinzenz Buchheit, Lucans *Pharsalia* und die Frage der Nichtvollendung, *RhM* 104, 1961, 362-65. Burck, Das Menschenbild im röm. Epos, *Gymnasium* 65, 1958, 140, n. 55 ; G. Pfligersdorffer, Lucan als Dichter des geistigen Widerstandes, *Hermes* 87, 1959, 344-77, spécialement 359 ss., 367. Pour une discussion plus circonstanciée voir W. Rutz, *op. cit.*

[3] W. Wünsch, *Das Bild des Cato von Utica in der Literatur der neronischen Zeit* (diss. Marburg 1949, dactylogr.) ; Helmut Flume, *Die Einheit der künstlerischen Persönlichkeit Lucans* (diss. Bonn, Detmold 1950, dactylogr.) ; W. Rutz (voir p. 3, n. 2 et 3) ; W. Menz, *Caesar und Pompeius im Epos Lucans, Zur Stoffbehandlung und Charakterschilderung in Lucans Pharsalia* (diss. Berlin, Humboldt Universität, 1952, dactylogr.) ; Otto Schönberger, Zur Komposition des Lucan, *Hermes* 85, 1957, 251 ss. ; Id., Zu Lucan, Ein Nachtrag, *Hermes* 86, 1958, 230 ss. ; Burck (voir p. 18, n. 2), 139 : «Dass dieses Epos wie Vergils *Aeneis* zwölf Bücher umfassen und mit Catos Tode enden sollte, haben jüngste Untersuchungen zur Komposition des Werkes m. E. zur Evidenz erhoben.» ; Pfligersdorffer (voir p. 18, n. 2), 344 ss. Pour le résumé critique des thèses non publiées et pour d'autres renseignements bibliographiques voir W. Rutz *op. cit.* Cf. O. Schoenberger, Zu Lucan, ein Nachtrag, *Hermes* 86, 1958, 231. P. Wuilleumier et Henri Le Bonniec, *M. Annaeus Lucanus. Bellum*

loppée avec le plus de détails [1], la résume à peu près comme il suit: toutes les lignes immanentes dans la composition du poème désignent ce point comme sa conclusion. Les deux premières tétrades se terminent chacune par une mort; seule celle de Caton pouvait les surpasser en élévation morale et porter la conclusion de la troisième tétrade à un plus haut degré de passion et d'intensité. Cette tétrade-Caton est préparée au deuxième livre par un bloc dominé par Caton. Aucune section du poème ne paraît préparer de même un épisode ultérieur à son suicide. Finalement le *telos* de la *Pharsale* annoncé dans le poème, *iusque datum sceleri*, est atteint au moment de la mort de Caton, comme celui de l'*Enéide*, *condere urbem*, peut être considéré comme atteint lorsque la mort de Turnus élimine le dernier obstacle à la tâche d'Enée. Seule cette conclusion est capable de donner à la *Pharsale* le caractère de ὅλη καὶ τελεία πρᾶξις que l'esthétique péripatéticienne exige de toute tragédie et de toute épopée [2].

Il est exact que certaines lignes sont tirées, ou sont immanentes dans le schéma [3], qui doivent nécessairement aboutir à la mort de Caton. Ce n'est pas dire que le point vers lequel elles convergent doive marquer la fin du poème, ce que j'essaierai de démontrer. Il est certain aussi que la mort de Caton aurait porté au plus haut degré d'intensité

Ciuile Liber Primus (Paris 1962), 3 : « Il semble que Lucain ait envisagé douze chants, selon le goût des anciens et à l'exemple de Virgile ; cela lui aurait permis de finir en beauté par le suicide de Caton et de placer au centre la bataille de Pharsale. » R. Pichon, *Les sources de Lucain* (Paris 1912) considérait déjà que, par *aemulatio* avec Virgile, Lucain aurait écrit 12 livres, et terminé avec la mort de Caton.

[1] W. Rutz (p. 3, n. 2 et 3).

[2] W. Rutz, *op. cit.* (p. 3, n. 3), 57, n. 1 « Eine Fortführung über Caesars Tod hinaus würde alle kompositionellen Linien des bisherigen Werkes aufheben ; die Einheit des Epos würde mit der Einheit der Person[en] zerstört, ein künstlerisches τέλος des Werkes... gäbe es nicht. »

[3] 1, 687 ; (2, 317) ; 6, 306 ; 311 ; 790 ; 7, 691 ; 9, 209 ss. ; 408, etc.

la scène finale de la troisième tétrade qui aurait de beaucoup surpassé le niveau spirituel et moral des précédentes.

De même la section du livre 2 dominée par Caton anticipe sans aucun doute la tétrade-Caton qui débute au neuvième livre. La préparation d'une scène en vue de son traitement subséquent est un des procédés par lesquels Lucain relie et resserre les parties, et renforce la structure du tout. Le mouvement tout entier de ce début de la troisième tétrade, notamment la marche en partie symbolique à travers le désert de Libye, conduit inévitablement à Utique et à la mort volontaire du héros stoïcien. Mais ce dont M. Rutz et les critiques qui partagent ses vues ne tiennent pas compte, c'est le rôle que joue Brutus dans cette scène de préparation. Négligeant d'esquisser la personnalité de Marcia, Lucain dessine en revanche avec soin celle de Brutus. Le jeune homme prend une part active au dialogue qui l'oppose au chef qu'il s'est librement donné (2, 247), et dont il n'est pas, comme Marcia, un pâle reflet. Type même du républicain idéaliste et intègre, il est également impulsif, passionné, et, avec Caton, d'une franchise un peu brusque. Il n'hésite pas à placer son aîné, qu'il respecte et admire, devant ses responsabilités, à le mettre, pour ainsi dire, sur la sellette. Il essaie de lui prouver, en disposant ses arguments selon les préceptes de l'éloquence délibérative, mais avec une fougue un peu juvénile, que la seule position digne d'un Caton est de rester au-dessus de la mêlée.

Lucain ne met jamais tant de soins à caractériser un personnage s'il n'a pas l'intention de lui faire jouer un rôle [1]. La conversation au terme de laquelle Caton persuade le jeune homme de suivre avec lui Pompée comme chef sert non seulement à préparer la tétrade-Caton; elle prépare

[1] Lucain ponctue le poème de rappels et d'allusions au fait que Brutus est voué par le destin à être l'instrument de la vengeance de la république asservie. La phrase (2, 325) *excitat in nimios belli civilis amores* contient peut-être déjà une allusion voilée au meurtre de César.

également, à mon avis, la fonction vengeresse que Brutus remplira dans les scènes ultimes du poème [1]. Dès l'instant où le « magnanime Brutus » (2, 234) annonce qu'il sera, après la guerre, l'ennemi du vainqueur quel qu'il soit, nous sommes avertis. L'un des épisodes les plus singuliers de la bataille de Pharsale, en outre, est inséré par Lucain au milieu de ce qu'il appelle « la nuit énorme des crimes » (7, 586-95) : « Là, le front couvert d'un casque plébéien, inconnu de l'ennemi, Brutus, quel fer tenais-tu ? O l'honneur de l'empire, ô suprême espoir du sénat, dernier nom d'une race si grande à travers les siècles, ne t'élance pas trop téméraire au milieu des ennemis et n'avance pas pour toi le jour fatal de Philippes, toi qui dois périr dans la Thessalie. Tu perds ta peine à t'acharner ici à la gorge de César : il n'a pas encore atteint le sommet du pouvoir, dépassé ce faîte de la grandeur humaine, d'où l'on opprime tout, pour mériter des destins une mort si fameuse. Qu'il vive et, pour tomber victime de Brutus, qu'il soit roi ! » [2]

Un passage du livre 10 (342 ss.) fait écho à cet épisode. Alors que Pothin ordonne l'assassinat de César après celui de Pompée, le poète s'écrie : « ... le châtiment de la guerre civile, la vengeance du sénat faillit être l'œuvre d'un esclave ! Eloignez de nous, ô destins, cette honte de voir trancher ce cou en l'absence de Brutus. Faut-il que le supplice du tyran de Rome ne soit plus que le crime de Pharos, et que l'exemple en soit perdu ? L'audacieux forme des projets que les destins doivent faire échouer... »

Il me semble donc incorrect d'affirmer qu'aucun épisode dans le poème n'anticipe le rôle de Brutus. La même scène

[1] Cf. 2, 284 ; 5, 206 s. ; 6, 792 s. ; 7, 440 ; 9, 17 ; 10, 342. La mort de César est en outre anticipée dans les vers suivants : (1, 81) ; 1, 529, 691 ; 2, 546 s. ; 6, 588 ; 802 ; 810 ; 7, 451 ; 614 ; 782 ; 8, 610 ; 10, 528 s. ; etc.

[2] Pour l'Egyptien, tout au moins, la mort de César est nécessaire pour que soit terminée la guerre civile. Lucain lui fait dire : *Nox haec peraget ciuilia bella / inferiasque dabit populis et mittet ad umbras / quod debetur adhuc mundo caput* (10, 391 ss.).

du second livre prépare les actions futures et de Brutus et de Caton. Et n'oublions pas qu'au début du neuvième livre c'est dans l'âme de Brutus aussi bien que dans celle de Caton que Pompée, «vengeur du crime», vient s'installer pour les inspirer tous deux à continuer la lutte. Ce vers contient à mon avis une anticipation des actions de Caton dans la troisième tétrade et de Brutus dans la quatrième.

Il nous reste à examiner la raison qui semble à M. Rutz la plus probante pour établir sa thèse. Tout poème écrit selon les règles de l'esthétique péripatéticienne, et la *Pharsale* devait se conformer à cette tradition, doit être ὅλη καὶ τελεία πρᾶξις. C'est dire qu'il doit observer l'unité d'action telle qu'elle est définie par Aristote dans un passage célèbre de la *Poétique*, œuvre que Lucain, soit dit en passant, ne connaissait peut-être qu'indirectement. Les poèmes narratifs, dit Aristote, doivent être dramatiques, tourner autour d'une seule action, entière, complète, ayant un commencement et une fin. Ils ne doivent pas être semblables aux récits historiques dans lesquels sont décrits des événements compris, non dans une seule action, mais dans un seul temps, c'est-à-dire qui n'ont pas entre eux de rapports organiques. M. Rutz maintient que seule la mort de Caton peut donner à la *Pharsale* une conclusion qui fasse du poème une ὅλη καὶ τελεία πρᾶξις [1]. Toutes les lignes, dit-il, convergent vers ce point (j'ai indiqué que certaines tendent au-delà) ; un épisode le prépare (j'ai montré qu'il prépare aussi l'assassinat de César par Brutus); il correspond au *telos* annoncé dans le proème, *ius datum sceleri* (1, 2) qui est atteint au moment de la mort de Caton. Mais Lucain, me semble-t-il, affirme que le crime n'a pas attendu la mort de Caton pour s'ériger en droit. Il l'est devenu du jour où, avant Pharsale, César, ayant fait passer ses troupes en Epire, se fit nommer consul.

[1] *Op. cit.* (p. 3, n. 3) 60: « So allein ist sowohl das Prooemium wie die Gesamtanlage des Werkes zu verstehen. »

Inde perit primum quondam ueneranda potestas / iuris inops (5, 397 s.). Car, pour posséder tous les droits du fer (*ferri ius*, 5, 387 ; cf. 1, 666 s.), « César voulut mêler aux glaives les haches ausoniennes. Il ajouta les faisceaux aux aigles » (5, 388 s.) [1]. *Ius dare* est un terme légal ; lorsqu'un général en révolte armée fut nommé consul, la force et le crime devinrent loi. Quoiqu'il en soit, le but est atteint, affirme M. Rutz, à la mort de Caton, qui marque la disparition ou l'écrasement de la résistance. Une comparaison avec l'*Enéide* le confirme, dont le *telos* est atteint avec la mort de Turnus, dernier obstacle à la fondation de la ville promise. De même que Virgile n'a pas continué son récit jusqu'à la fondation de la ville, but annoncé dans le proème, de même Lucain ne pouvait avoir l'intention de continuer le sien jusqu'aux triomphes de César après son entrée dans Rome.

Mais l'analogie avec l'*Enéide* ne me paraît pas valable. Un pacte avait été conclu entre les deux armées, troyenne et latine, et sanctionné par un sacrifice : la guerre serait terminée par la victoire en combat singulier d'Enée ou de Turnus ; le vainqueur gagnerait la main de Lavinie ; Jupiter avait déclaré que l'heure suprême était venue ; Junon avait accepté l'union des deux peuples et les termes de la paix. La mort de Turnus devait être suivie, fatalement, par la réconciliation et par l'établissement des Lares et des Pénates dans le nouveau royaume qui assurerait l'avenir de la race appelée « à s'élever au-dessus des hommes, au-dessus des dieux ». Dans la *Pharsale*, au contraire, la mort de Caton ne marque en aucune manière la conclusion de la guerre, mais simplement un arrêt momentané, la fin, seulement, d'une phase importante du conflit. A la mort de Caton, la victoire de César est encore loin d'être totale, la résistance loin d'être jugulée, ses ennemis loin d'être éliminés. Florus le

[1] Afin de ne pas imposer au lecteur ma propre interprétation, je cite, malgré ses imperfections, la traduction de A. BOURGERY (Paris 1926, collection Guillaume Budé).

montre bien : abrégeant probablement Tite-Live, il voit dans la guerre entre César et les Pompéiens une action unique se développant selon une courbe ascendante [1]. Il affirme à la section 64 du livre 2, chapitre 13, que la guerre d'Afrique avait été beaucoup plus sévère que Pharsale (*multo atrocius*). A la section 75, immédiatement après avoir décrit la mort de Caton, il ajoute que la guerre d'Espagne les surpassa toutes deux en violence : *Quasi numquam esset dimicatum, sic arma rursus et partes, quantoque Africa supra Thessaliam fuit, tanto Africam superabat Hispania.* Dion Cassius [2] remarque que la résistance des Pompéiens en Espagne avait causé à César de graves soucis, que ses généraux ne se sentaient pas à la hauteur de cette lutte à outrance que livrait le reste bien organisé du parti sénatorial. Appien affirme qu'en Espagne les légions de César avaient pour la première fois été en proie à la frayeur [3]. « César gagna la victoire avec difficulté ; on disait qu'il avait souvent lutté pour la victoire mais que cette fois il s'était battu pour son existence même » (*BC* 2, 104). Avant eux, déjà, Velleius Paterculus considérait la guerre d'Espagne comme la plus grave que César ait eu à affronter : *sed nullum umquam atrocius periculosiusque ab initio proelium...* (2, 55, 2) [4]. Tant que les fils de Pompée,

[1] *Perioch.* 115 : ... *summam victoriam cum magno discrimine ad Mundam urbem consecutus est.*

[2] D. C., 43, 31, 1 ; cf. 43, 36, 2 ss.

[3] *BC*, 2, 103 s. ; cf. 2, 104 : « ... vers le soir, César gagna la victoire avec difficulté : on relate qu'il disait avoir souvent lutté pour la victoire mais que cette fois il s'était battu pour son existence même. »

[4] Vell., 2, 55, 2 : *victorem Africani belli Caesarem gravius excepit Hispaniense..., quod Cn. Pompeius, Magni filius adulescens impetus ad bella maximi, ingens ac terribile conflaverat, undique ad eum adhuc paterni nominis magnitudinem sequentium ex toto orbe terrarum auxiliis confluentibus. Sua Caesarem in Hispaniam comitata fortuna est sed nullum umquam atrocius periculosiusque ab eo initum proelium, adeo ut plus quam dubio Marte descenderet equo consistensque ante recedentem suorum aciem, increpata prius fortuna, quod se in eum servasset exitum, denuntiaret militibus vestigio se non recessurum...; verecundia magis quam virtute acies restituta, et a duce quam a milite fortius.*

dont le rôle avait été préparé dans une scène très développée, servaient de point de ralliement, il est inexact de dire que le dernier obstacle avait été écarté de la voie triomphale de César vers la tyrannie. Car l'épisode précédant la réunion de Cn. Pompée avec Sextus et Cornélie, au cours duquel elle transmet à Sextus les ordres posthumes de leur père, est de nouveau un passage qui, clairement, à mon avis, prépare l'action qui doit suivre la mort de Caton (9, 84-100). Notons encore que César lui-même considérait que la guerre n'avait pris fin qu'après Munda (*B. C.* 57,5).

Mais nous sommes tous d'accord sur un point : Lucain est un poète, non un historien. Cependant l'intensification progressive dans les descriptions est un procédé pour lequel Lucain montre une prédilection marquée. Il semble qu'il aurait exploité cette gradation dans la violence, ce crescendo dans la marche des événements et dans la terreur que lui signalaient ses sources. Je ne conçois pas comment il aurait pu considérer que le but de César était gagné, le *telos* du poème atteint, avant la campagne d'Espagne.

Avant de montrer à quel point mon hypothèse me semble éclairer la structure du poème, je voudrais examiner brièvement les thèses qui postulent un poème d'une plus grande envergure. M. Due [1] voit dans la bataille de Philippes, qui est mentionnée plusieurs fois dans le poème, la conclusion et la catastrophe qui, pour Lucain, mettait fin aux espoirs des républicains et signifiait la mort de la *patria ruens* [2]. Deux raisons m'empêchent d'accepter cette hypothèse. Cette bataille met en scène un nouveau groupe d'acteurs, Octave en particulier, dont rien n'a préparé l'intervention. La pratique de Lucain est de faire attendre, en préparant leur entrée, les personnages qui doivent jouer un rôle. Ce manque d'une scène au moins pour présenter

[1] O. S. Due, An Essay on Lucan, *C&M* 22, 1962, 68-132.

[2] Voir déjà dans les scolies publiées par C. Weber, *Pharsalia* III, *ad* 1, 1.

au préalable les hommes aux prises lors de la bataille de Philippes me semble une grave objection à l'extension du plan du poème jusqu'en 42 avant J.-C. En admettant qu'elle aurait pu se trouver dans la partie de la *Pharsale* que Lucain n'avait pas eu le temps d'écrire, il reste la question de l'unité du poème. Avec la disparition de César, le dernier protagoniste des premiers livres, une guerre est terminée ; c'en est une autre qui débute. Et c'est avec l'arrivée d'Octave que Tite-Live, ayant achevé les huit livres de son *Bellum civile*, commence un nouveau bloc dans son histoire des guerres civiles. Ce conflit aurait donné lieu, non à une continuation de la *Pharsale*, mais à un nouveau poème dans le genre de celui dont subsistent quelques fragments anonymes sur la bataille d'Actium.

M. Grenade, qui pense que « le terme normal » de la *Pharsale* devait être « soit la vengeance de Pompée par l'assassinat de César, soit, à la rigueur, le triomphe définitif des Césars par la mort de Brutus à Philippes » [1], émet encore une autre supposition. Il lui semble que Lucain a peut-être hésité entre deux conceptions possibles de son œuvre, l'une qui aurait développé le drame de la conscience humaine déchirée par les guerres civiles et qui aurait abouti à la *pax augusta* ; l'autre qui aurait décrit le drame de la liberté mourante et dont le terme eût été la mort de César. Elle eût illustré l'idée d'une sorte de justice immanente. Cette hésitation au cours de la rédaction, de la part d'un poète dont la technique de composition paraît si sûre, ne me semble ni vraisemblable, ni émaner du texte de la *Pharsale*.

Quant à l'hypothèse de Bruère [2], d'un poème d'une vaste envergure, qui eût embrassé toutes les guerres civiles, à partir du Rubicon jusqu'à Actium, les objections que je viens de formuler contre la conclusion à Philippes lui sont appli-

[1] *Loc. cit.* (p. 6, n. 1), 44.

[2] R. T. Bruère, The Scope of Lucan's Historical Epic, *CPh* 45, 1950, 217-235.

cables *a fortiori*. Nous avons vu que, si Lucain avait utilisé au même rythme et dans les mêmes proportions qu'au début du poème le matériel historique que lui fournissait Tite-Live, la *Pharsale* aurait compris quelque cinquante livres, puisque l'historien consacrait aux événements qui séparent la mort de Caton de la victoire d'Octave dix-sept livres des *Décades*. Il est vrai que c'est après Actium seulement que les guerres civiles prirent fin [1], mais Lucain n'était pas tenu de les narrer dans toute leur étendue. La bataille d'Actium est mentionnée dans le poème, comme celle de Philippes, mais la mention d'un fait n'est pas nécessairement une indication que Lucain projetait de le décrire. Les allusions au culte des empereurs et les références à l'époque de Néron [2] n'anticipent pas plus sur des circonstances qu'il avait l'intention de décrire que ne le font celles qui rappellent Romulus et Rémus ou Marius et Sylla [3]. Il avait pris soin de placer dans un contexte général le fragment d'histoire qu'il voulait dramatiser et, par divers procédés, avait fait entrer dans son récit les conflits du passé et de l'avenir. Il n'est peut-être pas déplacé de rappeler ici que Lucain était l'élève de Cornutus qui n'approuvait pas la composition de poèmes volumineux. Du moins racontait-on qu'il avait exposé sa vie pour avoir déconseillé à Néron une monstruosité du même ordre [4].

Le temps manque pour examiner les allusions à certains de ces événements que Bruère et d'autres critiques interprètent

[1] Passages contenant une allusion à la bataille d'Actium : 1, 43 ; 5, 479 ; 7, 872 ; 10, 66.

[2] 1, 33 ss. ; 7, 398 ss. ; 436 ss. ; 641 ss. ; 8, 831 ss. ; 846 ss., etc.

[3] Marius et Sylla sont mentionnés quinze fois, dont douze dans des discours. Voir O. Schrempp, *op. cit.* (p. 17, n. 1).

[4] L'empereur, dit-on, avait l'intention de décrire tous les exploits des Romains dans un poème épique et discutait du nombre de livres dont il devait se composer. D'aucuns suggéraient 400 livres. Cornutus déclara que c'était trop et que personne ne les lirait. Malgré la colère de l'empereur, il s'en tira avec une sentence de bannissement. Dion Cassius (62, 29, 2) associe l'exil prononcé contre Cornutus avec l'interdiction faite à Lucain de publier ou de réciter ses œuvres.

comme la déclaration de son intention d'y revenir plus tard pour les traiter de façon circonstanciée. Il est difficile, sinon impossible, d'obtenir du texte lui-même une certitude absolue. En général, quand une bataille est simplement mentionnée, surtout si c'est dans une liste ou un catalogue, à l'intérieur d'une prophétie, cette mention ne représente pas nécessairement, à mon avis, un premier jalon signalant une scène à venir. Elle peut avoir cette fonction, mais peut aussi simplement avoir celle d'établir des rapports entre la guerre de César et certains événements ultérieurs ou passés, ou à en relier d'autres entre eux. Au contraire, les allusions à la mort de César sont aussi explicites qu'elles sont fréquentes. Après la préparation du livre 2, Brutus n'est mentionné qu'en relation avec elle. Quelques vers seulement avant l'interruption du poème inachevé, alors que Lucain devait avoir clairement en vue le plan qu'il s'apprêtait à développer dans les derniers livres, il la fait pressentir une dernière fois : « Non, s'écrie-t-il, le tyran lui-même avec toute la cour de Lagus ne suffit pas pour l'expiation ; jusqu'à ce que les épées de ses compatriotes s'enfoncent dans le sein de César, Magnus ne sera point vengé. »

Dès le début, Lucain avait affirmé que « les grandeurs s'effondrent sur elles-mêmes ; c'est le terme que les dieux ont assigné au développement de ce qui prospère» (1, 81 s.) ; et tout au long du poème il tient le lecteur en alerte en lui faisant entendre que c'est aussi le terme assigné au despotisme de César. Au début du livre 10, Lucain décrit le sort d'Alexandre, fatal *exemplum* et prototype de César. La fin de ce «brigand heureux» dont «l'exemple funeste apprit au monde que tant de nations peuvent être sous un seul homme» (10, 26 s.), préfigure celle de César, *saevus tyrannus* (8, 835). Alexandre a été emporté, dit Lucain, «par le destin, vengeur du monde» (*terrarum uindice*). Ses restes, au lieu d'être dispersés, ont été déposés dans un sanctuaire (10, 22 s. : *sacratis totum spargenda per orbem / membra uiri posuere adytis*).

Seule la mort pouvait mettre fin à ce despotisme, et le vers suivant s'applique également aux deux tyrans : *occurrit suprema dies, naturaque solum / hunc potuit finem uaesano ponere regi* (10, 41 s.). Mais avant de subir le châtiment qui vengera Pompée, Rome et le sénat, César doit atteindre le faîte de la puissance et s'installer dans sa tyrannie. C'est alors seulement qu'il aura accompli son destin, alors seulement aussi, me semble-t-il, que le poème pourra s'achever selon ces règles de l'esthétique péripatéticienne que M. Rutz veut faire observer à Lucain. Car Aristote nous dit bien : « Il y a dans toute tragédie une partie qui est nœud et une partie qui est dénouement... J'appelle nœud la tragédie depuis le commencement jusqu'à cette partie, qui est la dernière, d'où procède le revirement vers le bonheur ou le malheur ; et dénoûment la tragédie depuis le commencement de ce revirement jusqu'à la fin » (*Poet.*, 18, 1455 *b*). Si la *Pharsale* devait s'arrêter à la mort de Caton, le nœud aurait été bien noué mais mal dénoué parce que trop de fils seraient restés détendus et déliés. Lorsque Caton dit aux soldats : « Des trois maîtres il n'en reste plus qu'un » (9, 265), il semble bien que le but du poète soit de le faire aussi disparaître.

Mais une épopée, pour être ὅλη καί τελεία πρᾶξις, doit aussi avoir un milieu. Or il est impossible de découvrir, dans les hypothèses que je viens de résumer, quel pouvait être ce que M. Grenade a appelé « le centre géométrique » de la *Pharsale* [1]. Le manque d'un point central, dans le poème, a souvent été condamné [2]. On a proposé le livre 7 parce qu'il met enfin aux prises les deux rivaux, César et Pompée. Mais ce n'est pas exact puisqu'ils se sont déjà affrontés au livre 6. On a également proposé le livre 6, parce que, comme dans l'*Enéide*, il contient une sorte de

[1] *Loc. cit.* (p. 6, n. 1), 13.

[2] Par exemple, SCHANZ-HOSIUS, *Gesch. d. Lat. Lit.*, II, 498 : « Dem Gedicht einen Mittelpunkt zu geben, hat der Dichter nicht verstanden. »

nekuia [1]. Mais ces deux livres ne sont pas comparables. Le livre 6 de l'*Enéide* est d'une importance capitale, non seulement du point de vue de la structure, servant de pont entre les deux moitiés du poème, mais par le sens profond de l'épreuve symbolique qu'il décrit. Rien dans la *Pharsale* ne rappelle cette mort et résurrection d'Enée, cette révélation qui le libère de son passé et lui fait enfin discerner les responsabilités de son destin de chef solitaire. Le livre 6 de la *Pharsale* n'a ni profondeur, ni influence sur les événements à venir. « The book is a poor one, dit Heitland, and the least essential of the ten. » [2] Il n'existe du reste pas, entre les livres 6 et 7, de division bien tranchée, et faire de ces livres le centre du poème revient à ne pas tenir compte de la composition en tétrades qui, seules, séparent distinctement les unes des autres les parties dont le poème est constitué.

Considérons, pour terminer, le poème en seize livres et quatre tétrades que Lucain avait, je crois, envisagé dès le début. Il combine de façon magistrale une structure interne asymétrique faite, comme nous l'avons vu, de scènes et de blocs de longueur inégale, de livres sans véritable autonomie, divisés parfois en deux, parfois en trois ou quatre parties, avec un plan externe, un tracé géométrique d'ensemble parfaitement symétrique. Cette union en une seule composition de deux principes de structure opposés, symétrie et asymétrie, n'est pas inspirée par Virgile, elle

[1] SCHOENBERGER, *op cit.* (p. 18, n. 3) voit dans le livre 6 de la *Pharsale* un parallèle au livre 6 de l'*Enéide* et observe que, comme Virgile, Lucain fait débuter un *maior rerum ordo* au livre 7. Ce nouveau début me semble au contraire clairement indiqué au début du livre 9, alors que 7 constitue le point culminant des événements décrits dans la seconde tétrade, sans qu'il y ait de véritable coupure entre 6 et 7. W. H. FRIEDRICH, Cato, Caesar und Fortuna bei Lucan, *Hermes* 73, 1938, 391-423, divise le poème en deux, la bataille de Pharsale au livre 7 marquant le début de la seconde partie. Il fait observer que Stace divise, après Virgile, son poème de la même manière.

[2] W. E. HEITLAND, dans son introduction à C. E. HASKINS, *M. Annaei Lucani Pharsalia* (London 1887) p. xxxiii.

est dans la tradition d'Ovide. A Ovide aussi, Lucain a emprunté le procédé de glisser, de façon si coulante que tout semble parfaitement relié, par-dessus les coupures séparant les différentes parties indépendantes qui forment les tétrades. La *Pharsale* est maintenant divisée en deux parties sensiblement égales qui décrivent chacune, successivement, une phase de la même action. Elles contiennent chacune deux tétrades ; la division se place entre les livres 8 et 9, c'est-à-dire au moment où la première phase de l'action est terminée, où, après la mort de Pompée, Caton prend la direction des forces armées opposées à la domination de César.

Les huit premiers livres décrivent la lutte entre deux anciens complices dans le crime que fut le premier triumvirat. Bien que mûri par les épreuves et progressivement libéré de son ambition arrogante et despotique, Pompée n'atteint la vraie grandeur qu'au moment de la défaite et de la mort. La lutte, dans la première moitié de la *Pharsale*, se déroule sur le plan humain, historique et politique. Avec l'entrée en scène de Caton et le début de la seconde partie (au livre 9), tout est transformé. Le ton change [1], l'intérêt rebondit, le conflit devient moins politique, plus symbolique et plus abstrait. C'est une lutte de principes [2], dans laquelle s'affrontent des êtres qui représentent et incarnent des valeurs opposées et universelles, la liberté et la servitude, l'ordre et le désordre, le respect et le mépris du droit, le crime et la vertu, le bien et le mal [3]. L'action se joue à un niveau beaucoup plus élevé que dans la première partie, sans pourtant que soit jamais perdue la vérité historique qui sert de trame, de « fable », à la tragédie.

[1] Cf. 9, 262 : *Nunc causa pericli / digna uiris.*

[2] J. Béranger, *Recherches sur l'aspect idéologique du Principat* (Basel 1953), 65 s. : « En face [du régime idéal], surgit l'adversaire, par principe, dans la cité antique, la *tyrannie-dominatio*, antithèse banale de *libertas.* »

[3] *Totae post Magni funere partes / libertatis erant* (9. 29 s.)

L'axe central se trouve précisément à l'endroit où ces deux moitiés du poème sont séparées. Ce n'est ni avant, ni après le livre 6 que se place le tournant, mais entre les livres 8 et 9. Et c'est à dessein que Lucain a décrit, au commencement du premier livre de la seconde partie, l'apothéose de Pompée pour rappeler, en lui servant de pendant et de contraste, celle de Néron au premier livre de la première partie. Elle marque le nouveau début, le changement de ton, l'augmentation de profondeur et d'intensité spirituelle de cette seconde partie. Car Lucain a composé ses tétrades, comme il a composé les scènes et les blocs, de manière qu'elles augmentent progressivement en densité, se succédant en une gradation constamment ascendante. Chaque mort qui sert de conclusion à l'une des tétrades dépasse celle qui la précède en puissance dramatique et symbolique. Celle de César devait fournir le point culminant, par le revirement soudain de la Fortune et parce qu'elle constitue une catastrophe supra-humaine, dans la mesure où le dictateur avait été identifié par le poète aux puissances infernales du mal et du crime. Son ascension vertigineuse au pouvoir absolu, suivie du coup de théâtre des ides de mars, aurait permis à Lucain de faire sonner tous les registres de son orgue pour finir à plein jeu au terme de la dernière tétrade. En outre la tension entre les deux pôles de l'univers moral que symbolisent César et ses adversaires est reflétée dans la structure par antithèse des tétrades [1]. Car, comme beaucoup des scènes et des blocs, les tétrades dominées par Pompée et Caton sont en opposition aux deux tétrades dominées par César.

Dans tout jugement esthétique il y a une part subjective. J'ai tenté de la réduire au minimum en montrant d'abord

[1] De même le paradoxe, dont Lucain, et les stoïciens en général, font un usage parfois abusif, renforce l'antithèse qui est à la base du poème : *vincere peius erat* par exemple, ou le fait que la mort qui suit la défaite est une victoire morale (mort de Pompée et son apothéose, mort de Caton, etc.).

que Tite-Live et ses imitateurs, Florus et d'autres, considéraient comme une action unique et complète le conflit qui avait mis aux prises avec César les républicains sous le commandement successif de Pompée, Caton et Gnéus Pompée ; que l'organisation du *Bellum civile* de Tite-Live, clairement apparente dans les *Periochae* et dans l'*Epitome* de Florus, avait servi de guide à Lucain pour la marche et le groupement des événements et que, s'il avait continué à suivre l'historien à la même cadence et, comme lui, terminé son récit par le meurtre de César, il l'aurait décrit au terme de la quatrième et dernière tétrade. M'appuyant ensuite sur le texte de la *Pharsale*, j'ai tenté de montrer que le rôle futur de Brutus est, comme celui de Caton, préparé avec soin, anticipé dans plusieurs passages importants, et que la mort de César est prévue, souvent évoquée, non pas en passant, comme le sont nombre d'événements ultérieurs aux ides de mars, mais de façon explicite, comme le sont celles de Pompée et de Caton.

A mon avis la *Pharsale* devait décrire, comme le déclare son auteur dans le proème, une guerre monstrueuse qui avait fait du crime un droit et dressé Romain contre Romain. Cette fureur d'illégalité criminelle avait débuté le jour où Rome était devenue, à l'encontre de toute loi, le bien commun de trois maîtres ; elle avait éclaté lorsque la mort de Crassus avait mis aux prises les deux chefs survivants qui ne pouvaient souffrir de partager cette royauté et avaient entraîné avec eux à la destruction de leur patrie deux armées de citoyens du même sang. Le crime était devenu droit en fait avant même la bataille de Pharsale, le jour où César avait, en prenant possession du consulat, mêlé les armes des légions et les faisceaux consulaires (5, 388 ss.). Ce crime ne devait devenir droit légalement qu'avec la fin d'une guerre qui ne pouvait comporter de triomphe — mais dont le tyran avait célébré la victoire par des triomphes fastueux — et qui se terminait par la légalisation de son despotisme. Ironie suprême, seule l'action illégale d'un Brutus pouvait venger et libérer la république de cette tyrannie, et les crimes romains de cette guerre privaient du nom de crime cette néfaste infraction au droit romain (8, 609).

J'ai finalement montré que, pour reprendre la paraphrase d'Aristote, les parties constitutives de la *Pharsale* sont ordonnées organiquement, comme celles d'un bel animal, de toute belle chose; que son action possède une certaine étendue mais que Lucain n'a choisi qu'une partie limitée de la guerre, dont il a traité les autres épisodes sous forme d'*excursus* et de rappels ; que l'action en est une et entière et aboutit au revirement qui saisit le lecteur et le surprend, en lui faisant peut-être pressentir une sorte de rétribution et de justice immanente. La *Pharsale* est ainsi un tout cohérent dont la forme est fermée et dont la fin est en étroite relation avec le début, une tragédie au cours de laquelle le destin de chacun des trois protagonistes s'accomplit jusqu'à son terme fatal. Il me semble que seule cette structure réponde aux intentions de Lucain telles que nous les percevons dans la partie de la construction qu'il a eu le temps de bâtir, et telles qu'il nous les fait pressentir par allusions et par anticipations. Baroque, si l'on peut dire, par l'agencement des scènes et des livres, par la passion, la violence et la démesure des sentiments et de l'expression, la *Pharsale* reste classique par la clarté rationnelle et les proportions, par l'équilibre de son plan général. Seule la structure que je propose me paraît esthétiquement satisfaisante.

APPENDICE

Correspondances matérielles entre les Periochae et la Pharsale

LUCAIN	TITE-LIVE
PREMIÈRE TÉTRADE	
1	*Ex libro 109* *qui est ciuilis belli primus*
Causes de la guerre. Premiers actes d'hostilité de César. Prise d'Ariminum. Les tribuns expulsés et Curion le rejoignent. Curion l'informe de l'inimitié du sénat.	*Causae ciuilium armorum et initia referuntur contentionesque de successore C. Caesari mittendo, cum se dimissurum exercitus negaret, nisi a Pompeio dimitterentur. Et C. Curionis tribuni plebis primum adversus Caesarem, dein pro Caesare actiones continet. Cum senatus consultum factum esset, ut successor Caesari mitteretur, M. Antonio et Q. Cassio tribunis plebis, quoniam intercessionibus id senatus consultum impediebant, urbe pulsis... mandatumque a senatu consulibus et Cn. Pompeio, ut viderent, ne quid res publica detrimenti caperet. C. Caesar bello inimicos persecuturus cum exercitu in Italiam venit, Corfinium cum L. Domitio et P. Lentulo cepit eosque dimisit, Cn. Pompeium ceterosque partium eius Italia expulit.*
2	
Fuite de Pompée. César envahit l'Italie du Nord. Prise de Corfinium. Résistance de Domitius qu'il fait prisonnier et libère. Pompée s'échappe de Brindisi et passe en Epire.	
3	*Ex libro 110* *qui est ciuilis belli secundus*
Siège de Marseille par César. César part pour l'Espagne. Brutus à la tête de la flotte romaine termine le siège de Marseille par une victoire navale.	*C. Caesar Massiliam, quae portas cluserat, obsedit et relictis in obsidione urbis eius legatis C. Trebonio et D. Bruto, profectus in Hispaniam L. Afranium et M. Petreium legatos Cn. Pompeii cum septem legionibus ad Ilerdam in deditionem accepit omnesque incolumes dimisit Varrone quoque legato Pompeii cum exercitu in potestatem suam redacto. Gaditanis civitatem dedit. Massilienses duobus navalibus proeliis victi post longam obsidionem potestati Caesaris se permiserunt. C. Antonius legatus Caesaris male adversus Pompeianos in Illyrico rebus gestis captus est ; in quo bello Opitergini Transpadani, Caesaris auxiliares, rate sua ab hostium navibus clusa potius quam in potestatem hostium venirent, inter se concurrentes occubuerunt. C. Curio, legatus Caesaris in Africa, cum prospere adversus Varum Pompeianarum partium ducem pugnasset, a Iuba rege Mauretaniae cum exercitu caesus est. C. Caesar in Graeciam traiecit.*
4	
César en Espagne, assiège Pétreius et Afranius près d'Ilerda ; ils se rendent et César leur fait grâce et les libère. Héroïsme de Vulteius et des Opitergini, soldats césariens, qui préfèrent le suicide collectif à la reddition. Curion, après s'être battu avec succès contre Varus, est vaincu par Juba, roi d'Afrique, puis tué, son armée cernée. (Cf. 5)	
FIN DE LA PREMIÈRE TÉTRADE	

DÉBUT
DE LA SECONDE TÉTRADE

5

Cf. 1, 320 ss.; 2, 480.
Cf. 10, 85 ss.
César fait passer ses légions en Epire (cf. fin de *Periocha* 110).

6

Pompée enfermé dans Dyrrachium. Combats. Pompée s'échappe du blocus. Pompée et César gagnent la Thessalie.

7

Cicéron à Pharsale. Bataille de Pharsale. Cruauté de César envers les sénateurs; il défend de marcher contre la plèbe.

Ex libro 111
qui est ciuilis belli tertius

M. Caelius Rufus praetor, cum seditiones in urbe concitaret novarum tabularum spe plebe sollicitata, abrogato magistratu pulsus urbe Miloni exuli, qui fugitivorum exercitum contraxerat, se coniunxit. Uterque, cum bellum molirentur, interfecti sunt. Cleopatra regina Aegypti ab Ptolemaeo fratre regno pulsa est. Propter Q. Cassii praetoris avaritiam crudelitatemque Cordubenses in Hispania cum duabus Varronianis legionibus a partibus Caesaris desciverunt. Cn. Pompeius ad Dyrrachium obsessus a Caesare et, praesidiis eius cum magna clade diversae partis expugnatis, obsidione liberatus, translato in Thessaliam bello, apud Pharsaliam acie victus est. Cicero in castris remansit, vir nihil minus quam ad bella natus. Omnibusque adversarum partium, qui se potestati victoris permiserant, Caesar ignovit.

8

Fuite de Pompée. Il s'embarque. Ses craintes. Il se dirige vers l'Egypte. Sur le conseil de Pothin, le roi ordonne à Achillas de l'exécuter. Il est tué dans la barque (par Septimius) avant d'avoir débarqué.

Ex libro 112
qui est ciuilis belli quartus

Trepidatio victarum partium in diversas orbis terrarum partes et fuga referuntur. Cn. Pompeius cum Aegyptum petisset, iussu Ptolemaei regis, pupilli sui, auctore Theodoto praeceptore, cuius magna apud regem auctoritas erat, et Pothino occisus est ab Achilla, cui id facinus erat delegatum, in navicula, antequam in terram exiret.

FIN DE LA SECONDE TÉTRADE

DÉBUT
DE LA TROISIÈME TÉTRADE

9

Caton gagne l'Afrique; Cornélie et Sextus Pompée se réfugient d'abord à Chypre puis rejoignent Caton. Arrivée de César en Egypte où on lui présente la tête de Pompée; ses pleurs hypocrites.

Cornelia uxor et Sex. Pompeius filius Cypron refugerunt. Caesar post tertium diem insecutus, cum ei Theodotus caput Pompeii et anulum obtulisset, infensus est et inlacrimavit; sine periculo Alexandriam tumultuantem intravit. Caesar dictator creatus Cleopatram in regnum Aegypti reduxit et inferentem bellum Ptolemaeum isdem auctoribus quibus Pompeium interfecerat cum magno suo discrimine evicit. Ptolemaeus dum

Caton en marche vers la Libye, les Syrtes, la tempête, le simoun, les reptiles. Les Psylles. Arrivée à Leptis.

fugit, in Nilo navicula subsedit. Praeterea laboriosum M. Catonis in Africa per deserta cum legionibus iter et bellum a Cn. Domitio adversus Pharnacen parum prospere gestum continet.

10

Entrée de César dans Alexandrie ; César et Cléopâtre ; soulèvement contre César. Pothinus conseille à Achillas d'assassiner César qui est assiégé.

Fin de 10.

Livres 11, 12.

Ex libro 113
qui est ciuilis belli quintus

Confirmatis in Africa Pompeianis partibus imperium earum P. Scipioni delatum est, Catone cui ex aequo deferebatur imperium, cedente. Et cum de diruenda urbe Utica propter favorem civitatis eius in Caesarem deliberaretur, idque ne fieret M. Cato tenuisset, Iuba suadente ut dirueretur, tutela eius et custodia mandata est Catoni. Cn. Pompeius Magni filius in Hispania contractis viribus, quarum ducatum nec Afranius nec Petreius excipere volebant, bellum adversus Caesarem renovavit. Pharnaces Mithridatis filius, rex Ponti, sine ulla belli mora victus est. Cum seditiones Romae a P. Dolabella tribuno plebis, legem ferente de novis tabulis, excitatae essent et ex ea causa plebs tumultuaretur, inductis a M. Antonio magistro equitum in urbem militibus octingenti ex plebe caesi sunt. Caesar veteranis cum seditione missionem postulantibus dedit, et cum in Africam traiecisset, adversus copias Iubae regis cum discrimine magno pugnavit.

Ex libro 114
qui est ciuilis belli sextus

Bellum in Syria Caecilius Bassus, eques Romanus Pompeianarum partium, excitavit, relicto a legione Sexto Caesare, quae ad Bassum transierat, occisoque eo. Caesar Scipionem praetorem Iubamque vicit ad Thapsum castris eorum expugnatis. Cato audita re cum se percussisset Uticae et interveniente filio curaretur, inter ipsam curationem rescisso vulnere expiravit, anno aetatis quadragesimo octavo.

FIN DE LA TROISIÈME TÉTRADE

DÉBUT
DE LA QUATRIÈME TÉTRADE

Livres 13, 14
15, 16

Petreius Iubam seque interfecit. P. Scipio in nave circumventus honestae morti vocem quoque adiecit : quaerentibus enim impe-

ratorem hostibus dixit « imperator se bene habet ». Faustus et Afranius occisi. Catonis filio venia data. Brutus legatus Caesaris in Gallia Bellovacos rebellantes proelio vicit.

Ex libro 115
qui est ciuilis belli septimus

Caesar quattuor triumphos duxit, ex Gallia, ex Aegypto, ex Ponto, ex Africa, epulum et omnis generis spectacula dedit. M. Marcello consulari senatu rogante reditum concessit; quo beneficio eius Marcellus frui non potuit, a Cn. Magio cliente suo Athenis occisus. Recensum egit, quo censa sunt civium capita $\overline{CL}$. Profectus in Hispaniam adversus Cn. Pompeium, multis utrimque expeditionibus factis et aliquot urbibus expugnatis summam victoriam cum magno discrimine ad Mundam urbem consecutus est. Necatus est Cn. Pompeius, Sex. effugit.

Ex libro 116
qui est ciuilis belli octauus

Caesar ex Hispania quintum triumphum egit. Et cum plurimi maximique honores ei a senatu decreti essent inter quos ut parens patriae appellaretur et sacrosanctus ac dictator in perpetuum esset, invidiae adversus eum causam praestiterunt, quod senatui deferenti hos honores, cum ante aedem Veneris Genetricis sederet, non adsurrexit, et quod a M. Antonio consule, collega suo, inter Lupercos currente diadema capiti suo impositum in sella reposuit, et quod Epidio Marullo et Caesetio Flavo tribunis plebis invidiam ei tamquam regnum adfectanti concitantibus potestas abrogata est. Ex his causis conspiratione in eum facta, cuius capita fuerunt M. Brutus et C. Cassius et ex Caesaris partibus Dec. Brutus et C. Trebonius, in Pompeii curia occisus est viginti tribus vulneribus, occupatumque ab interfectoribus eius Capitolium. Oblivione deinde caedis eius a senatu decreta, obsidibus Antonii et Lepidi de liberis acceptis coniurati a Capitolio descenderunt. Testamento Caesaris heres ex parte dimidia institutus est C. Octavius, sororis nepos, et in nomen adoptatus. Caesaris corpus cum in campum Martium ferretur, a plebe ante rostra crematum est. Dictaturae honos in perpetuum sublatus est. Chamates, humillimae sortis homo, qui se C. Marii filium ferebat, cum apud credulam plebem seditiones moveret, necatus est.

FIN
DE LA QUATRIÈME TÉTRADE

DISCUSSION

M. Durry : Pour s'en tenir à l'essentiel on a l'impression que les théories qui considèrent que la *Pharsale* est achevée au 10e livre (Haffter) ou aurait dû se prolonger jusqu'à Philippes (Due) ou jusqu'à Actium ne peuvent guère se défendre. On est en présence de deux thèses : la *Pharsale* en 12 livres se terminant avec la mort de Caton (Rutz) et la *Pharsale* en 16 livres se terminant avec la mort de César (Marti). Des deux côtés, les arguments sont nombreux et solides.

Quant au détail, dans son étude de la correspondance entre les chants de la Pharsale et les *Periochae* de Tite-Live, Mlle Marti paraît avoir donné quelques coups de pouce et on peut se demander si elle n'a pas exagéré le rôle de Brutus.

Mlle Marti : J'ai dit en effet que le contenu d'une tétrade de Lucain correspondait plus ou moins à deux livres de Tite-Live (1re tétrade = 2 livres ; 2[e] = 1 livre $^1/_2$; 3[e] = 2 livres ; 4[e] = 2 livres $^1/_2$). Il faut cependant tenir compte des adjonctions poétiques, des discours, des développements rhétoriques, etc., dont Lucain a étoffé son poème ; et aussi de la « concentration synthétique » et des suppressions. Il n'a par exemple parlé ni de Varron ni du rôle de C. Antonius. Il me semble toutefois que le rôle de Brutus est préparé avec autant de soin que celui de Caton, d'abord au livre 2 et ensuite, tout au long du poème, par allusions et épisodes.

M. Rutz : Der Ertrag des Vortrages von Mlle Marti scheint mir zunächst darin zu liegen, dass wir in negativer Hinsicht an Sicherheit gewonnen haben. Sie hat die Theorie von H. Haffter so nachhaltig widerlegt, dass wir uns mit ihr nicht mehr zu beschäftigen brauchen. Auch für die verschiedenen Versuche, sich Lucans Epos als über Caesars Tod hinaus geplant vorzustellen, gibt es nun keinerlei Rückhalt mehr. Den Gedanken der *forme fermée* des Epos Lucans hat Mlle Marti so überzeugend vorgetragen, dass wir ihn bei unseren Überlegungen über den geplanten Endpunkt des Werkes als bewiesen voraussetzen können.

Es bleiben also ernsthaft diskutabel nur noch die Annahme von 12 geplanten Büchern — dann wäre der Endpunkt Catos Tod — oder die von 16 geplanten Büchern — dann wäre der Endpunkt Caesars Tod. Eine Entscheidung in dieser Alternative nach formalen Kriterien scheint mir sehr schwierig zu sein, da sich Mlle Marti zur Stützung ihrer Hypothese derselben formalen Kriterien bedient, die ich herangezogen habe, um eine Planung des Epos bis zum Tode Catos wahrscheinlich zu machen : Grosskomposition in Tetraden, mannigfache Verzahnung der Tetraden durch Beziehung ihrer Teile aufeinander über die Tetradengrenzen hinaus usw., aber auch Schluss jeder Tetrade mit einem « tragischen Finale ». In all diesen Gesichtspunkten ändert sich also nichts. Was mich gegenüber der These von Mlle Marti zurückhaltend stimmt, ist Lucans nachweisbares Bemühen um künstlerische Ökonomie. Es ist doch z.B. sehr unwahrscheinlich, dass er die zweite Meuterei der caesarischen Truppen hat schildern wollen, da er die entscheidende Pointe der zweiten — die Anrede der Soldaten mit *Quirites* — bereits bei der Schilderung der ersten, der Meuterei von Placentia, vorweggenommen und somit die beiden Meutereien in eine « zusammengezogen » hat. Ich meine, dass unter diesem Gesichtspunkt der Ökonomie viel Stoff aus der Zeit zwischen Utica und den Iden des Märzes für Lucan nicht mehr schilderungswert gewesen sein dürfte.

Anderseits hat mich besonders die von Mlle Marti hervorgehobene « zentrale Achse » zwischen den Büchern 8 und 9 beeindruckt. Die Frage, die ich mir selbst schon mehrfach gestellt habe, woher es nämlich komme, dass der Erzählton mit 9 beginnend ein anderer wird, könnte sich so beantworten lassen.

Auch die Bedeutung, die Brutus im 2. Buch hat, fände so ihre Erklärung, während sie sonst gerade unter dem Gesichtspunkt der künstlerischen Ökonomie Schwierigkeiten macht. So kann ich — unter dem Vorbehalt, dass nicht gesagt ist, wie Lucan den Tod Caesars gehaltlich ausgewertet hätte — zugeben, dass die strukturelle Analyse doch die Annahme ermöglicht, der Tod Caesars sei von Lucan als Endpunkt seines Epos vorgesehen gewesen.

Mlle Marti : Nous sommes parfaitement d'accord quant aux deux hypothèses opposées, celle qui voit dans la *Pharsale* actuelle un poème achevé, et celle qui envisage un poème de grande envergure, décrivant la guerre civile jusqu'à Actium et à la *pax augusta*, qui nous semblent toutes deux improbables.

Lucain a l'habitude de concentrer et même de télescoper certains événements semblables, afin d'éviter des répétitions fastidieuses. J'ai mentionné la façon dont il traite comme une seule action les deux batailles navales de Marseille. Il me semble qu'il a fait de même avec les deux mutineries des soldats de César. Il devait les décrire avec le plus de force possible. Aussi a-t-il combiné les deux révoltes que nous rapportent les historiens, et ce n'est qu'au cinquième livre, où est décrite la première sédition, qu'il met dans la bouche de César le mot célèbre *ignavi Quirites*, qui date de la seconde. Après les discours de César et l'évocation de la manière féroce et impitoyable qu'il avait employée pour dompter les soldats révoltés, Lucain n'aurait certainement pas envisagé l'affaiblissement de ton, l'« anticlimax », d'une seconde scène similaire, telle que nous la transmettent les historiens, après la guerre contre Pharnace.

M. Due : I must say that what has kindly been termed " la solution de M. Due " is not my present opinion about the scope of the Civil War. After the publication of my " Essay " I have been persuaded by the arguments of Mr. Rutz that Lucan's poem was planned to end by Cato's death. The scope of the poem must have been determined by the idea which gives unity and meaning to the *Pharsalia* ; and that in my opinion is the destruction of the Republic and the end of Liberty—or more precisely : the suicide of Rome, involving the fall of all that was still left of ideal Rome. The battle of Philippi could be a suitable end of the poem, according to this conception of its idea. After that battle the old Rome was lost beyond hope and a new order—whether good according to the Nero-proem, or bad according to the rest of Lucan's poem—finally and irrevocably established. But it is true that the events leading up to the battle of Philippi are not sufficiently prepared in the structure of the extant part of the poem. But the death of Cato, too, does correspond to the idea of the poem, as I see it ; the fighting may go on, but the fall of ancient Rome is now completely clear. So the theory of Mr. Rutz—three tetrads, ending with the death of Cato—seems to me the best solution of this vexed problem. But I am sure that the future literature on Lucan will show that Miss Marti has once more done the greatest possible service to the study of Lucan, i.e. to inspire everybody—and provoke almost everybody to contradiction. Here I shall state briefly why I cannot agree with Miss Marti : an ending by the death of Caesar would leave the reader without solution of the crucial problem : has Liberty and ancient republican Rome, i.e. *Rome*, disappeared forever—or could it still be restored ? Judging by the standards of Lucan, Caesar's death is not so much the end of the epoch, starting with the decisive defeat and death of Cato as the beginning of the final phase of the suicide of Rome. In Utica Rome got the deathblow, and I think that Lucan would have omitted the ensuing events, including the heroic act of Brutus, as the, if I may say so, convulsions of a body already dying—just as Virgil stopped at the death of Turnus, i.e. at the point where the foundation of Rome was finally secured.

Mlle Marti : It seems to me that, if we accept the idea that Lucan prepares future scenes by means of the characterization of certain persons, allusions to them and episodes featuring them briefly, the hypothesis of Mr. Rutz that Cato's death was to conclude the poem leaves unexplained all the passages dealing with Brutus. The *telos* of the *Pharsalia*, as expressed in the poem is not, I believe, the question of whether or not freedom ist still possible. It is to describe fratricidal wars, and the legalization of crime (1,1 ff.). This can only be finally established by Caesar's triumph and his rule or rather tyranny. Utica is only one of the last, but not the last phase of *ius datum sceleri*. Moreover, the need for revenge is mentioned so often (Pompey returning as *vindex* to inspire both Cato and Brutus to continue the fight ; Lucan proclaiming that only when Caesar has been struck down by Roman swords shall Pompey be avenged, etc.), and Caesar's death anticipated so many times, that if the poem were to conclude with Cato's death, the reader would be left with the feeling of unfinished business, the " knot " being only partially untied.

About your second point : the phrase *si steteris unquam ceruice soluta* (9, 603 indicates that Lucan) envisaged the possibility of a return of *libertas* to Rome after the disappearance of Caesar's successors and of their tyranny.

M. von Albrecht : Dieser Vortrag ergibt nicht allein für die fehlenden Teile der *Pharsalia* neue Perspektiven, sondern auch, was noch wichtiger ist, für die Interpretation des Erhaltenen. Ausser der von Herrn Rutz mit Recht hervorgehobenen Erklärung für die Fuge zwischen Buch 8 und 9 und der Entsprechung zwischen der Apotheose Neros und der des Pompeius möchte ich noch darauf hinweisen, dass die doch recht merkwürdige Zweiteilung der Seele des Pompeius (die in Cato und Brutus weiterlebt) als Erfindung vielleicht verständlicher wird, wenn man in ihr die Vorbereitung einer Cato- und noch einer Brutus-Tetrade sieht. Darüber hinaus würde Caesars Tod auch sachlich ein Gegenstück zum Untergang des Pompeius bilden :

die Person stirbt, die Sache aber, die sie vertrat, lebt in überpersönlicher Form weiter. Auf der andern Seite sehe ich aber auch noch einige Schwierigkeiten, die durch die Diskussion vielleicht beseitigt werden :

1. Zunächst das Problem der Ökonomie : Der Tod Achills ist in der *Ilias* gegenwärtig, bleibt aber doch ausserhalb der Erzählung. Kann Entsprechendes nicht auch von Caesars Tod gelten (vgl. bes. Lucan, 7, 61 ff. mit *Il.*, 22, 356 ff.)?

2. Im 2. und im 9. Buch wird die Einzigkeit Catos mehrfach betont.

3. In welchem Sinne hätte der Tod Caesars dargestellt werden müssen, wenn er eine Steigerung gegenüber dem Tod Catos bedeuten sollte?

Mlle Marti : Peut-être n'ai-je pas suffisamment insisté sur la scène du début du livre 9, où l'âme de Pompée mort revient s'établir dans le cœur de Caton et de Brutus. Cette double métempsychose est à ma connaissance unique dans la littérature latine ; elle n'est pas conforme aux théories platoniciennes ou stoïciennes. Si elle est particulière à Lucain, elle ne peut avoir qu'un but : préparer le rôle de Brutus après la mort de Caton. Ce rôle, c'est de venger Pompée et le sénat en assassinant César. Lucain le répète à plusieurs reprises.

1. La mort de César est préparée, il me semble, comme le sont celles de Pompée et de Caton. Le parallèle avec l'*Iliade* est intéressant, mais me paraît un peu éloigné de la technique de Lucain. Il laisse inexpliqué le rôle de Brutus et les multiples passages annonçant le meurtre de César.

2. Oui, Caton est unique ; c'est le seul homme divin, qui incarne la vertu, le seul aussi qui se suicidera par principe. Mais Brutus est son disciple et Lucain montre au livre 2 que le discours de Caton inspire en lui une ardeur trop violente *(nimios furores)* pour la lutte : il prépare ainsi, je crois, le régicide qui, pour justifié qu'il est, n'en est pas moins un crime.

3. Peut-être les passages de Florus et de Plutarque que j'ai cités donnent-ils une idée de ce qu'aurait pu être la description de la mort de César — un crescendo, une intensification, d'un côté par l'horreur de ce meurtre en plein sénat, au pied même de la statue de Pompée qui semblait ainsi présider à sa propre vengeance, de l'autre par ce qu'a de monstrueux la chute du maître du monde, qui a été décrit au cours du poème, non seulement comme le favori des dieux mais comme une puissance démoniaque, l'incarnation du crime. Alors que la mort de Pompée est émouvante, par sa dignité et par ce qu'elle a de pathétique et que celle de Caton, librement choisie, a la tragique sérénité d'une fin exemplaire, telle que la décrivaient les stoïciens, la mort de César les surpasse en violence; l'assassinat de César est plus terrible que celui de Pompée parce qu'il est le crime justifié d'un noble Romain qui prouve par son acte que seule l'illégalité peut délivrer Rome du tyran, mais que cette délivrance ne saura ressusciter la liberté de la République.

Vous avez dit, M. von Albrecht, que, chez Lucain, une fois un personnage mort, ce qu'il représente demeure. C'est si vrai que vous me donnez la possibilité de répondre peut-être plus clairement que je ne l'ai fait à M. Due à qui je dirai ceci : une fois mort, Pompée reste vivant par ses principes, et inspire à la lutte et à la vengeance Brutus et Caton ; de même, Caton mort, son esprit demeure en Brutus, qui dépasse sa pensée en exécutant le tyran ; finalement, après la mort de César, la tyrannie, l'esprit despotique qu'il représente, subsistent. L'histoire est pour les stoïciens un perpétuel recommencement ; les guerres civiles d'Octave reprendront mais elles ne font pas partie du cycle que dramatise Lucain.

M. Bastet : Lucain est en premier lieu poète et je me demande si, juste à l'époque où il écrit son épopée, on peut s'attendre à une œuvre aussi équilibrée que celle que Mlle Marti nous suggère. L'époque de Néron se caractérise, pour la peinture comme pour l'architecture, par son manque d'équilibre. La peinture se distingue, surtout dans la *Domus Aurea*, par une tendance baroque où l'on cherchera en vain un système cohérent. C'est le quatrième style pompéien, dans lequel l'axialité n'est presque jamais fortement marquée. Or, si l'on veut une structure du poème divisée en deux fois quatre parties, on suppose chez l'auteur un équilibre tellement voulu, avec un « axe » entre les livres 8 et 9, que ce serait peut-être en conflit avec les tendances générales de cette époque, surtout chez un poète novateur et « moderne », comme l'est Lucain. Ne doit-on pas prendre en considération que Lucain est tout d'abord un poète qui écrit selon un procédé intuitif, c'est-à-dire qui ne cherche pas une composition aussi classique que le veut Mlle Marti ? Le caractère baroque du poème ne se limite pas au style. Dans l'architecture de ce temps, on constate aussi une tendance à l'irrégularité qui s'oppose nettement au classicisme de l'époque augustéenne. J'estime que, malgré les remarques très importantes de Mlle Marti, nous ne disposons pas d'assez de données pour fonder avec certitude l'hypothèse selon laquelle l'épopée aurait dû contenir seize et non douze livres.

Mlle Marti : Si j'ai montré surtout ce que la structure pour ainsi dire externe de la *Pharsale* a d'équilibré et de symétrique, c'est que j'accepte la conception de M. Rutz, d'une composition en scènes et en blocs, de longueur inégale, en livres divisés en deux, trois ou quatre parties. Ce que je vois, c'est plutôt une sorte de déséquilibre non classique, d'asymétrie dans l'agencement intérieur, recouverts ou même camouflés par cette belle ordonnance symétrique qu'est la construction binaire et antithétique des tétrades, qui lui donne une apparence classique. Ce procédé me semble une des caractéristiques de ce que nous appelons le style baroque.

M. Le Bonniec : Je partageais jusqu'ici l'opinion des critiques qui admettent que la *Pharsale* comportait 12 livres et que la mort de Caton en marquait la fin et le sommet. L'argumentation solide et subtile qu'on vient de nous proposer oblige à accepter, au moins comme une possibilité très séduisante, l'idée d'un poème en 16 livres, se terminant par la mort de César. Je voudrais pourtant vous soumettre une difficulté qui m'est venue à l'esprit en vous entendant souligner avec raison l'importance de la guerre d'Espagne. Lucain devait faire tenir dans sa quatrième tétrade (hypothétique) non seulement les événements de cette campagne, mais aussi la genèse du complot contre César, le récit des Ides de Mars, sans compter les méditations et les amplifications qu'un tel sujet devait lui inspirer. On peut se demander si quatre livres lui auraient suffi?

Mlle Marti : Si, pour la dernière tétrade, Lucain avait dramatisé le matériel historique qu'il trouvait dans le *Bellum civile* de Tite-Live, à la même cadence qu'il l'avait fait pour les premières, quatre livres auraient correspondu aux livres 7 et 8 du *Bellum civile* (*Décades* 115, 116). Il aurait abrégé la fin du livre 6 du *Bellum civile* (*Décade* 114), où sont décrites les morts de Juba, de Scipion, de Faustus et d'Afranius, afin de ne pas affaiblir la description des derniers moments de Caton. Il aurait aussi supprimé la victoire de Brutus sur les Bellovaques, traitée elle aussi à la fin du livre 6 du *Bellum civile* de Tite-Live, qui n'a rien à voir avec l'action du poème. Quatre livres lui auraient donc suffi.

M. Durry : Les thèses de M. Rutz et de Mlle Marti restent face à face ; on verra à la fin des Entretiens si la balance penche d'un côté.

M. Grimal : La théorie exposée par Mlle Marti est telle qu'on a peine à résister à la puissance de conviction qu'elle comporte. On est entraîné même au-delà, et l'on se demande d'abord — avec l'enthousiasme du néophyte — si l'on ne peut aller plus loin. Les tétrades s'ajoutant les unes aux autres, pourquoi ne pas en envisager non pas deux mais quatre nouvelles, se terminant, l'une à la mort de Caton, la suivante à celle de César, une autre à celle de Brutus, la dernière, enfin, à la mort d'Antoine ! Ainsi serait achevé, en 24 livres, le cycle des guerres civiles !

Mais cet enthousiasme ne résiste pas à l'analyse, et Mlle Marti elle-même a bien montré que la fin extrême ne saurait être postérieure à la mort de César. Lucain ne peut avoir juxtaposé deux cycles différents : la seconde génération, celle des Epigones, ne peut figurer dans son poème. Il est certain d'autre part que le personnage d'Octave n'est pas « introduit », et les mentions qui sont faites d'Antoine demeurent insignifiantes. Dans ces conditions, l'hypothèse d'une *Pharsale* en 24 livres est impossible. Tout le problème revient donc à se demander si la fin de la *Pharsale* coïncidait avec la mort de César ou avec la mort de Caton — lequel de ces deux événements pouvait être considéré le plus justement comme terminant le cycle.

En fait, c'est la seconde hypothèse qui demeure, je crois, la plus vraisemblable. La mort de César n'est pas l'aboutissement de quelque chose, mais le recommencement de la guerre. La mort de Caton, au contraire, est la fin de l'opposition à César. Si l'on objecte que le récit de la campagne de Munda devait fournir l'occasion, et le moyen, d'une gradation dans l'horreur, d'un crescendo dramatique, on peut toujours penser que le poème pouvait s'arrêter avec les triomphes de César, mais avant les Ides de Mars 44.

Tout cela dépend en réalité de la conception que l'on se fait de la nature du poème, du but que se proposait Lucain. Ne peut-on penser qu'il s'est essayé à dépeindre la naissance d'un « ordre nouveau », l'avènement, dans le sang et la douleur, de ce qui devait être l'Empire ? Certes, César est criminel, mais il est l'intrument de la Providence, de la *Natura*, du devenir historique. Son crime est aussi celui des dieux. Avec la mort de César, tout serait remis en question, Rome de nouveau en lutte contre elle-même, menacée de ruine définitive. Ce serait une fin bien insatisfaisante. On peut évoquer à ce propos la conception épicurienne de l'*Inuidia* — le héros, le chef politique, qui s'est élevé au-dessus des autres hommes, étant pour cette raison en butte à l'envie, et, finalement, abattu ; ce qui frappe de nullité toute ambition, et menace les sociétés d'une anarchie périodique, d'une fatalité de révolutions, dont Auguste précisément aura pour principal mérite d'avoir tiré Rome. Les grandes oscillations sont alors les suivantes : la « paix républicaine », détruite par le passage du Rubicon, remplacée par la *potestas* de César ; celle-ci, à son tour, détruite aux Ides de Mars, l'ordre nouveau se reconstituant à Philippes, puis s'affirmant à Actium. La mort de César pourrait constituer le début d'un autre poème, d'un autre cycle.

Lucain, on l'a montré, a refusé le poème cyclique, le poème seulement narratif, celui que haïssait Horace. Il a subi l'influence de la poétique aristotélicienne, et c'est pour cette raison que son poème est structuré, et n'est pas une chronique, ne ressemble pas aux *Annales* d'Ennius.

Si l'on consent à accorder une valeur à des arguments tirés des nombres, il semble enfin plus satisfaisant de penser qu'une œuvre consacrée à une révolution, à un devenir contradictoire, ait été composée de $3 \times 4 = 12$ livres, plutôt que $4 \times 4 = 2 \times 2 \times 2 \times 2$ livres, ensemble où le principe « impair », celui du changement, de la lutte, ne figure pas.

Mlle Marti : 1. Il me semble que les historiens sont unanimes à considérer que la campagne d'Espagne a été une partie essentielle de la guerre civile et que César ne l'a gagnée qu'avec difficulté. Les *Periochae* le montrent bien : *Profectus in Hispaniam adversus Cn. Pompeium, multis utrimque expeditionibus factis et aliquot urbibus expugnatis, summam victoriam cum magno discrimine ad Mundam urbem consecutus est.* La mort de Caton ne marque donc pas la fin de l'opposition à César. Je crois que Lucain n'aurait pas pu terminer le poème avant cette victoire.

2. Le but du poème me semble loin d'être l'annonce d'un ordre nouveau. S'il l'était, le poète l'aurait proclamé, soit dans son proème, soit ailleurs au cours du poème. Mais tout souligne la mort, la destruction, une guerre absurde, inutile et criminelle. Seule la *laus Neronis* peut être invoquée en faveur de cette concep-

tion d'un empire qui naîtrait de la ruine de la république et donnerait un sens à la guerre. Mais ce passage me semble soit une attaque voilée, soit un morceau d'apparat, dans lequel la flatterie excessive n'a aucune influence sur le développement du poème qu'elle contredit. On a cité une dizaine de passages dans lesquels l'ordre nouveau est amèrement condamné par Lucain. Il dit que ses compatriotes et lui-même vivent dans un état de servitude, qu'ils n'ont pas eu l'occasion de se battre pour la liberté, que les peuples qui ont toujours été les esclaves de rois n'ont au moins pas cette nostalgie de la liberté ; il hait le culte impérial, et fait entendre *(nunc, olim)* qu'il y a peut-être une raison d'espérer que l'avenir apportera un retour à la liberté. Lucain et les stoïciens ne croient pas à ce devenir historique, à la conquête par le fer et le sang d'un ordre nouveau. La conception cyclique de l'histoire est clairement exprimée dans le poème (l' *ekpyrosis*, un nouveau Caton, un nouveau Brutus ; Marius et Sylla, sorte de préfiguration de César et de Pompée, etc.). C'est pourquoi le meurtre de César me paraît nécessaire pour mettre fin à un cycle — après quoi recommencera le cycle des guerres avec Octave et Antoine, ce qui pourrait être le sujet d'un autre poème. Les historiens terminent une phase de la guerre avec le meurtre de César.

3. Je vois le « principe impair » et la lutte dans la structure interne des tétrades, dans la tension qui est établie entre scènes antithétiques de longueur inégale, dans le déséquilibre constitué par des blocs et des livres asymétriques, par les parties qui s'opposent souvent avec violence, le tout recouvert par cette ordonnance harmonieuse qui enchaîne, lie, et donne une apparence de construction classique à un tout plein de heurts et de contrastes.

II

PIERRE GRIMAL

Le poète et l'histoire

LE POÈTE ET L'HISTOIRE

Les critiques modernes ont coutume de distinguer, dans les *Annales* d'Ennius, maître et archétype de toute épopée romaine, deux parties qu'ils opposent : les chants où le poète traite des événements anciens, et ceux où il s'essouffle à poursuivre l'actualité. Ainsi, l'œuvre d'Ennius offre-t-elle comme les deux visages de l'épopée historique : un poème traitant d'un sujet défini, possédant une structure déterminée ou, si l'on préfère, proposant une manière de lire l'histoire — et, en même temps, une simple chronique versifiée, qui se borne à juxtaposer les faits sans leur imposer de structure. Entre ces deux attitudes, Lucain, cela n'est pas douteux, a choisi la première : le poème qui ne reste pas à fleur des événements, mais pénètre dans le cours des choses, parfois en cherchant des causes, parfois aussi d'une manière plus subtile. Certes, la recherche des causes proprement historiques est familière à Lucain ; elle occupe parfois, dans le poème, une place considérable ; mais le poète va plus loin ; il lui arrive de découvrir, entre les faits, des liens qui relèvent plus du symbole que de la causalité, d'établir des anticipations poétiques, qui préfigurent le futur sans le déterminer. Autant de liens internes révélés dans les choses, qui font que la *Pharsale* n'est à aucun degré une « chronique versifiée de la guerre civile ».

Ce débat ou, si l'on préfère, ce dialogue entre la poésie et l'histoire, est très ancien, au moment où écrit Lucain. Il est déjà contenu dans une page célèbre de la *Poétique* d'Aristote, qui peut nous aider à formuler dans les meilleurs termes le problème sur lequel nous sommes invités à méditer :

« On voit donc clairement, d'après ce qui a été dit, écrivait Aristote, que ce n'est pas le récit des événements qui est la tâche du poète, mais celui des événements tels qu'ils auraient pu se passer, des événements possibles, selon le vraisemblable ou le nécessaire. L'historien et le poète... diffèrent en ceci que le premier raconte ce qui s'est passé, le second, les événements susceptibles de s'être passés. Aussi la poésie est-elle plus philosophique et plus profonde que l'histoire... » [1]. Nul ne contestera que Lucain soit du côté d'Aristote et, paradoxalement, qu'il ait conçu l'épopée historique selon le type *homérique*, et non point *cyclique*, comme on aurait pu s'y attendre [2].

Mais il est un autre point, qu'un texte, souvent cité, de Quintilien, nous permettra de préciser — la fameuse comparaison entre l'histoire et la poésie. « L'histoire, dit Quintilien, est très proche de l'activité des poètes ; c'est une sorte de poème en prose... » [3]. Quintilien pense surtout au style ; pour lui, la *lactea ubertas* de Tite-Live, cette aisance du récit, qui se complaît en lui-même, est la marque même de l'histoire [4]. Quintilien ne se préoccupe pas du problème aristotélicien, du rapport entre l'essentiel et l'accidentel, entre le possible et le vrai. Sa formule n'en comporte pas moins pour nous une leçon : les critiques modernes ont tendance à considérer que la fonction fondamentale de l'histoire, ou, si l'on veut, sa vocation, est d'être une science, de découvrir, dans les faits humains, le jeu de lois et de causes, voire d'établir des expériences, en certains domaines privilégiés. Et ils font bon marché des agréments d'exposition. Les critiques anciens adoptent, après Aristote, une attitude exactement opposée : tout l'appareil scientifique (ils disent, eux « philosophique », mais cela revient au même) est, selon eux, le propre du poète ; la volonté de voir clair, de discerner les facteurs généraux sous les accidents parti-

[1] Arist., *Poét.*, 9, 1451 a-b.

[2] Sur cette distinction, nous nous permettons de renvoyer à notre *Essai sur l'Art poétique d'Horace* (Paris 1968), 153 ss.

[3] *Inst.*, 10, 1, 31.

[4] *Ibid.*, 32.

culiers est la condition même de l'œuvre d'art. Ce qui risque de créer une contradiction et, à la rigueur, de rendre impossible la constitution d'une épopée historique — si le « vrai », l'historique, ne saurait, par lui-même, être objet de poésie, mais doit, pour se prêter au poème, être reconstruit, restructuré, repensé « en philosophe ». Une seule possibilité de conciliation : si le poète savait découvrir, dans les faits apparemment contingents, une valeur universelle, et, dans leur succession, une « structure » qui les rendît vraisemblables, conformément à l'exigence aristotélicienne. Encore est-il nécessaire que cette structure soit elle-même admissible, ne se révèle pas infidèle à la réalité, n'impose pas aux faits de distorsion grave. L'entreprise était audacieuse ; Lucain, peut-être avec l'insouciance et la témérité d'un jeune homme, peut-être guidé par l'intuition d'un poète véritable, a cru possible de la mener à bien. Il y fut certainement aidé par sa conviction stoïcienne que le devenir historique n'était pas quelconque, qu'il était intelligible et, par conséquent, en soi, matière déjà poétique. Lucain fut, croyons-nous, poète parce qu'il était philosophe, et c'est cette double qualité qui lui permet d'être, aussi, un historien, au sens où nous l'entendons aujourd'hui. Mais ce sont là propositions à démontrer, et qu'il ne suffit pas d'énoncer.

* * *

Le premier problème qui se pose est de savoir comment Lucain, au moment où il va commencer le récit de la guerre civile, après les considérations générales qu'il a présentées sur les causes de la catastrophe [1], entend rendre sensible la structure ou, si l'on préfère, la finalité qui crée le drame et constitue la poésie.

[1] *Phars.*, I, 67-182.

Lucain, d'abord, a choisi de renoncer au fil des événements. Il écrit — c'est le début du drame : « Déjà César avait franchi en toute hâte les Alpes et conçu dans son esprit l'immense bouleversement, et la guerre qui va commencer. Lorsqu'il fut parvenu aux ondes du petit Rubicon, immense, apparut au chef le fantôme de la patrie tremblante... » [1]. Cette prosopopée, qui a probablement sa source dans celle que Cicéron opposait autrefois à Catilina [2], est, d'abord, une habileté qui évite le récit de faits qui se prêteraient mal à l'énoncé poétique, la halte de Ravenne, la ruse pour conserver le secret, mais aussi les hésitations de César, les interminables tractations avec Pompée, par l'intermédiaire de Curion. Mais elle est plus que cela ; elle place d'emblée César en face de la décision à prendre — ce qui est conforme à l'esthétique générale de la *Pharsale*, celle d'une tragédie [3] — et, surtout, permet à l'*imperator* de répondre à la voix de la Patrie par une prière dont tous les termes sont à méditer, parce qu'ils définissent, précisément, ce sens de l'histoire, sans lequel il n'y aurait point d'épopée.

César commence par invoquer le dieu du Capitole : « Toi qui regardes au loin les murs de la Ville immense, du haut de la colline tarpéienne... » [4]. Les termes de cette invocation sont très remarquables. Jupiter y est désigné comme le dieu « Tonnant », et non sous sa double épithète

[1] *Phars.*, I, 183-186 : *Iam gelidas Caesar cursu superauerat Alpes / ingentesque animo motus bellumque futurum / ceperat. Vt uentum est parui Rubiconis ad undas, / ingens uisa duci Patriae trepidantis imago.*

[2] Cic., *Catil.*, I, 18 ss.

[3] V. B. M. Marti, Tragic history and Lucan's Pharsalia, *Studies Ulman* (1964), I, 165-204.

[4] *Phars.*, I, 195-203 : *O magnae qui moenia prospicis Vrbis / Tarpeia de rupe, Tonans, Phrygiique Penates / gentis Iuleae et rapti secreta Quirini / et residens celsa Latiaris Iuppiter Alba / Vestalesque foci summique o numinis instar, / Roma, faue coeptis ! Non te furialibus armis / persequor ; en adsum, uictor terraque marique, / Caesar, ubique tuus — liceat modo — nunc quoque, miles. / Ille erit, ille nocens, qui me tibi fecerit hostem.*

de Très Bon Très Grand (*Optimus Maximus*), qui était traditionnelle. Après quoi viennent les Pénates troyens, rapportés à la *gens Iulia*, ensuite, Romulus divinisé, sous le nom de Quirinus, puis le Jupiter latin, le dieu du Monte Cavo actuel, honoré chaque année aux Féries latines, enfin le foyer de Vesta, et Rome elle-même, « pareille à une divinité » *(numinis instar)*.

Cette série divine, qui n'est pas imposée par le rituel, n'est évidemment pas quelconque. Elle comprend les divinités protectrices de Rome, mais dans la perspective de la théologie dynastique julio-claudienne. Le Jupiter Tonnant est bien, comme on l'a remarqué, celui du célèbre sanctuaire élevé par Auguste devant l'*Area Capitolina*, sanctuaire qui sembla un moment sur le point d'éclipser le temple de l'*Optimus Maximus* [1]. Le Jupiter latin est le grand dieu de la Confédération albaine, et son culte, aux Féries latines, avait pour but de pérenniser la suprématie religieuse d'Albe, la ville fondée par Iule, l'ancêtre des Iulii. Les Pénates de Rome, conservés au foyer de Vesta, étaient, eux aussi, inséparables de la légende d'Enée [2] ; enfin, la divinisation de Rome (présentée par le poète avec quelque prudence), n'est vraiment attestée dans le culte qu'avec le règne d'Auguste [3].

Il est évident que Lucain a fait esquisser par César — contrairement à toute vraisemblance immédiate — les grandes lignes de la religion impériale, telle qu'elle apparaît après Auguste : César entreprend la guerre au nom des divinités qui deviendront les puissances tutélaires de l'Empire. Puissances tutélaires, et non pas destructrices de Rome : « Je ne viens pas contre toi avec des armes de mort », dit César *(non te furialibus armis persequor)* ; le chef

[1] Suet., *Aug.*, 29, 5 ; 91, 3.

[2] K. Latte, *Römische Religionsgesch...*, 108 ss.

[3] *Ibid.*, 306.

rebelle se réclame d'un nouveau contrat entre Rome et les dieux.

Il est évident, d'autre part, aussi, que cette prière de César est une anticipation historique, une première présentation des valeurs divines au nom desquelles l'*imperator* et ses héritiers régneront sur Rome. Mais ne nous hâtons pas de crier à l'invraisemblance, à la projection gratuite dans le passé d'un futur encore inaperçu. Nous savons que César, bien avant le début de la guerre civile, était conscient de sa mission divine, qu'il l'avait assumée en revendiquant, *extra ordinem*, le grand pontificat, et s'en était expliqué dans le petit livre qu'il avait alors publié sur la nature et le rôle du *Pontifex Maximus* dans la tradition — julienne — de la royauté albaine [1]. Naturellement, il est fort douteux que César ait prononcé, historiquement, une telle prière ; mais ces mots, que lui prête le poète, expriment une pensée qui, nous le savons, était celle de César et qui, en tout cas, annonçait le dénouement de la guerre, le futur impérial de Rome.

Un autre mot de César, en cette prière, mérite l'attention: il se prétend soldat *(miles)* de Rome, son défenseur, contre toutes les usurpations, et non seulement contre les barbares. Or, cette fonction militaire est fondamentale dans la notion de principat, depuis Auguste. Le premier prénom du Prince est, sauf exception volontaire, préméditée, le titre d'*imperator*. Tel veut se présenter César au seuil de la guerre civile — fixant ainsi le sens historique, orientant le devenir historique de cette guerre. On ne pensera donc pas, avec Mlle Brisset, que « dans le décor fantastique dressé par Lucain, César apparaît (ici) tel qu'il sera toujours par la suite : menaçant, animé par l'esprit du mal, ou plutôt, comme l'incarnation même de cet esprit » [2].

[1] J. Carcopino, *Les étapes de l'impérialisme romain* (Paris 1961), 137 ss., après Ed. Meyer, *Caesars Monarchie und das Principat des Pompeius* (Berlin 1919²), 511, n. 1.

[2] J. Brisset, *Les idées politiques de Lucain* (Paris 1964), 87.

On le verra plutôt, dans cette première vision du héros, comme l'incarnation du principat futur, la préfiguration du système politique et théologique qui, finalement, triomphera. César en est parfaitement conscient ; il espère ce triomphe, il sait que sa victoire sera bénéfique, puisqu'il se défend de venir avec des armes « émanées des Furies », des armes destructrices. Ses armes sont salutaires, elles assureront la sauvegarde de la patrie, selon un ordre nouveau, qui surgit déjà.

Il n'est assurément pas indifférent que telles soient les premières paroles de César dans le poème qui va conter les luttes et les victoires qui seront comme le creuset du futur. On sait la valeur de présage assignée à tout commencement. Tite-Live avait, de la même façon, rappelé que le premier engagement survenu entre les troupes romaines et les cavaliers d'Annibal, sur les rives du Rhône, annonçait, jusque dans le détail, les péripéties de la guerre qui s'ouvrait [1]. Certes, Lucain s'interdit de prendre parti pour César, il se contente de symboliser le déroulement du futur dans un propos symbolique, dont le lieu et le moment font une prophétie. Tite-Live, en rapportant l'engagement de cavalerie dans l'arrière-pays de Marseille, contait un événement réel, et sa réflexion est en retrait de celui-ci, elle ne fait que constater ; Lucain, lui, *invente* le discours de César, et sait fort bien que ses lecteurs ne seront pas dupes, qu'ils ne penseront pas un instant que tels furent, réellement, les propos de César. On voit comment l'invention poétique, loin de fausser l'histoire, la rend intelligible, y dessine correspondances et figures. Aussi, ne saurait-on examiner avec trop d'attention, voire de minutie, les moindres expressions du poète, si l'on veut discerner ses intentions.

A cet égard, la *sententia* finale de la prière prêtée à César ne laisse pas de poser un problème dont la discussion sera,

[1] Liv., 21, 29.

croyons-nous, riche d'enseignements. César conclut sa réponse à la Patrie, en disant : « le coupable sera, oui, sera celui qui aura fait de moi ton ennemi » [1]. Et les commentateurs sont intrigués. Ils se demandent qui le poète désigne ainsi à mots couverts. Les uns penchent pour Caton [2], les autres pour Pompée [3]. En réalité, César ne nous paraît penser ni à l'un ni à l'autre, pour la bonne raison que l'état de guerre effectif entre le sénat et lui n'existe pas encore. César ne dit pas : *ille nocens est qui me tibi fecit hostem*, mais *erit* et *fecerit*. Sans doute peut-on entendre ces futurs comme l'état du problème vis-à-vis de l'histoire, de la postérité, mais ce sens ne nous semble pas autorisé par le mouvement du contexte. César implore les divinités pour son action future, il affirme qu'il ne va pas nuire à Rome, mais que celui qui nuira à celle-ci, ce sera le responsable de la guerre. Ce qui peut, légitimement, intriguer : tout le monde admet qu'en franchissant le Rubicon, en sortant, avec ses troupes, des limites de sa province, César crée un *casus belli*. Comment, dans ces conditions, peut-il rejeter sur un autre la responsabilité de cette guerre que son geste va tout à l'heure déclencher ? Lucain a-t-il voulu faire porter à César l'odieux d'une responsabilité, d'autant plus grande qu'elle est hypocritement contestée ?

A la réflexion, on découvre que les propos de César sont juridiquement justifiés. L'état de guerre sera, sans doute, une conséquence de l'illégalité qu'il va commettre, mais non pas une conséquence inévitable, automatique — il y faudra la volonté des ennemis. Et c'est la situation à laquelle se réfère Lucain, en pleine conscience. Mais, pour le comprendre exactement, il faut, sans doute, revenir sur la suite

[1] *Phars.*, I, 203 : *Ille erit, ille nocens, qui me tibi fecerit hostem.*

[2] H. Glaesener, Un mot historique de César, *AC* 22, 1953, 105.

[3] H. Dubourdieu, Le passage du Rubicon d'après Suétone, César et Lucain, *IL* 3, 1951, 122-126 ; 162-165.

des événements, que Lucain ne raconte pas, mais qu'il suppose connus, et que permet d'établir aujourd'hui, sans que soit permis un doute raisonnable [1], la comparaison des sources.

Plusieurs points peuvent être considérés comme acquis. D'abord, que le passage du Rubicon eut lieu avant l'aube du 12 janvier pré-julien [2]. César, nous l'avons rappelé, se trouvait depuis quelques jours à Ravenne, où il avait appris les événements survenus à Rome le 7 (VII *Id. Ian.*), c'est-à-dire la séance du sénat tenue l'après-midi. Le 7e jour avant les ides est en effet jour comitial, et le sénat peut, ce jour-là, tenir légalement séance, mais après l'heure normale de la clôture des comices [3]. On avait évité de réunir les Pères le 3e jour des nones et la veille des nones (3 et 4 janvier pré-julien), parce que, précisément, ces deux jours étaient comitiaux [4], mais l'urgence de la situation obligea de recourir à la tolérance légale. Quoi qu'il en soit, le témoignage de César est formel et ne saurait, sur ce point de fait, être mis en doute. Or, trois jours seulement sont nécessaires pour qu'un courrier ou un voyageur se hâtant franchisse la distance entre Rome et Ravenne [5]. La séance du sénat s'étant terminée, selon la coutume, au plus tard à la tombée

[1] V. sur ce point l'essai de M. Ruch, La véracité de César dans les six premiers chapitres du *De bello ciuili*, *REL* 27, 1949, 118 ss., contre la position pessimiste et inutilement négative de P. Fabre, édition du *Bellum ciuile* I (Paris 1947[3]), p. XXVI ss.

[2] Date proposée par Stoffel ; la démonstration est reprise et confirmée par J. Carcopino, *Jules César* (Paris 1968[5]), 361, n. 2. Le 12 janvier préjulien (= *Pr.Id.*) correspond, sans aucun doute possible, au 17 décembre 50 du système julien. V. J. Bayet, 16 août 48, date de la mort de Pompée d'après Lucain, *Mélanges Ernout* (Paris 1940), 5-10.

[3] O'Brien Moore, *s.v.* senatus, *RE*, *Suppl. IV*, 702 ss., et nos *Etudes de chronologie cicéronienne* (Paris 1967), 22.

[4] Caes., *Civ.*, 1, 5, 4.

[5] Comme le fit Curion, au témoignage de César (*Civ.*, 1, 5, 6). V. App., *BC*, 2, 32 et nos *Etudes... (cit.)*, 133-134.

de la nuit, le 7 — soit, en cette fin de décembre réel, vers 16 heures — le message qui ne put manquer d'être alors envoyé à César dut lui parvenir dans la journée du 10, au plus tard, peut-être même plus tôt. César, avant de franchir le Rubicon, était donc informé de ce qui s'était passé au sénat dans l'après-midi du 7. Il savait, en particulier, que, à l'initiative de Lentulus, les Pères avaient pris le sénatus-consulte suprême, le *uideant consules*..., mesure contre laquelle César avait, depuis longtemps et par avance, protesté. Il savait aussi que ses alliés, les deux tribuns Antoine et Cassius, et son agent Curion, tribun sorti de charge depuis le 9 décembre précédent, avaient quitté la Curie et s'étaient mis en route pour venir vers lui. Telles furent les nouvelles qui le décidèrent à pénétrer en Italie à la tête de ses troupes.

Cette succession des faits est celle que nous trouvons dans le récit des *Commentaires* [1], dans celui de Suétone [2], dans celui de Dion Cassius [3], ainsi que chez Appien [4]. Cette concordance est une preuve absolue de vérité, d'autant plus que tous ces témoignages ne remontent pas à une même source, mais au moins à deux, Suétone se rattachant au livre qu'Asinius Pollion avait écrit sur les guerres civiles [5]. Ainsi, deux témoins oculaires des événements, César et Asinius Pollion, qui l'accompagnait en ce jour mémorable, nous garantissent que César ne déclencha l'invasion de l'Italie qu'après avoir reçu les nouvelles de Rome. Et il

[1] Caes., *Civ.*, 1, 5 ss.

[2] Suet., *Caes.*, 30, 1-2 et 31, 1 : *Cum ergo sublatam tribunorum intercessionem ipsosque urbe cessisse nuntiatum est, praemissis confestim clam cohortibus*... Suétone, on le voit, ne parle pas de l'arrivée des tribuns, mais seulement de la nouvelle de leur expulsion.

[3] D. C., 41, 4, 1.

[4] App., *BC*, 2, 5, 33. Sur le récit d'Appien et les confusions qu'il contient, v., ci-dessous, p. 70, n. 4.

[5] V. J. Carcopino, *Etapes... (cit.)*, 140. Le même Asinius Pollion semble être aussi la source de Plut., *Caes.*, 31, 1, peut-être, cette fois, à travers Tite-Live.

n'existe aucune raison de penser que Lucain ait adopté une version différente. On a voulu, il est vrai, tirer des vers 1, 264 ss. de la *Pharsale*, l'idée que César n'aurait été informé qu'à Ariminum, après l'arrivée dans son camp des tribuns et de Curion, des événements du 7 janvier [1]. Mais c'est faire violence au texte. Lucain dit simplement — nous aurons à le préciser — que l'arrivée des trois fugitifs est une justification supplémentaire, moins pour César lui-même que pour les soldats.

Donc, au moment où César franchit le Rubicon, il sait que le sénatus-consulte suprême a été voté. Lucain, cependant, ne le dit pas expressément ; l'esthétique de son poème le lui interdisait. La véritable justification de César, vis-à-vis de lui-même, n'est pas une querelle juridique, la violation du droit des tribuns ni même le refus qu'on lui oppose de briguer le consulat *in absentia*, ni la limitation arbitraire de son proconsulat, amputé de quelques mois — sa justification, il la porte en lui, dans sa foi en sa *Fortuna*, sa justification, elle est, finalement, dans le futur, dans une finalité à rebours, dans l'ordre du monde. Justification poétique, aux yeux de Lucain et des Anciens, et que nous qualifierions plus volontiers aujourd'hui d'historique, mais qui réside dans la pensée de César, à ce moment, une pensée qui se trouve conforme à l'ordre du monde, au devenir historique qui sera. Lucain a pris la précaution (utile, certes, à en juger par les discussions de ses commentateurs) de déclarer qu'il ne saurait décider lequel, de Pompée ou de César, avait le droit pour lui : *Quis iustius induit arma, scire nefas* [2], en d'autres termes, que le débat n'est pas juridique, qu'il dépasse les intérêts humains des acteurs. Aussi n'a-t-il pas voulu que l'*imperator* entrât dans le poème en plaignant, comme un

[1] J. Brisset, *op. cit.*, 88, n. 1.

[2] *Phars.*, 1, 126-127 — vers qui devrait être médité par ceux qui s'efforcent de déterminer l'engagement politique de Lucain.

plaideur au tribunal. Les arguments de droit, les accusations contre Pompée, Caton, les ennemis de sa *dignitas* serviront devant les soldats, mais plus tard, à Ariminum. Devant le Rubicon, César, pour agir, n'a besoin que de prendre conscience de ce qu'il représente.

Ce qui nous invite à repousser l'interprétation habituellement donnée des vers 225 et 226 : « Ici, dit César, ici, je laisse la paix et le droit violé ; c'est à toi, Fortune, que je m'attache ; arrière, maintenant, les pactes ! »[1]. On entend généralement que les mots *temerata iura* font allusion au déni de justice dont César serait victime de la part du sénat, qui lui retire son commandement en dépit des textes légaux, la *lex Vatinia* et la *lex Licinia Pompeia* de mars 55. Mais l'ensemble du passage se prête mal à cette interprétation ; il y a opposition entre *Fortuna* d'une part et, d'autre part, trois termes : *pacem*, *iura* et *foedera*. Les *foedera*, c'est le pacte conclu avec Pompée ; la « paix » c'est la situation légale, qui durera autant que César n'aura pas franchi le Rubicon. En franchissant la limite de sa province, César renonce à la fois à la paix et à son pacte avec Pompée. Dans ces conditions, il est naturel de penser que les *iura*, qui seront abandonnés du même coup, représentent l'obligation légale où se trouve César de ne pas quitter sa province, et non celles que l'on a envers lui. *Temerata* est un participe exprimant l'action antérieure, comme dans l'exemple traditionnel : *urbem captam hostis diripuit*. César dit simplement : en franchissant le fleuve, je viole le droit, j'y renonce, comme je renonce à la paix et à mon pacte avec Pompée, pour suivre une nouvelle loi, ma propre Fortune. Ces mots ne sont pas une plainte. Les plaintes viendront, mais pour d'autres raisons, dans le discours d'Ariminum.

Nous pouvons maintenant, pensons-nous, expliquer la *sententia* dont le temps futur nous intriguait. César, disions-

[1] *Phars.*, 1, 225-226 : *Hic, ait, hic pacem temerataque iura relinquo : / te, Fortuna, sequor ; procul hinc iam foedera sunto.*

nous, sait, en franchissant le Rubicon, que le sénatus-consulte suprême a été voté, mais il sait aussi que ce texte, toujours le même, n'est pas « nominatif » ; c'est une arme mise entre les mains des magistrats, par précaution ; le nom de l'ennemi n'est pas prononcé. César, légalement, n'est pas encore *hostis*. Il ne le sera qu'au moment où un chef — ce sera Pompée, désigné plus tard [1] — commencera effectivement les opérations militaires, et créera une situation de fait, rendue possible par le sénatus-consulte ultime, mais non nécessaire. En réalité, la situation est tout à fait semblable à celle qui s'était produite à la fin de l'été et dans les derniers mois de 63, lorsque Cicéron était armé du sénatus-consulte en question, mais répugnait à s'en servir et, ainsi qu'il le disait, le « conservait au fourreau » [2]. César lance un défi à ses ennemis. Il les provoque en franchissant le Rubicon, mais leur laisse la responsabilité juridique de la guerre. Celui qui passera aux actes ne saurait être encore désigné ; ce sera le magistrat qui entreprendra les premières opérations. Cette subtilité, on a envie de dire cette argutie juridique, n'est pas étrangère à l'esprit romain. César sort de la légalité ; il le sait. Il le fait pour contraindre les autres à un choix : ou bien lui accorder ce qu'il considère comme son dû, ou bien créer l'état de guerre. De telles pressions ne sont pas sans exemple dans l'histoire des coups de force. La manœuvre consiste — a toujours consisté — à provoquer une situation telle que l'adversaire soit contraint de recourir aux armes, tandis que l'on se réserve, pour soi-même, le droit de proclamer qu'une telle parade est injuste, qu'elle est une provocation inadmissible. Ne nous hâtons pas, toutefois, de condamner César. Lentulus n'avait pas agi avec plus

[1] Le 17 janvier, cinq jours après le franchissement du Rubicon (ci-dessous, p. 94). Cette désignation fut la riposte des sénateurs à « l'escalade » que constituait l'occupation d'Ariminum, ainsi que le suggère la chronologie.

[2] Cic., *Catil.*, 1, 4 : *Senatus consultum... inclusum in tabulis, tamquam in uagina reconditum.*

d'honnêteté, en contraignant César à jeter dans la balance le poids de son armée. Il n'est pas nécessaire qu'au début d'une querelle l'un des deux ait tort et que l'autre ait raison. Ils peuvent fort bien avoir tort l'un et l'autre. Et, surtout, le problème véritable, que pose Lucain comme poète, c'est celui du futur en train de naître, cette Fortune de César qui va devenir celle de Rome.

Cette intention de Lucain entraîne une curieuse conséquence : elle le conduit à rétablir la vérité historique, déformée par une inversion chronologique volontaire dans les *Commentaires* de César.

Nous voyons en effet chez César que l'*imperator*, apprenant, à Ravenne, les événements du 7 janvier, à Rome, harangue ses soldats et les détermine à venger la légalité violée, à défendre le caractère sacro-saint des tribuns [1]. Or, cette harangue n'a jamais été prononcée à Ravenne, mais à Ariminum, c'est-à-dire une fois le Rubicon franchi. Et c'est bien la version que suivent Lucain, Suétone et Dion Cassius [2], qui nous apprennent que César attendit, pour informer ses troupes de la situation, l'arrivée des tribuns et de Curion. Et César, sur ce dernier point — l'arrivée des fugitifs à Ariminum, et non à Ravenne — s'accorde avec eux [3], ce qui achève d'enlever toute possibilité de doute puisque nous constatons que la source césarienne et celle qui, par Suétone, remonte à Asinius Pollion, nous garantissent pareillement que Curion et les tribuns sont arrivés après la « provocation » de César. Il s'ensuit que la harangue ne peut avoir été prononcée à Ravenne, comme le prétend celui-ci, mais à Ariminum, aussi étonnant que cela puisse paraître. Cela a été bien montré, à l'aide d'autres bons arguments encore, par

[1] *Civ.*, 1, 7.

[2] Suet., *Caes.*, 33, 1 ss. ; *D.C.*, 41, 4, 1 ; Lucan., *Phars.*, 1, 296 ss.

[3] *Civ.*, 1, 8, 1.

M. Rambaud [1]. Le départ de Ravenne a eu lieu dans des conditions de secret (« le secret militaire », dit fort justement M. Rambaud) incompatibles avec une harangue publique. César avait préparé son mouvement en envoyant en avant quelques éléments : un petit nombre de cohortes, qu'il rejoignit le lendemain sur la rive du Rubicon, au dire de Suétone [2] — un groupe d'officiers n'ayant que leur épée, sans cuirasse ni bouclier, au dire de Plutarque et d'Appien [3]. Les deux versions ne sont d'ailleurs pas incompatibles.

César n'a pas cru devoir mentionner cet échelonnement tactique de son action. Il n'a pas raconté non plus comment, feignant le loisir, il avait donné dans l'après-midi un spectacle public aux gens de Ravenne, puis examiné le plan d'une école de gladiateurs qu'il avait l'intention de construire dans cette ville, puis dîné en compagnie d'un assez grand nombre d'amis. Mais seuls les plus intimes parmi ceux-ci étaient au courant de ses projets. César, au bout de quelque temps, fit dire qu'il était indisposé et quitta le banquet ; puis, en pleine nuit, il prit la direction du sud, avec Asinius Pollion et quelques cavaliers. Tout cela ne pouvait être mentionné dans les *Commentaires*. Il fallait donner l'impression que les soldats, ayant appris le déni de justice fait à leur chef, s'étaient lancés, dans un grand enthousiasme, à la conquête de ce qu'on lui refusait. En réalité, la manœuvre de César fut plus subtile; elle avait pour objet de placer devant le fait accompli à la fois le sénat (ainsi que nous l'avons dit) et ses propres troupes, pour des raisons qu'il nous appartiendra bientôt de rechercher. Et cette signification des faits, que César voulait dissimuler, a été précisément dégagée, mise en lumière, par Lucain — parce qu'elle était,

[1] Moins dans son livre sur *L'Art de la déformation historique dans les Commentaires de César* (Paris 1966²), 134 ss., que dans une note de son édition de Caes., *Civ.*, 1, « Collection Erasme » (Paris 1962), 33 (note au chap. 7, 1).

[2] *Caes.*, 31, 1 (ci-dessus, p. 62, n. 2).

[3] Plut., *Caes.*, 32, 2 ; App., *BC*, 2, 5, 35.

sans doute, conforme à la vérité historique, mais aussi parce qu'elle était plus « poétique ». Lucain a placé le discours à Ariminum, comme cela se passa réellement. C'est là qu'il nous décrit l'arrivée piteuse de Curion et des tribuns : *Hos jam mota ducis uicinaque signa petentes*...[1]. *Iam mota* ne peut signifier qu'une chose, que César avait déjà fait mouvement, et non qu'il est sur le point de faire mouvement ; *uicina* le confirme : César est plus proche de ceux qui arrivent que ceux-ci ne le pensaient, puisque, de Ravenne, il avait rejoint Ariminum, une cinquantaine de kilomètres plus au sud [2]. Il est superflu de souligner que, dans ces conditions, le récit sur lequel Lucain fonde sa construction poétique n'est pas celui des *Commentaires* [3]. Un autre détail mérite toutefois d'être souligné. César ne mentionne pas Curion, qui pouvait être considéré comme un allié compromettant, et dont l'expulsion par Lentulus était sans conséquence, puisqu'il n'était plus tribun en exercice. Lucain, au contraire, lui attribue le rôle de mauvais conseiller, et suppose (peut-être sur de bonnes sources) qu'il encouragea César à poursuivre cette « escalade » vers la guerre.

On voit que Lucain s'est ingénié à nous présenter César prenant librement sa décision, face à face avec lui-même : tout en rejetant sur le chef qui lui serait opposé la responsabilité technique de la guerre, il ne se dissimule pas qu'il commet un acte illégal, qui rend les hostilités inévitables. Il se place d'emblée au-delà de la morale ; il répudie les valeurs traditionnelles, au nom de sa Fortune, de ce qu'il croit lire de la volonté divine. Tel est le sens que Lucain, comme poète, pense discerner dans ces événements. Mais

[1] *Phars.*, I, 268.

[2] Telle est l'interprétation de P. Wuilleumier et H. Le Bonniec, *Lucain, Guerre civile* I, « Collection Erasme » (Paris 1962), *ad loc.*

[3] Sur le problème du rapport entre les deux œuvres, v. M. Rambaud, L'opposition de Lucain au *Bellum ciuile* de César, *IL* 12, 1960, 155 ss.

ce faisant, ne reconstruit-il pas l'histoire ? Ne fausse-t-il pas le personnage de César, le faisant plus grand qu'il n'était, lui prêtant des intentions plus profondes qu'elles n'avaient été en réalité ? A cette accusation, Lucain pourrait répondre. A ce moment où le destin de César et celui de l'univers sont en balance, nous savons quelle fut, effectivement, la pensée de l'*imperator*. Nous savons qu'il aimait à répéter, en citant Euripide : « S'il faut violer le droit, que ce soit pour régner ; autrement, respectons la morale » [1]. Fidèle à la matérialité des faits, Lucain l'a été aussi à l'âme de son personnage, en lui prêtant cette pleine conscience dans la conquête du pouvoir, cette absence de scrupule « bourgeois », en un domaine qui ne les admet guère.

Nous voyons ainsi comment se résoud la contradiction qui nous apparaissait entre la poésie et l'histoire : Lucain ne transforme pas le déroulement des faits, il le respecte, et appuie sur lui sa construction épique. Il est possible, probable, que sa source est Tite-Live, comme on l'a montré depuis longtemps [2] — Tite-Live où confluaient déjà plusieurs sources primaires, comme César et Asinius Pollion. Mais il entend bien dépasser les faits, et pénétrer dans le secret des consciences. Ce qui nous incitera à beaucoup de prudence lorsque nous serons tentés de penser qu'il se laisse emporter par la rhétorique et l'artifice. Les outrances éventuelles de l'expression ne doivent pas nous dissimuler la solidité d'une information ni la profondeur d'une intuition psychologique que pourraient lui envier bien des historiens modernes.

[1] Suet., *Caes.*, 30, 7 : *Nam, si uiolandum est ius, regnandi gratia / uiolandum est ; aliis rebus pietatem colas.*

[2] V. la discussion et la bibliographie in R. PICHON, *Les sources de Lucain* (Paris 1912), 51 ss.

Le discours d'Ariminum

S'il est un domaine où l'imagination poétique passe pour se donner libre cours, aussi bien chez Lucain que chez Tite-Live, c'est assurément celui des discours. Qu'en est-il de celui que tint, dans Ariminum occupé, César à ses troupes, le matin du 12 janvier?

César (qui, nous l'avons dit, place cette harangue à Ravenne), la résume en un chapitre [1]. Lucain, de son côté, lui consacre une cinquantaine de vers [2], mais la version qu'il en donne est très différente du résumé de César. Tel est le problème : lequel des deux textes approche le plus de ce que fut la vérité?

Pour le résoudre, on pourrait être tenté d'interroger les autres sources. Mais elle sont peu prolixes. Dion Cassius se borne à une phrase [3]. Appien donne quelques détails : selon lui, César, après avoir montré à ses soldats Curion et les tribuns, ajoute que la manière dont le sénat s'est comporté laisse prévoir quelle sera sa conduite envers les vainqueurs de la Gaule, puisque le seul tort de Curion et des deux tribuns n'avait été, dit César, que de parler en faveur des armées victorieuses [4]. Plutarque, dans la *Vie de*

[1] *Civ.*, 1, 7.

[2] *Phars.*, 1, 299-351.

[3] D. C., 41, 4, 1 ; selon Dion Cassius, César introduisit Curion et les tribuns devant la *contio* et leur fit raconter les événements du 7 janvier ; après quoi « il trouva les mots qui convenaient à la circonstance pour exciter ses soldats ».

[4] App., *BC*, 2, 33. Le récit d'Appien pose, comme cela arrive assez fréquemment, un problème particulier. Nous voyons que, selon Appien, Curion revient vers César avec les deux tribuns, et que César les montre tous les trois à l'armée, le lieu de la scène n'étant pas précisé (*BC*, 2, 33). A ce moment, la guerre commence, des deux côtés. César décide d'envoyer des troupes, avec les centurions en civil, occuper Ariminum. Le soir du même jour, César, feignant d'être malade, se retire de bonne heure, mais repart et franchit le Rubicon dans la nuit avec sa cavalerie ; Ariminum est occupé à l'aube. Ce récit implique, par prétérition, que Curion et les tribuns ont rejoint César à Ravenne, et que la harangue de César eut lieu dans cette ville. Sur le second

César, n'en dit pas plus que Dion. Quant à Suétone, il ajoute deux détails précieux. D'une part, il raconte comment César, après avoir présenté aux soldats les tribuns chassés de Rome par le consul (*adhibitis tribunis plebis qui, pulsi, superuenerant* — mais aucune mention de Curion), s'adressa à ses troupes avec des larmes, déchirant ses vêtements, se livrant à des gestes de supplication passionnée. Après quoi, à un certain moment de son discours, il leur montra, à plusieurs reprises, l'anneau d'or de sa main gauche ; les hommes des derniers manipules, qui ne pouvaient entendre ses paroles, crurent qu'il leur promettait à tous le rang de chevalier et le cens correspondant ; en réalité, continue Suétone, César disait qu'il n'hésiterait pas même à vendre son anneau, s'il le fallait, pour récompenser les hommes qui allaient défendre sa *dignitas*. D'autre part, un autre passage de Suétone, dont la source est alors Aelius Tubero, laisse à penser que César, pour souligner l'ingratitude de Pompée à son égard, donna lecture à ses soldats de son propre testament, qui faisait de Pompée son héritier principal [1].

Est-il possible, à l'aide de ces témoignages très fragmentaires, de reconstituer au moins le sens général de la harangue de César, et de mesurer ainsi la fidélité de Lucain à l'histoire ?

On sait comment les *Commentaires* présentent les principaux thèmes de ce discours. César se plaint d'abord de la malveillance de ses ennemis, depuis toujours ; ces ennemis, dit-il, lui ont aliéné Pompée, qui n'a pas, pour cette raison,

point, Appien est en accord avec César, mais non sur le premier. Il y a, dans ce récit d'Appien, une contradiction interne, résultant, fort probablement, d'une contamination maladroite, Appien ayant confondu deux temps bien distincts, la transmission de la nouvelle de la séance du sénat à César et l'arrivée des bannis. Mais il suit la version authentique, selon laquelle la harangue suivit l'arrivée de ceux-ci. Il faut donc que le discours aux troupes ait eu lieu à Ariminum, puisque tout le monde s'accorde (sauf Appien) à dire que Curion ne rejoignit César que dans cette ville.

[1] Suet., *Caes.*, 33, 2 ss. ; 83, 2.

témoigné à César la reconnaissance qu'il lui devait. Puis, il souligne que la puissance tribunicienne, restaurée autrefois par ce même Pompée, était en pratique abolie par lui, ce qui faisait de Pompée un nouveau Sulla. Troisième point : le sénatus-consulte *ultimum* n'était nullement justifié dans la circonstance présente. En conclusion, César exhortait ses soldats, en souvenir des neuf années de guerre victorieuse menée en commun, à ne pas l'abandonner, mais à défendre sa *dignitas*. César, reprenant son récit, ajoute que les hommes de la XIIIe légion, qui étaient les seuls à former l'avant-garde de la guerre civile, se déclarèrent prêts à embrasser la cause des tribuns et celle de leur *imperator*.

Dans la *Pharsale*, le contenu de ce discours est fort différent. La harangue débute sur un tout autre ton. César s'indigne d'abord de ce que les services rendus par son armée, depuis dix années, soient si mal récompensés, de ce que le retour des légions victorieuses sur le sol italien soit considéré par le sénat comme une catastrophe publique, et que l'on se prépare à les combattre. Mais l'ennemi qui les attend n'est pas à craindre ; il ne redoute ni les bavards du sénat, ni surtout Pompée, contre qui il se livre à une longue invective. Toute la carrière de Pompée, dit-il, est illégale ; il n'a jamais respecté les lois, ni dans sa jeunesse, lorsqu'il triompha avant l'âge, ni, plus récemment, lors du procès de Milon, lorsqu'il avait entouré le tribunal de soldats en armes. En réalité, Pompée est un nouveau Sulla; il a, dans sa jeunesse, goûté le sang des proscriptions, il en a conservé la soif. Il ne sait pas l'art de se retirer. César ne demande qu'une chose : même s'il n'obtient rien pour lui-même, du moins que l'on donne à ses troupes les récompenses qu'elles ont méritées. En fait, ces récompenses, il faudra les enlever de haute lutte. Ce que veulent César et ses hommes, c'est la liberté d'une Rome asservie à ses maîtres.

Assez curieusement, il ne semble pas, au premier abord, qu'il y ait d'élément commun aux deux discours, et la tentation est grande de penser que César a laissé le témoignage le plus véridique, tandis que Lucain se serait contenté de composer une *suasoria* d'école. Mais les textes, aussi fragmentaires soient-ils, des autres historiens nous invitent à plus de prudence. Ils nous avertissent que la version des *Commentaires* n'est assurément pas la vraie, ou du moins qu'elle n'est pas totalement conforme à la vérité.

Cela résulte d'abord du ton du discours, que César a voulu, dans les *Commentaires*, mesuré, raisonnable comme une démonstration, et dont Suétone nous dit qu'il fut passionné, violent. Et nous savons que le récit de Suétone repose sur le témoignage direct d'Asinius Pollion. La violence prêtée à César dans la *Pharsale* répond mieux à ce que nous dit Suétone.

Un second point n'est pas moins important. Selon Appien, confirmé par Suétone, César aurait dit aux soldats que le sénat avait l'intention de leur refuser leur légitime récompense. Or, cet argument ne figure pas dans les *Commentaires* — on en devine la raison ; il était par trop invraisemblable (et jamais Pompée n'avait eu l'intention de s'en prendre aux légions de César) ; il ne pouvait trouver créance que devant un auditoire intéressé à le croire, dans une atmosphère de passion, comme celle que nous devinons, en ce matin de janvier, sur le forum d'Ariminum. Il est significatif qu'il figure chez Lucain, où il sert à la fois d'exorde et de conclusion, et forme, par conséquent, le thème majeur du discours.

Ces deux raisons nous incitent à penser que Lucain ne saurait être fort éloigné de la vérité historique lorsqu'il rapporte la harangue de César à ses troupes. On trouvera fort vraisemblable que l'*imperator* ait joué sur la cupidité d'hommes qui se battaient alors dans l'espoir de s'enrichir ou, tout au moins, de retirer une aisance suffisante de leurs campagnes. Il est naturel aussi que César ait voulu dissimuler aux lecteurs des *Commentaires* cet aspect intéressé de ses rapports avec ses troupes ; sans quoi il eût semblé avoir lancé celles-ci à la curée de l'Italie, comme le lui reprochaient ses ennemis.

En revanche, la harangue des *Commentaires* fait intervenir un argument qui, à première vue, ne figure pas chez Lucain : César affirme, dans les *Commentaires*, combattre pour défendre sa *dignitas*, et le même thème apparaît dans le témoignage rapporté par Suétone. On ne peut douter que César n'y ait fait au moins allusion. Pourquoi, chez Lucain, le silence sur ce point ?

En réalité, ce silence, chez Lucain, n'est qu'apparent. César s'y plaint de ne pas obtenir la récompense que méritaient ses conquêtes ; c'est même ainsi qu'il commence son discours, mais, au lieu que, dans les *Commentaires*, il se borne à présenter sa propre cause, dans la *Pharsale*, beaucoup plus habilement, il identifie cette cause à celle de ses troupes. Tout se passe donc comme si l'*imperator*, en rapportant son propre discours, dans les *Commentaires*, en avait supprimé la moitié — celle qui intéressait directement les hommes —, tandis que Lucain insistait, au contraire, sur cet aspect de l'argument. On conclura que le texte des *Commentaires* est, finalement, moins proche de la réalité que celui de Lucain, qui paraphrase une source authentique.

Dans le discours des *Commentaires* et celui de la *Pharsale*, enfin, un point est commun : les attaques contre Pompée. Qu'en fut-il réellement ?

Remarquons d'abord que l'invective, violente dans la *Pharsale*, répond, dans les *Commentaires*, à un développement beaucoup plus modéré, comme si César, à ce moment-là, n'avait pas souhaité une rupture totale avec le chef de la faction adverse. Telle était du moins l'impression qu'il souhaitait donner à ses lecteurs. En revanche, l'accusation portée contre Pompée, dans les *Commentaires*, d'avoir supprimé la puissance tribunicienne, après avoir contribué, vingt ans plus tôt, à la rétablir, ne figure pas dans le discours de la *Pharsale*, pas plus, d'ailleurs, qu'il n'y est question des mauvais traitements subis par les tribuns. Sur ce point, c'est évidemment le poète qui s'éloigne, par simplification, de la vérité historique, puisque, aussi bien, les autres historiens sont unanimes, affirmant que César prit comme prétexte de la guerre la violence faite aux deux tribuns, Antoine et Cassius. A leur témoignage s'ajoute celui de Cicéron [1]. Mais, précisément, le passage des *Philippiques* auquel nous faisons allusion montre que cette violation du droit tribunicien fut un argument juridique invoqué par César, un *casus belli* mis en avant pour l'opinion publique en général, plus que pour ses propres soldats. Pour ceux-ci, le spectacle de magistrats du peuple romain vêtus en esclaves, portés sur un chariot de louage, suffisait à soulever leur indignation, comme l'ont indiqué Appien et Plutarque. Ils étaient la preuve vivante que Pompée ne respectait pas les règles du droit et se comportait en tyran. Ce qui était le point essentiel de la harangue, celui que mentionne Lucain, et sur lequel il insiste. Devant les hommes de la XIIIe légions, les arguments juridiques mesurés, les regrets exprimés sur l'ingratitude de Pompée (du moins dans les termes des *Commentaires*) eussent été déplacés, comme eût été déplacé ce ton modéré, d'une éloquence raisonnable, à laquelle nous savons, précisément, que César n'eut pas recours. La harangue des *Commentaires* ne s'adresse pas à ces hommes, mais à un tout autre public.

Nous sommes donc amenés à penser que la version des *Commentaires* diffère sensiblement de la vérité, qu'elle en est une interprétation adoucie, destinée à d'autres esprits. S'ensuit-il que la version donnée par Lucain soit plus fidèle ?

[1] *Phil.*, 2, 53 : *Tu, tu, inquam, M. Antoni, princeps C. Caesari, omnia perturbare cupienti, causam belli contra patriam inferendi dedisti. Quid enim aliud ille dicebat, quam causam sui dementissimi consilii et facti adferebat nisi quod intercessio neglecta, ius tribunicium sublatum, circumscriptus a senatu esset Antonius?*

Comme le texte des *Commentaires*, celui de la *Pharsale* mentionne les attaques de César contre les notables et les meneurs du sénat, qui veulent la guerre civile. Lucain, qui ajoute quelques précisions, en nomme deux, Marcellus, le collègue au consulat de Lentulus, et Caton. C. Marcellus, le consul de 49, est qualifié de *loquax*. L'épithète semble méritée. Cicéron n'est pas plus tendre pour lui que ne l'est ici César [1], et l'inaction qu'il lui reproche fait contraste, précisément, avec les rodomontades que lui prête Velléius Paterculus [2]. Quant à Caton — que César, chez Lucain, qualifie de *nomina uana* — il n'est pas étonnant que l'auteur futur de l'*Anti-Caton* lui reproche de n'être qu'une réplique indigne du Censeur. Dans les *Commentaires*, César accusait ses *inimici* d'avoir provoqué sa brouille avec Pompée. Chez Lucain, ils sont seulement considérés comme des personnages sans importance réelle, qui ne méritent pas qu'on les prenne au sérieux. Tout l'effort de l'orateur porte contre Pompée, et cela mérite réflexion.

Pompée, dans la harangue de la *Pharsale*, est présenté comme un ambitieux insatiable, qui n'a qu'un désir: interrompre la carrière d'un rival. Le portrait qu'en trace César est effroyable. Il montre en lui (non sans raison) un homme qui s'est toujours placé au-dessus des lois, qui a commandé en chef sans avoir jamais servi comme soldat (on sait que Pompée s'en était vanté, un jour de *census*), qui s'est formé une clientèle de rois qui lui doivent tout et qui, jusqu'aux confins du monde, lui assurent un véritable empire personnel [3].

[1] *Ad Att.*, 8, 15, 2 : *Nec me consules mouent, qui ipsi pluma aut folio facilius mouentur. Ibid.*, 7, 21, 1 : *Nihil in consulibus.*

[2] *Hist.*, 2, 49, 4 : *Cum alter consul iusto esset ferocior, Lentulus uero, salua re publica, saluus esse non posset.* Sur les excès de langage de C. Marcellus, v. Plut., *Pomp.*, 58, 4.

[3] *Phars.*, 1, 314 s. : *Scilicet extremi Pompeium emptique olientes / continuo per tot satiabunt tempora regno.* Ce sont, semble-t-il, d'après les mots du texte, les mêmes clients qui sont « au bout du monde » et « achetés ».

Ces reproches, nous ne les trouvons pas chez Lucain pour la première fois. Déjà, en 58, P. Clodius, le tribun ami et agent de César, s'était élevé contre cet état de chose, et, cette année-là, une fois Cicéron parti en exil, on avait vu Clodius intervenir à la fois en Galatie et en Arménie, pour contrarier, autant qu'il le pouvait, la politique et les intérêts de Pompée [1]. Et Clodius avait alors formulé contre Pompée à peu près les mêmes reproches que nous lisons chez Lucain [2]. Ces reproches n'ont donc, dans ce contexte, aucune invraisemblance en eux-mêmes. Mais César, chez Lucain, va plus loin : il s'en prend aux origines sullaniennes de Pompée, à ses attaches avec les proscripteurs. Et, sur ce point, on pourrait taxer le poète de fantaisie, l'accuser d'avoir cédé aux démons de la rhétorique, s'il ne se trouvait que deux séries de faits ne venaient authentifier ces propos prêtés à César.

On se souviendra d'abord que César, depuis le début de sa carrière, avait été de fait et d'intention l'ennemi de Sulla. Les témoignages sont trop connus pour qu'il soit nécessaire de les énumérer longuement : César, au sortir de l'adolescence, refusant d'obéir aux ordres du tyran et de rompre son mariage, et ne devant la vie qu'à l'intercession de ses amis, puis reprenant l'héritage de Marius, dont la mémoire était condamnée, et rétablissant, lors de son édilité, les trophées de celui que Sulla avait voulu vouer à l'oubli [3]. L'année suivante, en 64, il avait conduit les procès engagés contre deux proscripteurs notoires, L. Luscius et L. Bellienus, assurant leur condamnation [4]. De même, on n'avait pas oublié ses efforts en faveur des fils

[1] Sur ces faits, v. nos *Etudes... (cit.)*, 103 ss.

[2] Plut., *Pomp.*, 48, 7 : αὐτοκράτωρ ἀκόλαστος (« sans mesure », plutôt, nous semble-t-il, que « débauché »).

[3] Suet., *Caes.*, 11, 2.

[4] V. J. Carcopino, *Jules César*[5], 142.

des proscrits [1], pendant le consulat de Cicéron, et personne n'ignorait qu'il avait été l'instigateur du procès intenté à Rabirius [2]. Toujours, César s'était posé en défenseur du droit des citoyens contre l'arbitraire et la violence.

D'autre part, bien que Pompée n'eût jamais été directement compromis dans les proscriptions, il existait effectivement dans l'opinion publique, au début de la guerre civile, une tendance à le considérer comme un nouveau Sulla. On ne pouvait oublier qu'il avait servi le dictateur et profité indirectement de sa sanglante victoire sur les *populares*, et même les amis de Pompée, ses alliés politiques, ne se privaient point pour ranimer ces souvenirs. Cicéron écrivait par exemple : « Notre cher Gnaeus a, d'une façon stupéfiante, convoité de régner à la manière de Sulla » [3], ajoutant, en grec : « Si je te le dis, c'est que je le sais ». Dès le mois de février, une autre lettre affirmait que Pompée, en concevant sa stratégie grandiose, en abandonnant Rome pour aller préparer, en Orient, les moyens de la reconquérir, avait voulu imiter son maître Sulla [4], et qu'il avait, en cela, l'appui d'une partie de son entourage.

Il est bien probable, en effet, que Pompée ne s'était jamais résigné à ne pas regretter l'occasion perdue, lorsqu'il était rentré d'Orient après ses victoires et qu'il avait démobilisé ses forces au lieu de marcher sur Rome, comme tout le monde s'y attendait. Ce thème du « nouveau Sulla » revenait dans sa vie avec une étrange obstination : vainqueur de Mithridate, comme le dictateur, il ne pouvait manquer d'apparaître, aux yeux de tous, et même de Cicéron, comme un disciple trop fidèle de celui-ci. Si l'on en croit une

[1] *Ibid.*, 159.

[2] Suet., *Caes.*, 12.

[3] Cic., *Ad Att.*, 9, 7, 3 : *Mirandum enim in modum Gnaeus noster sullani regni similitudinem concupiuit.* Εἰδώς σοι λέγω (lettre du 13 mars 49).

[4] Cic., *Ad Att.*, 8, 11, 3. Cf., *ibid.*, 10, 7, 1 : *Sin autem uincit, Sullano more exemploque uincet.*

lettre à Atticus [1], cette tentation hantait Pompée depuis deux ans déjà lorsqu'il y céda. Deux années plus tôt, c'est-à-dire au sortir de son consulat sans collègue, alors que César, une fois écrasée la révolte de Vercingétorix, devenu maître des Gaules, semblait devoir menacer la République. Un *regnum sullanum* apparaissait donc alors à Pompée comme la seule issue possible au triumvirat empoisonné.

On voit que César, accusant Pompée chez Lucain d'être un « autre Sulla », n'innove guère, que, non seulement, il parle en conformité avec son propre personnage, mais qu'il répète des propos tenus fréquemment sur Pompée, et qui contenaient sans aucun doute une très grande part de vérité.

Toutefois, dans cette invective, un argument étonne, à juste titre, les commentateurs. Lucain fait dire à César : « Qui donc ignore qu'il a mêlé les camps et le forum, terrorisant celui-ci lorsque des épées aux éclairs sinistres entourèrent d'un cercle insolite un tribunal terrifié et que, les soldats osant rompre la barrière des lois, les enseignes de Pompée se refermèrent autour de Milon accusé ? » [2]. On rappelle en effet que, lors du procès de 52, César était du côté de Pompée, et contre Milon. On pourrait ajouter que César, à cette époque, se réjouit de la fermeté montrée par son allié [3]. Mais rien ne nous dit que la harangue de César à ses troupes ait été empreinte de logique et de bonne foi. Qu'il ait profité de la violence faite aux lois, peu importe : les soldats ne s'en préoccupent guère, l'argument n'en

[1] Cic., *Ad Att.*, 9, 10, 6.

[2] *Phars.*, 1, 319 ss. : *Quis castra timenti / nescit mixta foro, gladii cum triste micantes / iudicium insolita trepidum cinxere corona / atque auso medias perrumpere milite leges / Pompeiana reum clauserunt signa Milonem?*

[3] *Gall.*, 7, 6 : ... *cum iam ille urbanas res uirtute Cn. Pompei commodiorem in statum peruenisse intellegeret.* Il est probable que Pompée, en obtenant ainsi, sous la menace, la condamnation de Milon, n'agissait pas seulement pour le compte de César : lui-même se débarrassait de Milon, allié à la fois compromettant et gênant.

conserve pas moins sa valeur ; il est même d'autant plus opportun que la manœuvre venait d'être recommencée, dans des conditions analogues, par le même Pompée, et cette fois contre des tribuns du peuple romain [1]. Loin d'être invraisemblable, la mention du procès de Milon s'imposait comme l'exemple, le précédent le plus propre à émouvoir et persuader des soldats-citoyens, enclins à établir une séparation rigoureuse entre les lois et le pouvoir militaire, la *potestas* et l'*imperium*. Il eût été difficile d'alléguer, dans la carrière, en somme peu sanguinaire, de Pompée, un autre précédent ; mais celui-ci était assez proche pour prendre une signification sinistre. Et il ne peut s'agir d'une maladresse de Lucain, mais, ou bien d'un développement calculé, ou, ce qui est plus vraisemblable, de la reprise par le poète des paroles mêmes de César.

Nous voyons donc que, dans le discours prêté à César par Lucain, il ne se trouve rien qui heurte la vraisemblance ; au contraire, tout se passe comme si César avait pu recourir, dans la réalité, aux arguments anti-pompéiens que nous lisons dans la *Pharsale*. Mais une objection se présente : pourquoi, au début de la guerre civile, alors que les opérations n'étaient pas officiellement confiées à Pompée, César se serait-il laissé aller à une invective aussi violente contre Pompée, ce même Pompée qu'il traite, dans les *Commentaires*, avec tant de modération ?

Nous avons déjà suggéré que cette modération du discours des *Commentaires* ne répondait pas à la vérité. En réalité, ainsi que l'a montré fort bien M. Rambaud [2], cette modération est empoisonnée. Si César insiste tellement sur l'influence exercée par les ennemis qu'il avait lui-même au sénat, c'est afin de mettre en lumière l'incroyable faiblesse qu'il attribue au « Grand Pompée ». D'autre part, cette

[1] V. App., cité ci-dessus, p. 70, n. 4.

[2] *L'art de la déformation...*, 352 ss.

modération affectée a pour but de présenter une certaine image de César, qui désire apparaître auréolé de clémence, désireux de servir, jusqu'au bout, et malgré tout, celui qu'il considère comme son ami, et qui doit avoir tous les torts, à tous les yeux. Peut-être, d'ailleurs, ces images correspondaient-elles à une certaine vérité dans la conscience de César. Mais cette vérité toute intérieure n'est pas celle qui importait, devant les troupes, sur le forum d'Ariminum. Le discours de l'*imperator* était un acte de guerre, et non un examen de conscience. Il devait agir sur des hommes qui allaient être, entre ses mains, les instruments de son grand dessein, et peu importe aussi bien que César ait conservé, en lui-même, une certaine amitié, voire quelque affection pour Pompée, ou qu'il se soit efforcé de montrer en lui, avec perfidie, l'instrument dérisoire que manient les irréductibles du sénat. Ce qui compte d'abord pour nous, c'est de savoir quelle image de l'adversaire de demain César voulait imposer à ses hommes, en cette matinée de janvier 49, sur la place publique de la petite ville. Quelle raison César pouvait-il avoir de se livrer à cette invective contre Pompée, de l'isoler parmi ses ennemis, au risque de lui accorder, aux yeux de ses hommes, une importance dangereuse ? Pompée était et demeurait un chef prestigieux ; il était *Magnus*. Etait-il bien prudent de le mettre ainsi en lumière, et la violence du ton ne semblerait-elle pas l'indice d'une peur secrète ?

César, on le voit en relisant la page de Lucain, avait été sensible à ce risque ; il affecte de diminuer les mérites militaires de *Magnus*. Les pirates qu'il a vaincus n'étaient, selon lui, que des Ciliciens errants, dispersés sur les mers ; Mithridate, lassé par les interminables combats livrés contre d'autres adversaires que Pompée, s'était empoisonné de lui-même [1]. Mais on peut objecter que tout cela n'est peut-

[1] *Phars.*, I, 336-337 : *Post Cilicasne uagos et lassi Pontica regis / proelia barbarico uix consummata ueneno...*

être qu'une habileté du poète lui-même, soucieux de créer la vraisemblance, un chef-d'œuvre de bon élève accoutumé à imaginer d'ingénieux discours. Le problème, dira-t-on, reste entier: pourquoi l'orateur se serait-il, dans la réalité, acharné à donner du Grand Pompée l'idée, au fond inexacte, d'un homme cruel, d'un tyran ennemi des lois. Il eût suffi, comme César le fait dans ses *Commentaires*, de constater que l'agression juridique était l'action collective de toute une coterie, et, non du seul Pompée.

L'explication nous est fournie par un passage, d'ailleurs assez mutilé, d'Asconius [1]. Nous y apprenons que Cn. Pompeius Strabo, le père de *Magnus*, avait installé des colonies en Gaule transpadane ; mais, qu'au lieu de procéder à des fondations totalement nouvelles, il avait laissé sur place les anciens habitants, leur octroyant le droit latin, de telle sorte que, par l'exercice des magistratures municipales, ils puissent obtenir le droit de cité complet. Parmi ces colonies figurait Plaisance, la ville dont était originaire la famille maternelle de Pison, le beau-père de César depuis 59. Comme cela était naturel, le nom de Pompée était resté fort populaire dans toute la région, et il en allait de la Transpadane comme du Picenum, Pompée le Grand pouvait y procéder à de véritables mobilisations, en cas de besoin, pour son service propre. Ce qu'il fit, en 56, pour résister à Clodius [2]. Deux ans plus tôt, déjà, lors de la campagne que Pompée avait personnellement menée pour provoquer, par des adresses émanées des cités italiennes, le rappel de Cicéron, la ville de Plaisance s'était montrée docile et avait secondé la politique de celui qu'elle considérait comme son patron [3].

Or, les soldats de la XIIIe légion, ceux que César haranguait à Ariminum, avaient été levés, huit ans plus tôt, en

[1] *In Pis.*, p. 2-3 K. S.

[2] Cic., *Ad Q. fr.*, 2, 3, 4.

[3] Ascon., *loc. cit.*

Gaule cisalpine [1]. Sans doute ne savons-nous pas dans quelle mesure elles provenaient de Transpadane, mais nous savons non seulement que César avait, depuis 60, des liens familiaux avec Pison, donc avec l'aristocratie de Plaisance, mais aussi que, depuis fort longtemps, il s'était attaché à se faire une large clientèle dans les villes situées au-delà du Pô. Dès 68, il avait, non sans audace, proposé de donner aux Transpadans le droit de cité, en bloc [2]. Trois ans plus tard, il avait prêché la révolte aux Cisalpins [3]. Enfin, pendant son propre gouvernement, il avait octroyé le droit de cité à Côme, acte qui avait eu le don d'irriter M. Claudius Marcellus, le consul de 51 [4]. Parmi les actes sournoisement hostiles à Pompée, et destinés, de longue date, à saper son autorité et une partie de ses soutiens traditionnels, figure précisément cette politique de César envers les Transpadans. Aussi longtemps que le triumvirat demeura solide, Pompée ne pouvait que le seconder ; mais, en 51, alors que la crise menaçait, Cicéron s'en inquiète, et Pompée, semble-t-il, n'en est pas fort satisfait [5]. Il est donc raisonnable de penser que, parmi les soldats de la XIIIe légion, levés (sans doute) avec l'appui de Pompée, à une époque — en 57 — où le triumvirat fonctionnait encore, figuraient beaucoup d'hommes qui étaient unis au fils de Strabo par des liens sinon juridiques du moins moraux. Il était donc particulièrement délicat de les lancer dans une guerre où le chef du parti adverse serait Pompée. Et l'on comprend pourquoi le

[1] Caes., *Gall.*, 2, 2, 1. V. M. Rambaud, L'ordre de bataille de César, *REA*, 40, 1958, 102 ss. La levée date de 57. Deux légions furent recrutées cette année-là en Cisalpine par César.

[2] Suet., *Caes.*, 8.

[3] Suet., *ibid.*, 9.

[4] Suet., *ibid.*, 28 ; cf. Plut., *Caes.*, 29, 1.

[5] Cic., *Ad Att.*, 5, 2, 3 : ... *eratque rumor de Transpadanis eos iussos IIII uiros creare. Quod si ita est, magnos motus timeo. Sed aliquid ex Pompeio sciam.*

discours d'Ariminum devait être — et, sans aucun doute, fut — dirigé presque entièrement contre celui-ci.

Dans la harangue que lui prête Lucain, César ne dit pas tout ce qui fut dit en réalité. Il n'est pas question, notamment, de la lecture du testament et du reproche d'ingratitude personnelle [1], qui est simplement suggéré dans les *Commentaires*. On en conclura que César, dans la réalité, alla non seulement beaucoup plus loin que les propos qu'il s'attribue dans les *Commentaires*, mais aussi que le discours de la *Pharsale*. Il semble que l'on puisse établir une sorte de gradation. Par exemple, le discours des *Commentaires* insiste seulement sur la violation de la *tribunicia potestas* par Pompée ; ce reproche est un cas particulier de la tyrannie de Pompée, dénoncée par César chez Lucain, de ce retour à Sulla, après l'abrogation, en 70, des lois cornéliennes. De même, dans la *Pharsale*, César dit seulement qu'il est prêt à se passer de sa propre récompense, pourvu que ses soldats obtiennent leur dû ; dans le discours authentique, il assurait sa volonté de se dépouiller de ses biens personnels pour donner leur récompense aux légions [2].

Ainsi, comme on pouvait s'y attendre, l'*imperator* n'eut aucunement recours, devant ses troupes, aux subtilités hypocrites que nous trouvons dans les *Commentaires*, et qui sont destinées à des hommes formés aux manœuvres des assemblées délibérantes. Il reprend des thèmes déjà traditionnels de la propagande antipompéienne, et il ne se contente pas des arguties juridiques invoquées dans les *Commentaires*. Lorsque Lucain lui fait dire que Pompée avait mis « la famine à son service » [3], ces mots font écho, on l'a remarqué [4], aux propos de Clodius et de ses gens

[1] Ci-dessus, p. 71, n. 1.

[2] Ci-dessus, p. 71, n. 1 (texte de Suétone).

[3] *Phars.*, 1, 319 : *Ac iussam seruire famem.*

[4] P. WUILLEUMIER et H. LE BONNIEC, *éd. cit.*, 64, *ad loc.*

qui, en février 56, accusaient Pompée de saboter le ravitaillement et de faire mourir le peuple de faim [1]. Plutarque nous a conservé le souvenir de ce qui se disait alors, et les arguments de Clodius [2]. Clodius allait jusqu'à prétendre que Pompée avait systématiquement désorganisé le fonctionnement de l'annone pour provoquer le vote d'une loi lui donnant des pouvoirs exceptionnels. Ce qui est exactement le sens des mots *iussam seruire famem*, prêtés par Lucain à César.

Nous sommes donc maintenant en mesure de répondre à la question que nous nous étions posée. Le discours d'Ariminum fut assurément plus proche, dans la réalité, de celui que nous lisons dans la *Pharsale* que du résumé inséré par César dans les *Commentaires* : tout, le ton passionné, le choix des arguments (qui étaient fournis à César par l'opinion publique, en particulier celle des milieux populaires), le terrain choisi, les attaques directes et violentes contre Pompée, tout cela, chez Lucain, est inspiré directement de la réalité historique et, en grande partie, confirmé par les sources secondaires. Il est probable que la source de Lucain fut, ici encore, Tite-Live. Mais Lucain n'a pas reproduit tout ce que lui fournissait l'historien. Nous constatons qu'il a évité des traits pittoresques, comme l'épisode de l'anneau, ou la lecture du testament ; sans doute a-t-il considéré qu'ils auraient nui à la grandeur épique. Tout en restant fidèle à la vérité historique, Lucain s'est attaché surtout à ce qui était en même temps « poétique » (au sens où il l'entendait, dans la perspective aristotélicienne), ce qui contribue à définir le duel qui va s'engager, et qui sera, réellement, un duel entre César et Pompée — ce que n'était pas encore la guerre civile, à ce moment. Les raisons contingentes qui avaient amené César à diriger son discours contre

[1] Cic., *Ad Q. fr.*, 2, 3, 2.

[2] Plut., *Pomp.*, 49, 5.

Pompée ne sont pas celles qui déterminent Lucain, mais le génie du poète a précisément consisté à utiliser, pour son propre dessein, ce qu'il trouvait dans la trame des événements.

La guerre civile devant l'opinion

Avant d'aborder le récit des opérations militaires — qui ne sera d'ailleurs jamais que partiel, en vertu de l'esthétique même de Lucain — le poète présente un tableau de la situation morale dans laquelle se trouvait Rome tandis que César progressait avec une rapidité foudroyante le long de la côte adriatique et que Pompée, les magistrats et la plupart des sénateurs quittaient Rome pour Capoue. Dès le discours d'Ariminum, le poète a tenté de décrire l'état d'esprit des soldats ; il s'est servi pour cela d'un discours, très probablement fictif, placé dans la bouche d'un primipile, nommé Laelius, que l'on peut croire imaginaire et symbolique. Ce discours n'en mérite pas moins l'attention.

Après avoir entendu leur chef, les soldats de la XIIIe légion semblent avoir marqué un temps d'hésitation. Sensibles au caractère impie de la guerre civile, peut-être aux liens moraux qui les unissent à la *gens Pompeia*, ils ne montrent guère d'enthousiasme pour attaquer la patrie. Mais l'ascendant de César l'emporte ; ils redoutent leur *imperator* et aiment la guerre pour elle-même [1]. La conclusion de ce rapide débat est formulée par Laelius, qui exprime leur sentiment commun : César est le *rector* suprême de Rome, de tout ce qui constitue le *nomen Romanum*, c'est-à-dire l'être « juridique » de la patrie. Le devoir qui lie ses soldats à leur chef est supérieur à tout autre, il efface tout sentiment de *pietas* — comme, pour César lui-même, la conquête du

[1] *Phars.*, I, 352-356.

pouvoir, nous l'avons vu, justifie tous les manquements à la morale ordinaire. Les êtres les plus chers, les dieux, la Ville même, divine elle aussi, ne comptent plus, dès que César l'ordonne. Cette morale du serment, le *sacramentum* irrévocablement prêté à l'*imperator*, est traditionnelle dans l'armée romaine, où elle est le fondement même de la discipline militaire, mais il était, d'ordinaire, admis, tacitement, que l'*imperator* ne pouvait en user contre les lois de la patrie. Ici, ces limites sont abolies, comme au temps de Sulla. L'antique débat entre la « toge » et les « armes », que Cicéron se flattait d'avoir résolu en faveur de la première, est explicitement rouvert. Laelius dit, en effet : *Degenerem patiere togam regnumque senatus?* (1, 365). La « toge » n'est ici autre chose que l'autorité civile, devant laquelle, en droit, devraient s'incliner les armes. Mais c'est là précisément le principe que le centurion conteste. La suprématie du pouvoir civil lui semble une insupportable tyrannie, un *regnum*. Nous rencontrons ici le premier exemple d'une morale militaire qui sera l'un des appuis les plus fermes des julio-claudiens, la fidélité des prétoriens au serment qu'ils ont prêté, collectivement, à la famille impériale, et, corrélativement, le mépris dans lequel ils tiennent le sénat et tous les « civils ».

Cette morale déjà impériale remonte, nous le savons, à Sulla, qui avait, le premier, entraîné ses troupes contre la patrie. Pourtant, ce n'est pas ce précédent compromettant que rappelle Laelius, lorsqu'il se propose pour établir un camp « au-dessus des ondes du Tibre étrusque » [1] : l'expression qu'il emploie évoque bien plutôt la marche de Marius sur Rome et la bataille du Janicule. Et cette allusion rapide suffit pour préciser les positions politiques : aux yeux de Laelius, et de tous ceux dont il est le porte-parole, César est le nouveau Marius, l'homme qui impose la loi de la

[1] *Phars.*, 1, 381 : *Castra super Tusci si ponere Thybridis undas...*

troupe aux civils, et non un nouveau Sulla, qui n'avait combattu que pour rétablir les privilèges de l'aristocratie. Laelius se fait ainsi l'écho de la propagande césarienne, dont nous avons rappelé quelques thèmes. Comme Marius, César défend les *populares* ; comme le vainqueur des Cimbres, il est élevé par ses victoires au-dessus des mortels ; comme Marius, il a triomphé des peuples farouches de la Gaule et de la Germanie. De la sorte, le neveu profite auprès des soldats de la popularité de l'oncle, comme il en avait profité auprès des Quirites au temps de son édilité et de sa préture.

Ainsi, le discours de Laelius donne, d'emblée, la dimension de la guerre civile, et l'installe dans l'ensemble de l'histoire romaine, en la présentant comme une suite des luttes entre Marius et Sulla, entre *populares* (et parmi eux les soldats) et aristocrates. L'idée était trop importante pour le poète ; elle ne pouvait être abandonnée, car elle constituait, en soi, un thème épique. Aussi ne nous étonnerons-nous pas que Lucain, dans le même chant, la reprenne, à propos des présages [1]. Comme poète, soucieux de découvrir les grandes lois du devenir historique, il ne pouvait manquer de situer, dans le cadre de toutes les guerres civiles, l'épisode qui s'annonçait. Nous avons vu que cette interprétation n'était pas une invention de Lucain, pour les besoins de son poème, qu'elle se fondait sur une tradition remontant à César lui-même. Et cela entraîne quelques conséquences importantes : si la nouvelle guerre civile, qui va surgir entre César et Pompée, apparaît comme une phase d'un conflit plus ancien et plus vaste, un conflit indépendant, à chaque génération, des acteurs qui s'affrontent, c'est que le débat dépasse les hommes, et s'élève au niveau des dieux. Il est une *Fortuna* de Marius comme il y en a une de César [2], et les deux, finalement, ne font qu'une — c'est le destin de

[1] *Phars.*, 1, 580-583.

[2] *Ibid.*, 2, 71-72 ; 79 s.

Rome que jouent ces hommes ; le drame qu'ils mettent en scène se mue en tragédie — il n'est chaque fois qu'un acte de cette tragédie immense, qui a commencé lorsque Romulus et Rémus prenaient, chacun de son côté, les présages, et que le sang d'un frère a imprégné les murs [1].

Mais cette anticipation de la guerre civile, préfigurée par les luttes entre Marius et Sulla, n'a pas, dans le poème, que cette fonction poético-philosophique ; elle sert de toile de fond à la peinture du désarroi qui saisit les Romains au début des hostilités. Il était naturel que les esprits, devant la menace, fussent hantés par le souvenir d'événements qui dataient à peine d'une génération. Sur ce point, Lucain s'accorde avec une indication de Dion Cassius, qui montre les habitants de Rome « craignant d'être les premiers à éprouver la colère et la rage des ennemis qui approchaient, et se souvenant des horreurs d'autrefois, les uns parce qu'ils les avaient personnellement connues, les autres parce qu'ils avaient entendu raconter tous les crimes commis par Marius et Sulla ; ils n'attendaient pas de César non plus un meilleur traitement... » [2]. De même, Appien s'accorde à dire que le peuple « se rappelait le temps de Marius et de Sulla » [3], et nous avons vu que Cicéron évoquait le souvenir de Sulla. Il appartint à César, lorsqu'il pénétra dans la Ville, de donner le démenti à ces frayeurs, que justifiait l'attitude de Pompée, déclarant que quiconque ne le suivrait pas serait son ennemi — et, répudiant l'exemple de Marius, de préférer la clémence [4]. Il apparaît donc que l'analyse que fait Lucain de l'opinion publique au début de la guerre civile n'est nullement un jeu de rhéteur ; les rapprochements

[1] *Phars.*, 1, 95.

[2] D. C., 41, 8, 5.

[3] *BC*, 2, 36.

[4] Tel est le sens du mot qu'il adresse au tribun Métellus, selon Plut., *Pomp.*, 72, 1 (éclairé par Plut., *Caes.*, 35, 4) : « Il m'en coûte plus de le dire [c'est-à-dire de te faire mettre à mort] que de le faire ».

qu'il établit ne sont pas imaginaires, ils étaient faits alors par chacun ; seulement le poète leur donne une signification épique, une ampleur qui dépassent la pensée instinctive d'une foule apeurée.

Ces frayeurs, nourries par les souvenirs de la précédente guerre civile, étaient partagées par la multitude et le commun des sénateurs [1]. Mais Lucain savait bien que certains esprits n'avaient pas été entraînés par la même panique. Un homme, au moins, s'était déterminé pour d'autres raisons. Plutarque nous apprend que, en ces jours d'angoisse, tout le monde, à Rome, avait les yeux fixés sur Caton. On se souvenait que, depuis longtemps, Caton avait prédit ce qui arrivait, qu'il avait lutté de toutes ses forces pour arrêter César dans son ascension vers la toute-puissance, demandant qu'il fût livré aux ennemis qu'il avait attaqués contre le droit, demandant aussi qu'il déposât son commandement sans contre-partie. Aussi avait-il le droit de dire aux autres sénateurs : « Si vous aviez tenu compte de mes paroles, vous n'auriez ni à craindre un seul homme ni à mettre vos espoirs en un seul » [2]. C'est lui qui conseilla de confier à Pompée la conduite de la guerre, non qu'il eût confiance en lui mais parce que c'était la seule solution possible et que Pompée, responsable de cette situation, devait tout faire pour y remédier [3]. L'occasion était bonne pour Lucain de faire entrer en scène celui qui, à mesure que le poème se déroulerait, prendrait de plus en plus d'importance dans l'action. Il n'est pas douteux que Caton n'ait surgi alors au premier plan, qu'il n'ait contribué à amener la plus

[1] *Phars.*, I, 486 ss. : ... *Nec solum uulgus inani / percussum terrore pauet, sed curia ; et ipsi / sedibus exsiluere patres, inuisaque belli / consulibus fugiens mandat decreta senatus.* Ces « décrets impopulaires » sont très certainement ceux que mentionne D. C., 41, 6, 3 : la saisie du trésor et des ex-voto, et la conscription obligatoire des citoyens (*Id.*, 41, 7, 1).

[2] Plut., *Cat. Mi.*, 52, 2.

[3] Id., *ibid.*

grande partie des sénateurs à souhaiter une résistance armée, qu'il n'ait empêché d'aboutir les pourparlers de paix tentés par César. C'est dans ce rôle que le présente Lucain. Le poète se montre-t-il, ici, fidèle à l'histoire ?

Si l'on met à part le témoignage de Plutarque, que nous venons de citer, nous ne possédons guère, sur l'attitude de Caton au cours de cette période, qu'une phrase d'une lettre de Cicéron à Atticus, mais une phrase importante, qui mérite discussion, car elle laisse d'abord supposer que Caton ne fut pas tel que le représente Lucain, moins sûr de lui et de sa décision. Cicéron nous apprend en effet que, lorsque l'on discuta les propositions de César, à Capoue, le 25 janvier, tous les sénateurs furent d'avis de poursuivre les négociations. Un seul, Favonius, se déclara pour le rejet des propositions de César. Quand à Caton : *Cato enim ipse iam seruire quam pugnare mauult* [1]. On pourrait donc penser que Caton, infidèle à sa première intention — celle qu'il avait fait triompher au sénat le 17 — est soudain devenu partisan de la capitulation.

En réalité, la phrase de Cicéron ne doit pas être isolée de son contexte. Cicéron continue en effet, disant : *Sed tamen ait in senatu se adesse uelle cum de condicionibus agatur, si Caesar adductus sit ut praesidia deducat.* C'est-à-dire que Caton met comme préliminaire à toute négociation l'abandon par César des places occupées, ensuite, le retour du sénat et des magistrats à Rome, c'est-à-dire le rétablissement de conditions politiques normales et, surtout, il entend veiller personnellement à ce que la paix ne se fasse point par une entente directe entre César et Pompée, c'est-à-dire la conclusion d'un duumvirat de fait, où les institutions républicaines ne sombreraient pas moins que dans l'hypothèse d'une victoire totale de César. Caton ne manquait d'ailleurs pas d'appuis dans l'assemblée ; le même texte de Cicéron

[1] Cic., *Ad Att.*, 7, 15, 2.

révèle que Postumius, qui devait accompagner Caton en Sicile, refuse d'y aller sans lui et souligne l'importance du rôle à jouer au sénat [1].

Cette attitude de Caton, cette autorité qui lui est reconnue par un grand nombre, peut-être la majorité de ses pairs, nous les retrouvons dans les propos que lui prête Lucain. Le débat n'est pas seulement entre la paix et la guerre ; il est beaucoup plus complexe, et implique au moins trois termes : la paix, la guerre et la liberté. Caton préfère la paix à la guerre — il est prêt, pour éviter celle-ci, à s'offrir en holocauste [2], mais, s'il faut choisir entre la paix et la liberté, il choisit la seconde. Il le fait d'ailleurs sans illusion — il sait, comme l'écrivait Cicéron à Atticus, en l'appliquant, injustement, à Caton lui-même, que les peuples tendent déjà le cou au joug et sont prêts à accepter l'impitoyable despotisme, *saeua regna* [3]. Il affirme qu'il est le seul obstacle à ce qui semble le cours normal des choses, à ce que paraît appeler l'universelle négociation. Les mots sont tout proches de ceux de la lettre à Atticus : *Cato... iam seruire quam pugnare mauult.* Cicéron se trompe seulement, non sans quelque mauvaise foi, lorsqu'il prétend que Caton appartient à la catégorie de ceux qui sont prêts à servir. Il est disposé à négocier, mais pour éviter le dilemme auquel Cicéron se résigne lui-même : la guerre ou la servitude [4], ou du moins la capitulation dans le déshonneur. Cicéron et Caton ne se placent pas sur le même plan ; le premier, au fond de lui-même, ne considère pas que la dictature de Pompée soit une

[1] Id., *ibid.* : *Postumius... negat se sine Catone iturum et suam in senatu operam auctoritatemque quam magni aestimat.*

[2] *Phars.*, 2, 312-313 : *Hic redimat sanguis populos, hac caede luatur / quidquid Romani meruerunt pendere mores.*

[3] *Phars.*, 2, 314-315 : *Ad iuga cur faciles populi, cur saeua uolentes / regna pati pereunt?*

[4] *Ad fam.*, 16, 12, 4 (à Tiron) : *Id ille [Caesar] si fecerit, spes est pacis non honestae (leges enim imponuntur) ; sed quiduis est melius quam sic esse ut sumus.*

menace réelle et il ne doute pas non plus de l'issue de la guerre, il croit que les forces pompéiennes l'emporteront finalement ; ce qu'il redoute, ce sont les ennuis que cette guerre entraîne, pour lui-même, au sein de sa propre famille ; plus vite César sera écrasé, plus vite les choses reprendront leur cours paisible.

Caton, au contraire, a peur à la fois des abandons et de la guerre. Il a peur de celle-ci, parce qu'il sait que la victoire ne remettrait pas les choses dans leur état antérieur, et déjà il entrevoit une situation qui ne lui laisserait plus sa place : *Post me regnare uolenti non opus est bello* [1]. Dans le poème, comme dans la réalité, Caton, et ce qu'il représente, au sénat, ceux dont il est la conscience, est bien le seul obstacle à la servitude. S'il n'était pas là, Pompée et César s'entendraient pour confisquer Rome. Il apparaît donc que les formules de Lucain, dans lesquelles trop de critiques modernes ne veulent voir que les mots d'un rhéteur, répondent réellement à la vérité historique, en expriment l'essence et la rendent directement saisissable. Il est vrai, matériellement, que Caton incarna, en ces jours d'incertitude, la conscience politique du régime en perdition. Et cette importance, soudain donnée par l'histoire à un seul homme, ne saurait nous surprendre. Il arrive, au cours des temps, que l'histoire connaisse de tels moments, où tout peut basculer dans un sens ou dans l'autre, n'était la volonté, plus clairvoyante, d'un homme qui, en s'exprimant, redonne à la masse incertaine une dignité qu'elle était en train de perdre. Nous serions moins enclins, peut-être, que les latinistes du siècle passé à mettre en doute la réalité historique du Caton que montre Lucain ; rien en lui d'invraisemblable ; au contraire une étrange vraisemblance, que ne vient pas démentir, mais plutôt confirmer, le témoignage amer, tendancieux à cause de cette amertume même, de la lettre à Atticus.

[1] *Phars.*, 2, 318-319.

Cette première vraisemblance du Caton présenté par Lucain peut, croyons-nous, être confirmée, approfondie, grâce à des indices plus précis encore. Et d'abord si l'on constate que le poète s'est conformé à la biographie exacte du héros, jusque dans le détail de la chronologie.

La présentation de Caton a lieu, dans le poème, à l'occasion d'une conversation, une consultation, plutôt, de Caton par Brutus. Et le poète nous dit que cet entretien eut lieu la veille du jour où Caton épousa, pour la seconde fois, Marcia, veuve de l'orateur Hortensius. Or, nous pouvons reconstituer approximativement la chronologie des actes de Caton au cours du mois de janvier 49. Nous savons, par Plutarque, qu'il se trouvait à Rome après l'occupation d'Ariminum et qu'il fut l'un de ceux qui placèrent les forces de la République sous le commandement de Pompée, le 17 janvier [1]. Pompée, le soir même, quittait Rome ; mais les sénateurs ne partirent que le lendemain — du moins ceux qui voulaient suivre le parti de la légalité ; — Caton, lui, semble s'être un peu attardé. Il commença par prendre toutes les dispositions pour envoyer son fils en sûreté, dans le Bruttium et, ensuite, célébra son remariage avec Marcia [2], confiant à celle qui avait été autrefois son épouse le soin de la maison et de leurs filles. Après quoi il partit pour Capoue, où se trouvaient déjà la plupart des sénateurs. Nous avons vu qu'il participa à la séance du 25 janvier [3]. On ne se trompera donc guère si l'on place son départ de Rome entre le 20 et, au plus tard, le 22 janvier.

La même chronologie résulte du texte de Lucain. Au moment où se tient la conversation entre Brutus et Caton, Pompée a déjà pris la décision d'évacuer Rome. Cette conversation, en effet, est placée par le poète après des

[1] Plut., *Cat. Mi.*, 52, 2 ss. V. J. Carcopino, *Jules César*[5], 368 et n. 2.

[2] Plut., *ibid.*, 52, 3.

[3] V. le texte de Cicéron cité ci-dessus, p. 91, n. 1.

considérations générales sur l'effet de cette décision sur l'opinion publique et, de plus, le poète dit explicitement que, pendant que Brutus et Caton s'entretiennent, Pompée est déjà en route vers le sud [1]. Caton, d'autre part, est d'ores et déjà résolu à suivre l'homme qu'il a fait investir du commandement suprême [2], mais Brutus l'ignore, et, pour lui, se pose encore la question de savoir s'il suivra Pompée ou restera dans Rome. Enfin, c'est au terme de cette conversation, avec l'aube, que surgit Marcia ; selon Lucain, elle a appris que Caton doit partir et elle vient lui demander de lier son sort à nouveau au sien ; et Caton accède à son désir. On voit donc que la chronologie de Lucain confirme celle de Plutarque : Caton ne quittant pas Rome en même temps que les autres sénateurs, se remariant avec Marcia avant de partir pour Capoue.

Il est un point, encore, où se révèle la précision avec laquelle Lucain utilise ses sources historiques. Il nous dit que Marcia se présenta devant Caton alors qu'elle portait le deuil de son mari [3]. Ce qui est fort exact, puisque Hortensius était mort au mois de juin de l'année précédente [4]. La période des dix mois de deuil exigés d'une veuve [5] n'était donc pas achevée, et Marcia n'avait pas encore le droit légal de se remarier. Si elle le fait, c'est que la crise de la guerre civile impose une telle hâte. Mais cela explique aussi le caractère quasi clandestin de ce mariage, tel que le décrit Lucain, et aussi le fait, sur lequel insiste le poète, qu'il ne fut pas consommé [6]. Il n'est pas douteux que le formalisme

[1] *Phars.*, 2, 392 s. : *Interea...*

[2] *Phars.*, 2, 319 ss.

[3] *Phars.*, 2, 365 ss.

[4] Cic., *Ad fam.*, 8, 13, 2 ; *Ad Att.*, 6, 6, 2.

[5] V. les textes rassemblés par KUEBLER, *s.v.* luctus, *RE* XIII, 1703.

[6] *Phars.*, 2, 378 ss. : *Nec foedera prisci / sunt temptata tori ; iusto quoque robur amori / restitit.*

habituel de Caton ne soit la vraie raison de cette austérité, que Lucain attribue aux principes stoïciens du héros. Il est certain que Caton n'avait pas légalement le droit de s'unir, charnellement, à Marcia, aussi longtemps que le délai de viduité n'aurait pas expiré.

Nous avons rappelé, d'autre part, que, selon Lucain, c'est Marcia qui vint, spontanément, demander à Caton de la reprendre pour épouse ; tandis que, chez Plutarque, c'est Caton qui a besoin d'elle pour reprendre au foyer une place que la guerre et son propre départ rendent indispensable. Nous voyons maintenant que le respect par Caton des prescriptions légales est considéré par le poète comme une attitude philosophique, le refus de toute concession faite à la *uoluptas* épicurienne [1]. On conclura de ces deux faits, rapprochés l'un de l'autre, que Lucain, tout en demeurant fidèle aux données matérielles de ses sources, ne s'interdit pas une certaine liberté dans l'interprétation qu'il en donne. A partir des faits, se crée le mythe : le mouvement naturel de deux êtres qui ont en commun la responsabilité des enfants qu'ils ont eus autrefois devient chez Marcia le souhait de participer à la gloire d'un héros, et le respect un peu mesquin de la loi devient une ascèse morale. De la même façon, il nous était apparu que l'évocation de la guerre entre Marius et Sulla, qui hantait alors les esprits, devenait, pour le poète, l'explication mythique du nouveau conflit, et que le discours d'Ariminum, lui aussi, préfigurait tout le devenir de la guerre.

Mais une nouvelle question surgit : que penser de cette consultation donnée par Caton à Brutus ? Naturellement, nous ne pouvons décider, en l'absence de tout témoignage direct et indépendant, si cette conversation eut réellement lieu, mais il y a de fortes chances pour que Brutus, en cette circonstance dramatique, ait demandé conseil à son oncle,

[1] *Phars.*, 2, 390-391.

qui, depuis le temps de Chypre, était son mentor, et pour qui il avait accompli une importante mission [1]. Le problème qui se posait en fait à Brutus n'était pas excatement celui que dit Lucain, mais il n'était pas moins grave. Nous savons en effet que le père de Brutus avait été autrefois mis à mort par Pompée, et, dit Plutarque, chacun attendait que le jeune homme se rangeât du côté de César ; mais, continue Plutarque, comme Brutus considérait qu'il devait faire passer l'intérêt de l'Etat avant le sien propre, et que Pompée avait le bon droit pour lui, il quitta Rome et rejoignit le parti du sénat. Mais, longtemps, il refusa d'adresser la parole à Pompée [2]. De ce cas de conscience, aucune trace chez Lucain. Mais nous penserons que Brutus, à la veille d'un choix aussi important, consulta celui qui était à la fois son oncle et son tuteur et dont, en 45, il devait épouser la fille. Nous penserons aussi que le poète, partant de cet entretien réel, ou du moins hautement vraisemblable, le transforma en un symbole du drame qui se joue alors dans certaines consciences.

Les historiens modernes, trop souvent, ont pensé que Lucain, dans cette conversation, s'était complu à mettre en présence deux stoïciens [3]. C'est oublier Plutarque, qui nous apprend que Brutus n'est pas un stoïcien mais que, dès son enfance, il suivit la doctrine de l'Académie, disciple d'Antiochus d'Ascalon, le maître de Cicéron [4]. Il eut pour compagnon, pendant une grande partie de sa vie, Aristos, le frère d'Antiochus. Jamais il ne renia l'Académie ; encore en 45 Cicéron le qualifie d'*Antiochius* [5]. Dans ces conditions,

[1] Plut., *Brut.*, 3.

[2] *Ibid.*, 4.

[3] V. en particulier J. Brisset, *op. cit.*, 148 et n. 1.

[4] Plut., *Brut.*, 2.

[5] Cic., *Ad Att.*, 13, 12, 3 et 13, 25, 3 : *Quare, si addubitas, ad Brutum transeamus ; est enim is quoque Antiochius. O Academicam uolaticam et sui similem ! Modo huc, modo illuc.*

la confrontation entre Brutus et Caton prend une dimension nouvelle ; ce sont deux attitudes philosophiques, à la fois proches et lointaines, qui se trouvent ainsi mises face à face.

Trop souvent, les critiques affectent de ne considérer cet entretien que comme un exercice d'école, une controverse telle que les aimait le grand-père du poète [1]. Mais c'est méconnaître le sens de cette confrontation.

Remarquons d'abord que, dès le début, Lucain souligne, implicitement, l'originalité philosophique de l'antiochien Brutus. Celui-ci, abordant Caton, lui avoue que son esprit est loin d'être ferme, qu'il trébuche et qu'il doute [2]. Est-il besoin de rappeler que le doute est précisément le caractère essentiel de l'Académie, même après Antiochus ? Un mot de Cicéron, à propos, précisément, de Brutus, vient opportunément le confirmer [3]. Mais il est possible d'opérer des rapprochements beaucoup plus précis entre la doctrine d'Antiochus et les thèses présentées ici par Brutus.

Brutus est incertain, au moment où s'impose à lui la nécessité d'agir, parce qu'il considère la guerre civile comme l'un des plus grands maux possibles. Or, si Caton suit Pompée, comme il a déclaré qu'il le ferait au cours de la séance du sénat où tout s'est décidé, il faut que la guerre civile ne soit pas un mal [4]. Et c'est là l'origine de la perplexité où se trouve plongé Brutus, car son maître Antiochus lui a appris que le bien par excellence résidait dans l'union pacifique des hommes entre eux, leur participation aux biens matériels, l'affection (*caritas*) qui les unit [5]. Comme dans

[1] V. en dernier lieu J. M. ADATTE, Caton ou l'engagement du sage, *EL*, 8, 1965, 232 ss.

[2] *Phars.*, 2, 244-245 : *Tu mente labantem / derige me, dubium certo tu robore firma.*

[3] Ci-dessus, p. 97, n. 5.

[4] *Phars.*, 2, 249-250 : *An placuit ducibus scelerum populique furentis / cladibus inmixtum ciuile absoluere bellum ?*

[5] Cette doctrine d'Antiochus d'Ascalon est résumée par Cicéron dans le *De Fin.*, 5, 23, 65 : *In omni autem honesto, de quo loquimur, nihil est tam illustre*

le stoïcisme panétien, et pour des raisons analogues (la nécessité de rendre compte, en raison, des valeurs traditionnelles de la conscience romaine), l'accent est mis par Antiochus sur la vertu de justice. Il est naturel que, dans ces conditions, la guerre civile pose un problème quasi insoluble, un conflit entre *ius* et *aequitas*. L'application du droit ne risque-t-elle pas de détruire ce qui constitue le contenu même de la justice ?

Brutus, non seulement, se réfère à la doctrine de l'Académie, mais il recourt, dans la discussion, à la méthode même de l'école, où l'on se plaisait à disputer *in utramque partem*. C'est la méthode employée par Cicéron pour traiter des problèmes juridiques et, plus généralement, pour découvrir la vérité [1]. Brutus, dans le discours que lui prête Lucain, s'efforce de montrer que, deux partis étant en présence, celui de César et celui de Pompée, il est indifférent, c'est-à-dire également mauvais, que Caton se joigne à l'un ou à l'autre. La seule solution doit être l'abstention, l'expectative : *Nunc, neque Pompei Brutum neque Caesaris hostem, / post bellum uictoris habes* [2].

Un troisième rapprochement est possible, cette fois avec le courant de pensée que l'on pourrait appeler le platonisme cicéronien, et dont l'origine est certainement à rechercher dans l'enseignement d'Antiochus. Faisant l'éloge de l'*otium* qu'il conseille à Caton, Brutus rappelle que « les astres, dans le ciel, glissent toujours d'un mouvement autonome, inébranlé, tandis que c'est l'atmosphère, plus proche de la terre, qui est enflammée par les foudres » [3]. C'est là un thème bien connu, et qui peut sembler un lieu commun.

nec quod latius pateat quam coniunctio inter homines hominum et quasi quaedam societas et communicatio utilitatum et ipsa caritas generis humani...

[1] V. A. Michel, *Rhétorique et philosophie chez Cicéron*, 160 ss.

[2] *Phars.*, 2, 283-284.

[3] *Ibid.*, 2, 267-269.

Il remonte à Aristote [1]. Mais il est significatif que Cicéron l'ait utilisé dans le plus platonisant de ses écrits, le *Songe de Scipion* [2]. Peu importe que l'image se soit vulgarisée, qu'on la rencontre chez Sénèque [3], qu'elle apparaisse, implicitement, sur les monuments de la symbolique funéraire, il est important de souligner que deux élèves d'Antiochus y aient eu recours.

La réponse de Caton est, elle aussi, tissue d'arguments philosophiques. On y retrouve, cela est plus facile à montrer, le souvenir des débats qui agitaient alors l'école stoïcienne. Il est peut-être plus important d'y déceler des traits qui n'appartiennent qu'au stoïcisme de Caton.

S'il l'avait voulu, Caton n'aurait pas manqué de garants, au sein même du stoïcisme, pour lui permettre de suivre la conclusion de Brutus et de refuser toute participation à la guerre. Il lui suffisait, par exemple, de prêter une oreille complaisante aux thèses d'Athénodore de Tarse, fils de Sandon, qui, à la suite de Panétius, conseillait au sage « de se retirer de la vie publique lorsque les conditions de la cité empêchaient d'y participer sans déshonneur » [4]. Mais on sait que Caton suivait l'enseignement de l'autre Athénodore, dit Cordylion, stoïcien rigoriste qui était son ami, et n'admettait pas de semblables accommodements, qui viennent, en réalité, à Rome, d'une complaisance déjà lointaine aux thèses épicuriennes [5]. Caton, pour cette raison, se défend de céder à la tentation de l'*ataraxie* [6]. Athénodore

[1] V. Fr. Cumont, *Symbolisme funéraire*, 194-195, qui renvoie à Zeller, *Phil. Gr.* III, 466, n. 2.

[2] Cic., *De Rep.*, 6, 17 : *Supra lunam sunt aeterna omnia...*

[3] *Epist.*, 59, 16 ; cf. *De Prou.*, 1, 3.

[4] Sen., *De Tr. An.*, 2, 2 ss.

[5] V. notre rapport sur l'*épicurisme romain*, présenté au Congrès de l'Association Guillaume Budé, Paris, avril 1968.

[6] *Phars.*, 2, 295-297 : *Securo me Roma cadat.* On comparera cette attitude à la célèbre « chrie » de Stilpon qui, sa patrie ayant été prise par l'ennemi,

fils de Sandon voulait que le sage servît les autres hommes par l'exemple surtout, et pensait que, s'il philosophait noblement, il aurait suffisamment obéi aux injonctions de Zénon et de Chrysippe, qui engageaient leurs disciples à participer à la vie publique. Caton, lui, veut être un martyr, un témoin de la bonne cause, ce qui ne laisse pas de surprendre, dans la tradition du Portique. Il souhaite que les dieux acceptent sa mort comme une expiation, un *piaculum* et il évoque Décius et le rite de la *deuotio*, qui doit, dit-il, apaiser la colère des dieux.

Or, une telle attitude est fort étrange chez un stoïcien. Nulle part, les auteurs de Portique ne disent que les dieux « punissent » un peuple. La providence divine, à laquelle ils croient, n'est guère pour eux que le nom donné au jeu abstrait des lois rationnelles qui gouvernent le monde ; elle a le visage de la raison, et non celui de la colère. Caton l'imagine ici à l'image des divinités qui, autour de Jupiter, lancent la foudre et réclament le sang des sacrifices. Nous sommes bien obligé de croire que cette étrange synthèse, si elle répond à sa pensée, et non à une imagination du poète, lui est tout à fait personnelle, unissant des thèmes religieux romains et des positions stoïciennes.

De Cordylion, il pouvait tenir l'idée que le sage ne saurait être atteint par les maux, que la mort n'est pas un mal, que la vie est un indifférent, et que la risquer peut, parfois, être un bien, si un grand bien doit en résulter. Il savait aussi que l'*iniuria* n'atteint pas le sage, qu'elle s'arrête en deçà de lui, et retombe. Mais c'est à une autre source qu'il puise les images par lesquelles il affirme sa volonté de s'offrir en holocauste pour la liberté. Lorsqu'il

déclara qu'il n'avait rien perdu : *Omnia mecum porto*. Stilpon était un mégarique, et non un stoïcien. Il est curieux de constater que Sénèque, *Epist.*, 9, 3, définit ainsi la différence entre les mégariques et les stoïciens : *Hoc inter nos et illos interest : noster sapiens uincit quidem incommodum omne, sed sentit, illorum ne sentit quidem* — alors que Lucain attribue à Caton la possibilité de souffrir de la perte de la patrie, comme un père de la mort de son fils.

se considère comme dépositaire de la Fortune de la cité, il se réfère implicitement à la conception traditionnelle de l'*imperator*, représentant de la cité en face des dieux. Ce qui est tout à fait étranger au stoïcisme.

Une première raison nous invite à penser que Lucain n'a pas inventé ces idées qu'il prête à Caton. On constate en effet que le Caton évoqué dans le *De Prouidentia* par Sénèque n'est pas très différent de celui que nous voyons ici. Sénèque, en particulier, considère que Caton est une victime exemplaire, désignée par les dieux pour donner la preuve de ce que peut la *uirtus*, et il est bien certain que Caton lui-même s'est considéré comme un exemple, comme le dépositaire d'une valeur inaliénable, dont il était responsable vis-à-vis des dieux. Mais non point, comme le voulaient le plus souvent les stoïciens, d'une valeur personnelle. Caton croit fermement que sa sagesse a pour objet, avant tout, le bien de la cité. Parmi les vertus, il fait passer celles qui relèvent de la justice — les vertus civiques, en général — avant celles qui ont pour fin de réaliser l'équilibre de l'âme et de la raison. En cela, il restait dans la ligne du stoïcisme romain qui, depuis Panétius, insistait sur la justice, mais il accroissait démesurément les conséquences que l'on en pouvait tirer [1]. Il pensait que sa qualité de Romain modifiait, en quelque sorte, la signification de sa sagesse, qu'elle lui donnait des responsabilités que ne pouvait avoir un homme d'école ou un simple particulier. Déjà, au temps du *Pro Murena*, il déclarait que sa rigueur morale était une sorte d'hommage qu'il rendait à son nom [2].

Mais nous pouvons aller plus loin, et montrer, par un témoignage indépendant, que Caton nourrissait, sur le problème de la providence, des théories qui n'étaient guère conformes au stoïcisme orthodoxe, et qui s'accordent avec les

[1] V. Plut., *Cat. Mi.*, 4, 1.

[2] Cic., *Mur.*, 66.

propos que lui prête ici Lucain. Plutarque nous raconte que Caton, passé en Sicile pour défendre l'île contre les césariens, se trouva en face d'Asinius Pollion, et tous deux eurent un entretien au cours duquel Caton fit observer « qu'il y avait bien de l'incertitude et de l'obscurité dans le gouvernement des dieux », puisque Pompée avait été favorisé par la Fortune au cours de ses guerres conquérantes, et que, maintenant, dans une cause juste, il en était abandonné [1] — ce qui revenait à nier la conception optimiste du devenir historique chère aux stoïciens romains depuis le temps de Panétius et les analyses polybiennes, et aussi, ce qui était encore plus grave, à dénier à la Providence son caractère de rationalité, l'un des dogmes fondamentaux de l'école. Dans ces conditions, Caton pouvait fort bien avoir formé l'idée que, les dieux abandonnant Rome aux puissances du mal, il devait demeurer ferme dans sa détermination de donner l'exemple de toutes les vertus, et, par-dessus tout, des vertus politiques.

On voit aisément l'importance, pour Lucain, d'une semblable affirmation dans la bouche de son héros : c'est déjà l'annonce du suicide d'Utique, c'est-à-dire le dénouement de la tragédie qui se noue, en cette nuit du 17 janvier, la première de la guerre civile.

On ne s'étonnera pas que Lucain ait voulu placer ainsi une discussion de caractère philosophique à cet endroit de son poème. Le rôle joué par la philosophie dans la vie politique de ce temps n'est pas toujours suffisamment mis en lumière. Il est clair, pourtant, que beaucoup des meilleurs esprits ont alors demandé les conseils des philosophes pour traverser la crise qui bouleversait la cité. Trois écoles se partageaient l'influence : le stoïcisme, l'épicurisme et la doctrine de l'Académie. Il nous a semblé pouvoir assurer, naguère, que l'épicurisme avait été utilisé pour la

[1] Plut., *Cat. Mi.*, 53, 2.

propagande césarienne, que Philodème, chef de l'école épicurienne à Rome, avait tenté de montrer que le régime établi par César après la guerre civile, cette royauté tempérée d'aristocratie, assez voisine de ce que souhaitait Cicéron dans le *De republica*, était susceptible de ramener la paix dans la cité [1]. Il est peu croyable que le problème de la guerre civile n'ait pas été débattu, au moment où il se posa avec acuité, en janvier 49, selon les méthodes propres à chaque école. Les « académiques », comme Brutus et Cicéron [2], éprouvaient pour la discorde politique une horreur qu'ils tenaient de leur maître Platon. Les stoïciens se partageaient. Les uns songeaient à la retraite devant les malheurs du temps, les autres — et surtout Caton — se refusaient à renier leurs responsabilités politiques. Et il semble bien que les esprits philosophiques aient, pour la plupart, hésité devant l'engagement suprême. Lucain fait dire à Brutus que les partisans de la guerre civile sont surtout les « mauvais citoyens », ceux qui ont tout à espérer d'un bouleversement [3]. Et ces propos rencontrent très exactement ceux de la première lettre de Salluste à César [4]. La plupart des honnêtes gens n'éprouvent aucun entraînement pour l'aventure guerrière où la cité se trouve poussée. Il n'y a point de parti philosophique pour la guerre civile. Les philosophes, ils ne tarderont pas à le prouver, sont plutôt favorables au principat. Sauf Caton. Mais il est seul. Et ce dialogue avec Brutus montre sa totale solitude, au sein même de l'école stoïcienne. S'il veut être l'ennemi de César, c'est moins en vertu de son *credo* philosophique qu'en raison de son instinct de Romain, d'une force qu'il puise dans son nom, le souvenir de son grand ancêtre, et qu'il ne veut pas démentir. En

[1] Le « bon roi » de Philodème et la royauté de César, *REL*, 44, 1966, 254-285.

[2] V. Cic., *Ad fam.*, 16, 12, 2 (27 janvier 49) : *me clamante nihil esse bello ciuili miserius*. Lettre à Tiron.

[3] *Phars.*, 2, 254 ss.

[4] Sall., *Epist. ad Caes.*, 1, 2, 7.

esquissant ce portrait, Lucain ne s'est pas montré infidèle à l'histoire. Il a su, à la fois, retrouver l'atmosphère spirituelle d'un moment dramatique, caractériser l'homme qui, par sa clairvoyance, la fermeté de sa conviction, s'est élevé au-dessus de la foule, et consommer le sacrifice de sa propre personne là où les autres cherchaient la satisfaction de leurs calculs sordides. L'histoire, ici, prend sa dimension épique, dans la mesure où elle se révèle comme une tragédie des âmes.

* * *

Il serait souhaitable de poursuivre au delà de ces préliminaires de la guerre civile l'étude des rapports entre le poème de Lucain et ce que nous pouvons entrevoir aujourd'hui de la réalité historique. S'il est permis de généraliser les conclusions auxquelles nous pensons être parvenus, dans cette étude limitée, on découvrirait, sans doute, que la documentation de Lucain, concernant les faits matériels qu'il rapporte, ou qu'il suppose connus, est très précise, que la chronologie, en particulier, est respectée avec scrupule. Mais il est bien certain que notre documentation, fragmentaire, ne nous permet pas toujours de former un jugement assuré. Il est probable que Lucain était ici tributaire de ses sources et, sans doute, de Tite-Live [1]. Il n'en demeure pas moins que le poète s'est montré respectueux de ce qu'il lisait.

Mais les sources historiques, qui n'étaient le plus souvent qu'un récit, ne satisfaisaient pas Lucain le poète. Une première exigence, pour lui, était celle de la motivation psychologique. Mais cette motivation n'avait pas pour fin d'expli-

[1] J. Bayet a montré naguère (La mort de la Pythie. Lucain, Plutarque et la chronologie delphique, *Mélanges Félix Grat* [Paris 1946], I, 53 ss.) que Lucain utilisait aussi des sources anecdotiques diverses, et non seulement des exposés suivis.

quer les actions, en elles-mêmes ; elle était destinée à tracer un portrait moral des acteurs, à les ériger en « causes » libres, c'est-à-dire changer le contingent en rationnel — « conformément au vraisemblable et au nécessaire », ainsi que le voulait Aristote. Du moment qu'une finalité humaine est imposée aux événements, ceux-ci deviennent intelligibles, ils s'ordonnent, et l'histoire devient poésie.

Allant plus loin, Lucain constate, ou croit constater, que les volontés humaines elles-mêmes sont dominées par des constantes éternelles, que les événements qu'elles suscitent se déroulent selon des lois sur lesquelles elles ne peuvent rien. Et ce sont les jeux de symboles et les préfigurations que nous avons montrés. Les mortels, comme les héros d'Homère, luttent dans la plaine, sous le regard des dieux. Mais, entre l'épopée de Lucain et celle d'Homère, existe une différence essentielle : tandis qu'Homère conduit à sa guise les luttes et décide de leur issue, Lucain est contraint par l'histoire, dont il ne peut et ne veut pas s'évader, et, pour cette raison, il a l'impression, vraie ou illusoire, que ce qu'il découvre, grâce à cette construction de son poème, c'est le secret même de l'histoire.

DISCUSSION

M. Durry : M. Grimal a choisi des épisodes privilégiés (le passage du Rubicon, le discours de César à Ariminum, l'opinion publique à la même époque) pour démontrer que Lucain a en général respecté les faits, mais qu'en poète il en a dégagé la philosophie. Ce faisant il suivait un précepte d'Aristote, qu'il est des plus importants de rappeler ici. Quant à la vérité historique, elle est rarement faussée. On regrette que M. Grimal n'ait pas étudié d'autres développements empruntés aux derniers chants du poème ; mais cela l'eût obligé à prolonger son exposé au delà des limites habituelles.

M. Grimal : Je reconnais très volontiers, et non sans confusion, que je suis resté en deçà du sujet proposé ; en fait, il existe des listes de points sur lesquels Lucain s'est ou se serait éloigné de l'histoire — ainsi la simplification des opérations autour de Marseille. J'aurais dû y faire au moins allusion. Mais, déjà long, mon exposé eût alors revêtu des proportions sans mesure avec les dimensions heureusement humaines de ces Entretiens.

Il est important toutefois de passer en revue ces événements et de se demander chaque fois si l'erreur historique est réelle, ou si elle résulte d'une illusion des commentateurs ; on s'apercevra, je crois, que dans plus d'un cas, le problème ne peut être tranché à cause de l'insuffisance des sources. Il se trouvera aussi que Lucain a simplifié (siège de Marseille, récit des mutineries) en vertu de la règle aristotélicienne relative aux épisodes et à leur choix, le poète ne composant pas des annales, refusant l'exposé cyclique ; mais cette simplification n'est pas incompatible avec le respect minutieux de ce qui, dans l'événement, est profondément significatif et répond à l'essence de la vérité. D'une façon analogue, les historiens modernes eux non plus ne peuvent pas ne pas établir comme une hiérarchie des faits, et se dispenser de choisir, dans la masse infinie des événements concomitants, ceux qu'ils jugent « historiques », et ceux qui sont seulement contingents.

Mlle Marti : Votre travail est si plein d'aperçus nouveaux qu'il va me forcer à revoir mon chapitre sur Lucain et l'histoire dans le livre sur Lucain que je prépare. Je voudrais cependant vous poser trois questions.

1. Vos exemples sont pris dans les livres 1 et 2. Pensez-vous que la véracité, l'exactitude historique de Lucain puisse être démontrée dans les autres livres ? Il nous induit en erreur quand il place Cicéron dans le camp de Pompée la veille de la bataille de Pharsale ; le temple du dieu Hammon est brutalement déplacé ; le roi Deiotarus est envoyé chez les Parthes, ce qui ne semble pas historique ; les actions de Domitius à Corfinium et de Pompée à Dyrrachium ne sont pas rapportées exactement ; il remplace Théophane par Lentulus ; il fait un héros de Domitius, etc. (d'autres déviations historiques encore sont mentionnées par Syndikus).

2. Vous avez dit que la guerre n'a pas commencé au passage du Rubicon. Pourriez-vous éclaircir ce point et nous dire si la traversée du fleuve par les forces armées de César n'était pas une action illégale ?

3. Vous dites que « nous savons que Lucain a utilisé Cicéron ». Ce n'est pas l'opinion de la majorité des critiques. Pourriez-vous nous indiquer sur quels textes vous fondez cette affirmation, que vous partagez avec Enrica Malcovati ?

M. Grimal : Mon exposé n'a été que partiel, ainsi que l'a très justement souligné M. Durry ; il est regrettable que je n'aie pu traiter les problèmes traditionnels, les apories du sujet. Ma seule (et insuffisante !) excuse sera le manque de temps et aussi le désir de m'écarter un peu de la tradition, de ne pas reprendre les mêmes problèmes dans les termes de toujours.

Il est certain que la présence de Cicéron à Pharsale, admise par Lucain, est une inexactitude du poète. Comment expliquer cela ? Par une erreur matérielle ? Peut-être ; Cicéron était le plus ancien consulaire au conseil de guerre qui a suivi la bataille avec les chefs pompéiens survivants ; c'est lui, alors, qui a exprimé l'avis de céder à la défaite. Le discours du livre 7 serait alors une anticipation maladroite, un doublet imaginé par le poète insoucieux de ses sources, pensant (à tort) que Cicéron se trouvait dans le camp, alors qu'il devait se trouver à Thessalonique. Mais je crois plutôt que Lucain a volontairement imaginé la présence de Cicéron, tout en sachant qu'il donnait ainsi une entorse à la vérité historique. Cicéron dominait le débat politique, il représentait quelque chose de grand, de puissant, dans la cité. On ne pouvait pas ne pas le mettre en scène. Il y a là une transposition selon la vraisemblance, une utilisation « aristotélicienne » de la vérité historique pour la construction poétique. Je pense que de telles analyses pourraient être tentées sur les autres points.

Sur le second point, voici ce que je crois : si le *senatus consultum ultimum* ne crée pas l'état de guerre, il le prépare ; au moment où il est pris, César n'a pas encore passé le Rubicon ; ce passage ne fait qu'exposer l'*imperator* qui outrepasse ses pouvoirs aux sanctions des *leges de repetundis* (en particulier de la *lex Iulia*) ; mais cela n'entraîne qu'une accusation en règle devant une *quaestio*, en vertu du *ius prouocationis*. César et les *populares* ont dénié au sénat le droit de suspendre ce privilège des citoyens romains. La guerre sera commencée, par conséquent, au moment où le sénat aura mis César hors-la-loi, l'aura déclaré *hostis publicus*, ce qui n'aura lieu que le 17, après le franchissement du Rubicon.

Quant à l'utilisation de Cicéron comme source, je n'en sais pas plus que Mme Malcovati ; l'analyse du discours du livre 7 montrerait-elle des allusions au style, à l'œuvre de l'orateur ? C'est possible, mais personne ne l'a encore prouvé. Je veux simplement rappeler qu'Auguste, au témoignage de Suétone, n'avait pas empêché ses petits-fils de lire Cicéron, qu'il le considérait comme un « grand homme qui aimait sa patrie ». Il est bien probable que Lucain, dans son milieu familial, avait été habitué à lire Cicéron, et lorsqu'il a tenté de reconstituer l'atmosphère spirituelle dans laquelle a éclaté la guerre civile, cette lecture est certainement demeurée présente à son esprit — Cicéron n'est point pour lui un inconnu, dont il peut imaginer à son gré les sentiments. Mais, là encore, une recherche plus poussée serait nécessaire.

M. Due : En comparant la communication d'aujourd'hui avec celle d'hier, je note que déjà une certaine mosaïque commence à se former. J'ai toujours pensé — et grâce à M. Grimal, j'en suis maintenant persuadé — que Lucain est fidèle à l'histoire. Et malgré les différences de vues sur l'extension que Lucain voulait donner à la *Pharsale*, la conférence de Mlle Marti et la discussion qui l'a suivie ont montré qu'il y a dans la *Guerre Civile* une architecture poétique, à la fois simple et compliquée, comparable, peut-être, aux édifices monumentaux du baroque. Certes, Lucain n'aurait pu combiner l'exactitude historique avec sa conception littéraire s'il n'avait pénétré au fond de certains aspects de la révolution romaine. La *Pharsale* ne représenterait-elle pas, en un certain sens, la vérité de la guerre civile?

Je me bornerai à poser une question à M. Grimal : qui est ce Caton « classique », auquel vous avez affirmé que le Caton de Lucain se conforme? Le visage historique de Caton est, pour ainsi dire, couvert par une végétation dense d'idéalisations philosophiques et politiques. Où et comment trouver la vérité sur ce personnage? Ne pourrait-on dès lors dire que ce qui importe réellement pour l'histoire romaine, c'est la figure idéalisée de Caton, celle-là précisément qu'on trouve dans la *Pharsale* — plutôt que le Caton historique?

M. Grimal : Le personnage de Caton revêt une grande importance pour l'histoire de la pensée politique, non seulement sous l'Empire, mais dès la fin de la République, et cette importance a entraîné une surcharge de ce personnage, que chacun a essayé de tirer dans le sens qui lui importait. Cela a commencé du vivant même de Caton, que Cicéron caricature dans le *Pro*

Murena, mais pour lequel il a de l'estime, et qu'il considère comme le représentant le plus autorisé du stoïcisme parmi les sénateurs cultivés. Cette contradiction continue, naturellement, après la mort de Caton, lorsque ses amis s'efforcent de l'idéaliser, tandis que César compose un *Anti-Caton*, que nous ne connaissons plus, malheureusement, que par des allusions bien insuffisantes. Dans ces conditions, à quelle image de Caton se réfère Lucain ?

Je me suis efforcé, dans mon exposé, de remonter aux faits connus de la vie de Caton, aux faits indubitables, qui échappent, par conséquent, aux interprétations tendancieuses et aux surcharges. Il m'a semblé que l'image donnée par Lucain était conforme à ces faits, qu'il y a, en particulier, coïncidence entre la sensibilité religieuse du vaincu de Pharsale et de Thapsus, telle qu'elle apparaît dans la biographie de Plutarque, et les attitudes qui lui sont prêtées par Lucain. D'autre part, l'épisode de Marcia est réel, et ne saurait être mis en doute — seule la motivation invoquée par Lucain est douteuse, le formalisme juridique de Caton ayant sans doute eu plus d'importance pour lui que le refus du plaisir, d'un plaisir que l'école stoïcienne entière considérait comme légitime, même si elle se refusait à en faire un « bien ». Nous voyons que le Caton de Lucain, conforme en cela au Caton de Plutarque, s'efforce de conserver une attitude de « vieux Romain » (on ajoutera qu'il allait jusqu'à faire couper ses toges à l'ancienne mode), qui appartient certainement au Caton historique, et qui était la matière même sur laquelle les panégyristes et les détracteurs faisaient porter leurs efforts. Lucain a certainement idéalisé Caton, mais il ne l'a pas faussé, il n'en a pas fait un être imaginaire.

M. Le Bonniec : J'aurais deux questions à poser à M. Grimal : la première, de caractère général, l'autre, plus particulière.

1. Vous avez montré d'une manière convaincante que Lucain « historien » méritait qu'on lui fît crédit. Où puisait-il cette information historique précise, mais tout de même orientée,

défavorable à César? Sans aborder le problème des « sources » dans son ensemble, je me demande si, dans les exemples que vous avez choisis, la version de Lucain ne repose pas sur le récit de Tite-Live, historien « pompéien ».

2. Lucain, seul parmi nos « sources », décrit le Rubicon en forte crue. Suétone au contraire (*Caes.*, 31) dit que le passage se fit sur un petit pont, sans difficulté. On soupçonne Lucain d'avoir inventé la crue. Dans quelle intention? Voulait-il dramatiser son récit? Suggérer que la Nature, elle aussi, réprouvait le coup de force et tentait de l'empêcher? M. O. Schönberger (*Hermes*, 1958, 237) pense que ce sont les dieux qui ont gonflé le Rubicon pour lutter contre César, mais qu'ils doivent s'incliner, comme ils le font toujours, devant la Fortune du dictateur. Pensez-vous que nous ayons ici un exemple de déformation de la vérité historique? Dans l'affirmative, quelle interprétation en donneriez-vous?

M. Grimal: Dans les exemples choisis, il est certain que la source de Lucain est — ou peut avoir été — Tite-Live, historien pompéien. Mais Lucain s'est aussi servi d'autres auteurs : Sénèque le Père, Crémutius Cordus, et parmi les contemporains, Asinius Pollion. Ce dernier a été utilisé par Tite-Live. Lucain disposait aussi des sources césariennes ; il a, sans doute, utilisé les *Commentaires* de César. S'il a choisi, c'est en connaissance de cause ; le choix est sien, il n'est pas celui de sa source. D'ailleurs, sur le point du passage du Rubicon, il a choisi... la vérité.

Quant à la crue du Rubicon, il est difficile de savoir si elle est historique ou non. Elle peut appartenir aux *colores*; de toute façon, elle n'est pas invraisemblable en décembre, et Aristote nous dit que les inventions du poète, dans les épisodes, doivent être vraisemblables. Lucain, s'il a imaginé ce détail, a-t-il voulu donner quelque dignité à ce mince ruisseau? Ici, ce n'est pas l'histoire qui est en question, mais l'éclairage subjectif projeté sur les choses. Il y a une différence évidente entre la vérité historique d'une chronologie, d'une action accomplie par un homme et une donnée comme la crue du Rubicon, qui, de toute façon, est aisément franchissable.

M. Rutz: Ich möchte noch einmal auf die Gestalt Catos zurückkommen. M. Grimal sagte, Cato sei bei Lucan weniger als Stoiker denn als « alter Römer » gezeichnet. Ich meine, dass es eine Komponente in der Zeichnung Catos gibt, die sich weder mit der einen noch mit der anderen Kategorie erklären lässt. Zum Bilde des alten Römers gehört die Bereitschaft, in jeder Situation für die gute Sache zu kämpfen, und zwar aktiv zu kämpfen. Andererseits ist ja die stoische Lehre im römischen Bereich durch eine ausgesprochen militante Haltung gekennzeichnet, was sich z.B. im Bildgebrauch Senecas vielfach ausdrückt *(vivere est militare)*. Cato aber will nicht kämpfen, sondern leiden. Ja, der Gedanke des aktiven Kämpfens fehlt dem Cato Lucans so sehr, dass Wilhelm Hemmen in einer wenig bekannten Dissertation zu dem Ergebnis kommen konnte, Lucan habe Cato als *civis* dem Caesar als *miles* schlechthin gegenübergestellt ; danach würde es bedeuten, die gute Sache zu vertreten, wenn man *civis* ist, die schlechte, wenn man *miles* ist. Dem scheint der berühmte Vers zu entsprechen *nulla fides pietasque viris, qui castra sequuntur*. Nach dem Vortrag von M. Grimal will mir scheinen, als spiegele sich hier die Unentschlossenheit, ja die fehlende Bereitschaft der Kreise um Cato und Cicero, am Kriege überhaupt teilzunehmen, wie sie uns in Ciceros Briefen deutlich wird. Die enge Anlehnung an die Quelle würde also auch hier überbaut durch Ideen Lucans, und so wird in der Darstellung Lucans die Unentschlossenheit zum Ersatz der Kampfbereitschaft durch Leidensbereitschaft : Cato erscheint als « presque chrétien ».

M. Grimal: J'accorderai volontiers à M. Rutz que les personnages de la *Pharsale* s'opposent les uns aux autres comme les termes d'une dialectique, et que Caton, en particulier, est le *ciuis*, en face de César et de Pompée, tous deux hommes de guerre. Et je comprends très bien aussi que cela puisse créer au moins l'apparence d'une contradiction entre la figure du vieux

Romain appuyé sur le stoïcisme et la figure de l'homme qui refuse de participer personnellement, effectivement aux combats, sur le champ de bataille, parce qu'il s'agit d'une guerre civile.

Mais il convient de ne pas oublier que l'idéal catonien du vieux Romain est, comme je l'ai dit, constitué aussi par le respect formaliste des règles du droit. On connaît l'histoire de Caton le Censeur écrivant au général sous qui servait son fils et lui demandant de ne pas permettre à celui-ci, qui avait été régulièrement démobilisé, de participer à une bataille, car il l'aurait fait à titre de *priuatus* et, par conséquent, sans la *pax diuina*. De même, il n'est jamais permis de tuer, de sa main, un citoyen, c'est un véritable *parricidium*. Caton — peut-être avec quelque hypocrisie, puisqu'il commandait en chef une armée qui se réservait, un jour ou l'autre, de livrer une bataille sanglante — mais là encore, n'oublions pas qu'il réserva les droits du consul légal — est aussi formaliste sur ce point qu'il le fut lors de son remariage avec Marcia. Donc, ce trait « quasi chrétien » n'est certainement pas imaginé par le poète ; tout au plus, comme de coutume, lui a-t-il donné une signification spirituelle peut-être plus ample que celle que cette attitude possédait dans le personnage historique. En tout cas, cela permit plus tard aux commentateurs de s'interroger sur Caton « chrétien » ; nous saisissons sur le vif la naissance de cette pluralité des valeurs, de cette insertion dans plusieurs systèmes moraux, qui est le caractère essentiel d'une œuvre littéraire vraiment grande.

M. Bastet : N'étant ni historien ni philologue, je ne peux que me déclarer impressionné par l'exposé de M. Grimal, pour qui Lucain est un « historien » qui travaille avec exactitude selon la vraie chronologie des faits.

Modestement, je voudrais présenter les remarques que voici : je me rappelle que, dans son article paru dans *Hermes* 93, 1965, 204 ss., Konrad Seitz a opposé à la *sachlich richtige Darstellung* d'Homère, ce qu'il appelle chez Lucain une *ganzlich unglaubwürdige, ins Kolossale übersteigerte Darstellung*. Voilà qui est, à mon avis, excessif et injuste. Lucain est un auteur précis, notamment du point de vue archéologique. Dans ses rares descriptions topographiques, tout au moins dans deux d'entre elles (Troie et Alexandrie), il suit d'assez près des sources littéraires. Comme l'ont déjà démontré Bilinski, Adriani et d'autres, il s'est servi d'ouvrages topographiques qui ne nous sont pas parvenus. Cependant, là aussi, s'il respecte les faits, il en donne une interprétation libre.

M. Grimal : Il convient de distinguer l'impression que produit, à la lecture, le poème de Lucain et le résultat de l'analyse philologique. La lecture donne l'impression d'une esthétique de l'horrible, d'une exagération des faits ; cela est vrai, mais l'analyse montre que l'armature du « monstre », son « squelette », sont dans les limites de la Nature et du vraisemblable. De même, les rhéteurs, dont Lucain est l'élève, distinguaient entre la donnée, les arguments, et les *colores*, qui étaient, elles, destinées à jouer sur la sensibilité, tandis que l'argumentation logique restait du domaine de la raison, et relevait du jugement. Il faut se défendre, chaque fois que l'on présente une interprétation de tel ou tel aspect de Lucain, contre la tentation de croire que l'on a épuisé le sujet, tout expliqué, alors que l'on en est bien loin.

M. von Albrecht : Der Gedanke, dass Lucan stark von der Wirklichkeit ausgeht, hat sich mir bei des Vorbereitung meines Vortrages von einer ganz anderen Seite aus ergeben. Ich freue mich über dieses Zusammentreffen.

Eine Erfindung Lucans, die « wahrer als die Geschichte » ist, sehe ich z.B. in der Zerstörung des heiligen Haines bei Massilia. Diese Szene macht exemplarisch das Wesen und die Situation Caesars sichtbar : Grenzüberschreitung, die ungestraft bleibt ; Ohnmacht und Schweigen der alten Götter. Stofflicher Ausgangspunkt der Erfindung ist die Tatsache, dass für das Belagerungswerk Holz benötigt wird. Der faktische Ansatzpunkt ist also minimal, aber er ist auch vorhanden. Es bedarf dieses realen « Staubkorns », um die « Kristallisation » der bedeutungsvollen Szene zu ermöglichen.

Und dann zwei Fragen :

1. Ist der Ausdruck von Catos Bindung an *Roma* und an die tote *Libertas* (2, 297 ff.) bei aller Verwurzelung im römischen Familiendenken nicht doch von « nachcatullischer » Wärme? Wie sensibel ist dieser moderne « Altrömer » !

2. Kann Ihr Hinweis auf die Vorbereitung « imperialer » Denk- und Rechtsformen in den Caesar-Szenen des I. Buches auch dazu beitragen, die « Apotheose Neros » (1, 33-66) aus der Isolation zu befreien, in der sie heute vielfach gesehen wird?

M. Grimal : Il est certain qu'en attribuant à Caton une sensibilité paternelle en face de Rome et du cadavre de la Liberté, Lucain semble avoir manqué à la logique de son personnage. Mais en fait il n'en est rien : d'une part, nous avons vu que Sénèque, opposant le sage stoïcien au sage mégarique (ci-dessus, p. 101), constate que ce dernier est insensible, tandis que l'autre est sensible, même si son être intérieur n'est pas ébranlé par l'émotion humaine qu'il peut ressentir. Il est très intéressant de se demander si cette sensibilité du Sage appartient à l'Ecole primitive, ou si elle est une acquisition plus récente, essentiellement romaine. Le problème semble avoir été soulevé surtout à l'occasion des controverses que soutint le Portique au cours de sa période « moyenne », donc, dans un milieu ouvert largement à l'influence romaine. Il en résulte que Caton, stoïcien « archaïsant » (sous l'influence d'Athénodore Cordylion), n'en est pas moins entraîné par le courant moderniste qui se fait jour alors à Rome, chez Catulle, ou Lucrèce, et c'est une preuve de plus en faveur de l'historicité, au moins générale, du Caton de Lucain.

Quant à l'autre question posée, il est certain que, si l'on accepte la théorie des « préparations » historiques, du symbolisme politique des épisodes de la *Pharsale*, les données du problème soulevé par le prologue du poème se trouvent modifiées :

Lucain acceptait comme acquis, et ne pouvait pas ne pas l'accepter, le fait du régime impérial. Ce régime est issu de la guerre civile ; il est représenté par César — ce qui n'était pas évident dès le principe, puisque le principat est, en théorie, fort différent de la dictature quasi royale de César. Lucain souligne — et c'est un mérite, qui annonce les conceptions modernes de cette période — que le principat est en fait la continuation de la révolution césarienne. Il va au delà de l'hypocrisie fondamentale du régime augustéen. Sa clairvoyance ne préjuge pas de son jugement sur ce régime.

III

F. L. BASTET

Lucain et les arts

LUCAIN ET LES ARTS

A première vue, il semble qu'il y ait peu de raisons de parler de « Lucain et les arts ». En effet, même une lecture superficielle des dix livres du *Bellum Civile* nous amène rapidement à constater que le poète lui-même s'intéresse peu aux arts plastiques. L'architecture, elle aussi, n'est que rarement évoquée. C'est surtout aux arts appliqués qu'ici et là, presque inconsciemment et, du reste, comme à un thème d'ordre secondaire, le poète fait allusion.

Aussi ne devons-nous pas nous étonner que, nous référant aux ouvrages des dernières décennies consacrés à Lucain [1], nous n'en trouvions qu'un petit nombre s'orientant tant soit peu vers notre sujet. Un article de B. Bilinski traite du passage 9, 950 ss. (César sur les ruines de Troie) [2] ; par ailleurs, Marie E. Folse a publié une étude sur l'art dans les épopées de Virgile, Lucain et Stace qui n'est pas sans intérêt, mais la matière dégagée de l'œuvre des trois poètes y est considérée dans son ensemble ; elle ne nous permet donc pas de nous faire une idée juste des conceptions de Lucain lui-même [3]. Et l'auteur n'en vient même pas, hélas ! à une appréciation. L'essai de H. P. L'Orange sur la *Domus Aurea* est important : en particulier, le passage 1, 45 ss. y est traité ; mais celui-ci aussi ne touche à notre sujet qu'incidemment [4]. Et voilà épuisée la liste des principaux ouvrages relatifs à ce sujet, du moins pour autant que je sache.

[1] R. Helm, *Lustrum* 1, 1956, 163 ss. ; W. Rutz, *Lustrum* 9, 1964, 243 ss.

[2] B. Bilinski, De Lucano Troiae periegeta observationes, *Eos* 42, 1947, 90 ss.

[3] Mary E. Folse, Arts and Crafts in the Epics of Vergil, Lucan, and Statius, *The University of Missouri Studies* 11/3, 1936, 52 ss. *(= Philological Studies in Honor of Walter Miller)*.

[4] H. P. L'Orange, Domus Aurea — Der Sonnenpalast, *Serta Eitremiana* (1942), 68 ss. ; 91 (Lucan., 1, 45 ss.) : « Der Dichter sieht in Nero den inkarnierten präexistenten Gott, eine Vorstellung des Herrschers, der bereits von Vergil in der Literatur Ausdruck gegeben und im Glaubensleben des Volkes willig aufgenommen wurde. Als solcher wählt er selbst im Kosmos

Sans doute, dans les nombreux ouvrages et articles qui ont été consacrés à Lucain dans le cours des dernières années et qu'on continue à publier, parle-t-on bien aussi, en passant, des conceptions de Lucain qui se rapportent aux Beaux-Arts. J'espère toutefois qu'on n'attend pas d'un archéologue qu'il se sente à l'aise en face de tous les détails de cette littérature. Il est possible que certaines remarques importantes m'aient échappé. Dans ce cas, j'ose espérer que vous tous, qui êtes spécialistes en la matière, voudrez bien me le faire observer.

Dans la littérature archéologique, Lucain est rarement cité. Cependant on a parfois comparé les arts plastiques du temps de Néron à la littérature de cette époque. C'est ainsi que Karl Schefold a mis en parallèle la peinture de ce temps et le caractère des tragédies de Sénèque [1]. Quoi qu'il soit difficile et même point dénué de tout danger d'attribuer à la littérature et aux arts plastiques d'une certaine époque un « Kunstwollen » commun, Schefold a montré qu'on pouvait, dans le cas précité, observer des similitudes. Il suffit de penser à la façon dramatique de traiter les sujets, au caractère romantique du style. Schefold y oppose les réactions qui se font jour à partir de Vespasien, dans la littérature du moins. Que ces réactions se manifestent dans les fresques, par exemple, de façon aussi nette que Schefold l'affirme, c'est à mon avis une question discutable, mais qui ne doit pas nous occuper aujourd'hui [2].

die Stelle, von der aus er seine Herrschaft ausübt, etwa wie Julius Cäsar nach seinem Tode als Julium Sidus zum Himmel aufgestiegen ist. Die Ermahnung des Lucanus an den Kaiser, seinen Sitz gerade in der Mitte des Himmels einzunehmen, damit das ganze System nicht das Gleichgewicht verliere, ist in ähnlichen Vorstellungen von Weltherrschaft begründet, wie das kosmische Apparat in seinem Thronsaal. *Librati pondera caeli orbe tene medio !* Die Dichterworte geben als Idee, was der Thronsaal der Domus Aurea in die Wirklichkeit einer architektonischen Nachbildung umsetzt. »

[1] K. Schefold, Der Vespasianische Stil in Pompeji, *BVAB* 24-26, 1949-1951, 70 ss. ; Id., *Pompejanische Malerei* (1952), 83, 114, 142, 191.

[2] K. Schefold, *Vergessenes Pompeji* (1962), 100 ss.

J'estime qu'il est tout d'abord nécessaire de rechercher quelles sont les conceptions de Lucain lui-même. Pour ce faire, nous devons nous laisser guider par quelques citations. Pour plus de facilité, je me suis servi, à côté du texte original, de la traduction de A. Bourgery, qui, pour n'être pas absolument irréprochable, présente du moins l'avantage d'être une traduction française [1].

Commençons par un passage du livre I. Enumérant les causes de la guerre civile, Lucain décrit d'abord la situation politique qui l'a précédée. A côté des faits évidents, connus de chacun, il y a, dit-il, des facteurs déterminants, moins nets, mais qui n'ont pas de secrets pour le poète (I, 158-167) : « Il y avait dans l'Etat de ces germes cachés de guerre qui ont toujours englouti les peuples puissants. Lorsqu'en effet la fortune, en assujettissant le monde, eut introduit des richesses excessives, quand les mœurs eurent fléchi sous la prospérité, quand le butin et le pillage eurent invité au luxe, plus de bornes à l'or et aux constructions ; la faim dédaigna les tables d'autrefois ; les hommes se saisirent de vêtements à peine convenables pour des femmes ; on fuit la pauvreté féconde en héros et l'on fait venir de l'univers entier ce qui perd toute nation. » — De cette boutade contre le luxe en général, on voit s'échapper les paroles *non auro tectisve modus* : c'est là un langage clair. Lucain ne s'en prend pas seulement au butin de guerre qui comprenait surtout des œuvres d'art — on connaît, relatifs à ces faits, les textes rassemblés par Vessberg [2] — mais il s'attaque également à la grande activité dans la construction, qui prit un essor remarquable au premier siècle av. J.-C. [3]. Celle-ci ne s'exprimait pas seulement en édifices civils, comme par exemple

[1] Lucain, *La guerre civile*, texte établi et traduit par A. Bourgery, I-II (éd. Budé, 1962[3]).

[2] O. Vessberg, *Studien zur Kunstgeschichte der römischen Republik* (1941), 5 ss.

[3] E.a. A. Boëthius, *The Golden House of Nero* (1960), 26 ss. (« The Hellenized Italic Town and its Legacy to Imperial Rome »).

le Tabularium, mais dans l'habitation privée qui, dès le second siècle av. J.-C. afficha un grand luxe, avec ses péristyles spacieux, ses exèdres et ses magnifiques jardins, le tout souvent aménagé en des sites idylliques. Campiche signale[1] que, comme Salluste avant lui, comme Tacite plus tard, Lucain dessine le schéma de la lente décomposition de Rome. Si les facteurs économiques et sociaux (luxe, *latifundia*, endettement) sont mentionnés, c'est sur la déchéance de la moralité qu'il insiste. L'effritement des traditions aboutit à la corruption universelle, d'où doit naître le conflit. — Quand Lucain condamne ce luxe et y voit le germe d'une dégénérescence qui peut amener une catastrophe telle qu'une guerre civile, il s'accorde en cela avec Sénèque qui s'est élevé à plusieurs reprises contre le luxe dans l'architecture. Quand le philosophe — eans la *Lettre* 86 — visite la villa de Scipion l'Africain, il admire la demeure simple de ce grand homme, puis il met au pilori les habitations luxueuses de son temps[2]. Nous rencontrons une critique analogue mise en évidence par Lucain, quand celui-ci oppose les *atria non ampla Catonis* (2, 238) à l'architecture moderne. Dans ce passage, Caton est peint comme le modèle du sage stoïcien ; son remariage avec Marcia, après la mort d'Hortensius, le second époux de celle-ci, prend place à un niveau purement spirituel. A cette idéalisation s'opposera, à plusieurs reprises, l'image d'un César conçu — selon l'expression de Jacqueline Brisset[3] — comme le « représentant du Mal absolu des stoïciens ».

Que l'influence de la Moyenne Stoa ne se soit pas seulement fait sentir sur le plan politique mais aussi sur l'attitude de Lucain vis-à-vis des arts plastiques et de l'architecture,

[1] E. Campiche, Les causes de la guerre civile d'après Lucain, *REL* 42, 1964, 64.

[2] Sen., *Epist.*, 86, 4-6.

[3] J. Brisset, *Les idées politiques de Lucain* (1964), 226.

cela n'a, bien entendu, rien pour nous étonner. Nous verrons comment ce thème de la condamnation du luxe qui mène à la perdition sera développé au 10e livre, comme une fugue à plusieurs voix, dans la description de la cour de Cléopâtre. Rappelons ici déjà que, dans l'oraison funèbre de Caton, la modeste demeure de celui-ci est une fois de plus évoquée comme un exemple de la simplicité fidèle aux meilleures traditions anciennes de Rome (9, 201-202) : « Sa maison fut chaste, fermée au luxe, et ne se laissa jamais corrompre par la fortune du maître ». Maintenant notre regard sur tout ceci, nous comprenons parfaitement que Lucain ne se laisse à aucun moment entraîner à des expressions d'admiration pour l'art de son temps, ni même pour celui du Ier siècle av. J.-C., et ce à l'encontre de Virgile par exemple, ou de son contemporain Pétrone. Mais que son talent descriptif n'ait certainement pas péché par manque d'originalité, c'est ce que montre Jacques Aymard dans son ouvrage sur la comparaison poétique chez Lucain. Caractéristique pourtant est le fait que presque aucune de ces comparaisons ne semble avoir affaire avec les arts plastiques. Dans le choix des images et dans celui des thèmes, conclut Aymard [1], les influences subies par Lucain sont évidentes : influence de Virgile clairement reconnue, influence d'Ovide moins nettement signalée, mais tout aussi certaine, de Sénèque enfin l'influence de l'œuvre du philosophe et de celle du savant. Et lorsque Aymard constate en outre [2] un goût très caractéristique pour la peinture en mouvement des grandes forces déchaînées de la Nature, nous devons, bien sûr, prendre le mot « peinture » dans son sens figuré. Si nous trouvons en maint endroit chez Virgile des références à l'art de son temps ou à celui de l'hellénisme, c'est presque vainement que nous en cherchons chez Lucain.

[1] J. Aymard, *Quelques séries de comparaisons chez Lucain* (1951), 109.

[2] *Id.*, 110.

Cela ne peut être dû au hasard ni à l'incapacité : nous pouvons certainement y voir la répudiation stoïcienne, évidente, de l'art, du luxe, de l'or. Par opposition, nous voyons César et les siens représentés comme de grands malfaiteurs, spécialement au moment où, dans le livre 3, 114-122, ils s'emparent de la caisse au trésor : « Le fougueux Métellus, voyant les portes du temple de Saturne enfoncées par une énorme masse, précipite ses pas et, rompant les bataillons de César, se tint sur le seuil de la demeure encore fermée (tant il est vrai que le seul sentiment qui ne recule pas devant le fer et la mort, c'est l'amour de l'or : les lois anéanties périssent sans débat, mais vous, la partie la plus vile des biens, richesses, vous avez suscité une querelle). » Une description vivante du temple lui-même ne s'y trouve pas : on a bien l'impression que le poète, en somme, ne s'y intéresse pas.

En revanche, la sympathie de Lucain est toujours orientée vers ces lieux où l'on vous rappelle les *prisci mores* de la génération précédente, ou bien la simplicité de peuples vivant encore à un stade de civilisation plus ou moins primitive, comme par exemple dans cette forêt celtique près de Marseille, qui fut abattue par César (3, 410-413) : « Ces arbres qui ne présentent leur feuillage à aucune brise inspirent une horreur toute particulière. Une eau abondante tombe des noires fontaines ; les mornes statues de dieux sont sans art et se dressent, informes, sur des troncs coupés. » *Simulacra maesta deorum arte carent*. Cette addition est faite ici tout d'abord pour obtenir un effet plus ou moins romantique, mais en outre, pour placer l'accent sur la simplicité de ces dieux qui tombent victimes d'un César violent, ne respectant rien.

Ainsi le poète chantera (4, 373-381) les bienfaits d'une eau claire, bue dans le courant d'une rivière rapide, et par opposition, il soulignera le caractère blâmable de l'usage de timbales d'or et de coupes précieuses taillées dans les pierres fines, qui contiennent un vin de prix : « Ce qui ranime les malades, ce n'est pas un vin fameux, recueilli sous un consul inconnu ; ils ne boivent pas dans l'or ou les vases myrrhins, mais l'eau toute seule ramène la vie ; des peuples se contentent d'un fleuve et des dons de Cérès ». Ici, l'expression devient : *Non auro murraque bibunt*. Ce dont il s'agit, toutefois, ce n'est pas de la condamnation de l'art en soi, mais bien du coût des matières précieuses dont il use. En un mot, c'est à nouveau une boutade contre le luxe même. (D'ailleurs, Sénèque fulmine également contre la vaisselle faite de *murra* et Lucain emploie donc là un cliché stoïcien [1].) Une fois encore, on voit en ce livre le même thème réapparaître, mais à propos de tout autre chose. Après la mort de Curion, en Afrique, Lucain l'apostrophe. Acheté par César, ce héros doit payer sa soif d'or par une mort regrettable, mais bien méritée (4, 814-818) : « Rome n'a pas produit un autre citoyen pourvu de tels dons ou à qui les lois auraient dû davantage s'il avait suivi le droit chemin. Mais des générations perdues ont nui à la Ville, après que la brigue, le luxe et la redoutable puissance des richesses ont dans leur cours emporté les esprits faibles hors de la bonne voie. » On le voit, Lucain ne peut s'empêcher de moraliser dès que le mot *luxus* apparaît : *ambitus*, *luxus*, *opes*, tout est rangé sur une même ligne, et il est inévitable que l'*ars* soit considéré sous ce même angle.

Les passages traités jusqu'ici ne se distinguent pas par leur caractère réaliste et force nous est d'en dire autant de la description du sanctuaire de Delphes au livre 5. Pour ce qui est de l'architecture, il y est même fait si peu allusion qu'on serait en droit de penser que Lucain ne s'y est sans doute pas rendu lui-même. On nous parle en passant des *immotos tripodas* (121), des *sedes verendas* (123) ; Phémonoé se tient d'abord hésitant *prima templorum in parte* (147) ; mais des statues qui en forment l'ornementation tant à l'intérieur

[1] Sen., *Epist.*, 119, 3 : *Utrum sit aureum poculum an crustallinum an murreum an Tiburtinus calix an manus concava, nihil refert.*

qu'à l'entour, des offrandes sacrées apportées là depuis des siècles et des autres trésors artistiques, on ne nous dit mot. Il semblerait presque que c'est l'intention bien arrêtée du poète de passer ici sous silence tout ce que nombre de générations de croyants ont offert à la divinité et tout ce qu'on pouvait encore voir sur place, quoique, depuis longtemps déjà, l'oracle n'y eût pour ainsi dire plus de fonction. Même pauvreté descriptive dans l'énumération de lieux célèbres — on peut dire archéologiques — de la Thessalie au livre 6, 355-359. Pas davantage ici Lucain ne met à profit l'occasion qui lui est offerte de nous présenter autre chose qu'une énumération sèche, élaborée dans le cabinet de travail : « ... Larissa jadis puissante, les terres d'Argos autrefois fameuse sur laquelle passe maintenant la charrue, celles où la légende montre l'antique Thèbes d'Echion où autrefois, exilée et portant la tête et le cou de Penthée, Agavé les livra au feu suprême, triste de n'avoir enlevé que cela à son fils », etc.

Des énumérations du même genre, de lieux importants au point de vue archéologique et ayant joué un rôle de premier plan dans l'histoire, se rencontrent également en d'autres passages de l'épopée. C'est ainsi qu'au livre 7, dans un passage suivant le discours de Pompée, le poète exprime quelques regrets au sujet de la grandeur disparue d'un groupe de villes italiques, qu'il avait probablement connues personnellement. Ici aussi, nous sommes frappés par le fait qu'en aucun endroit Lucain ne se décide à faire une véritable description ; il se contente de la remarque d'ordre général que les citoyens sont responsables de la ruine des *monimenta rerum* (7, 392-399) : « Des ruines couvertes de poussière pourront à peine indiquer Gabies, Véies, Cora, les Lares albains et les Pénates laurentins ; campagne vide qu'habite seulement, à la nuit noire, un sénateur contraint et mécontent que Numa l'ait ordonné ainsi. Ces destructions ne sont pas l'œuvre lente du temps rongeur ; ce n'est pas lui qui a laissé tomber en poussière les monuments du passé ; c'est un crime des citoyens que nous voyons dans toutes ces villes désertes. »

On le voit, il n'y a pas dans tout cela grand-chose de précieux à glaner pour qui espère rencontrer chez le poète la trace d'un peu d'intérêt véritable pour l'art de son temps ou celui du siècle précédent.

Même le théâtre de Pompée [1], achevé en 55 av. J.-C. et auquel il est déjà fait allusion dans I, 132 ss., ne forme plus qu'une vague toile de fond pour le capitaine triomphateur que Pompée évoque une fois de plus dans son célèbre songe. On n'en voit rien d'autre que la totalité — *Pompeiani visus sibi sede theatri* —, et les bancs — *cuneos sonantes* —, évocation dont le lecteur est censé pouvoir se contenter. Devant ce décor, ce dernier doit imaginer la foule poussant des cris d'allégresse, applaudissant le triomphateur. Dans ce même livre, après un vaste panorama du champ de bataille, vient le pillage du camp de Pompée par César. Ici, Lucain eût aisément pu faire suivre un exposé détaillé de tout ce qui éveillait la soif d'or de César. Mais il laisse aussi passer l'occasion, n'ayant manifestement aucun intérêt pour de tels tableaux : ce sont de nouveau des remarques d'ordre général qui n'évoquent en nous aucune image précise de tous les objets précieux que les soldats de César y trouvent. Ce dernier s'adresse aux soldats en ces termes (740-746) : « Voici que s'ouvre un camp plein de tous les métaux ; ici gît l'or enlevé aux peuples hespériens et les tentes recouvrent les trésors orientaux. La fortune réunie de tant de rois ensemble et de Magnus attend des maîtres : hâte-toi, soldat, de devancer ceux que tu poursuis : toutes les richesses que Pharsale a faites tiennes, ce sont les vaincus qui les pillent. » Rien de plus précis que les paroles suivantes : *eoasque premunt tentoria gazas*. C'est comme si Lucain n'avait pas de temps à

[1] E. NASH, *Bildlexikon zur Topographie des antiken Rom*, II (1962), 423 ss. (avec bibl.).

consacrer à de telles futilités : nulle part de nature morte représentant des objets observés avec soin. Tout doit faire place au drame, aux considérations théoriques, au développement rapide des événements qui sont, ne l'oublions pas, le thème principal de l'épopée du poète.

Quand enfin Pompée est arrivé à Lesbos (livre 8), et que là le peuple s'adresse à lui, on trouve dans les vers 121-123 la même généralisation rhétorique relativement aux trésors des temples qui lui sont offerts : « Accepte les trésors de nos temples et l'or de nos dieux ; accepte cette jeunesse, que ce soit sur terre ou sur mer qu'elle te convienne mieux ; dispose de Lesbos et de toutes ses forces. » *Accipe templorum cultus aurumque deorum* ; mais en quoi cela consiste-t-il ? C'est entièrement passé sous silence.

Puis suit la description du voyage en Egypte ; ici, de nouveau, peu de détails. Pompée et les siens quittent la côte de Cilicie et arrivent à Chypre ; qui s'attend ici à une image poétique de Vénus, reste sur sa faim : de l'île, on ne dit rien de plus que ces mots (457-459) : là « s'élèvent les autels préférés de la déesse attachée à l'onde de Paphos, — s'il faut croire que les divinités naissent ou s'il est possible que jamais dieu ait eu un commencement ». Cette dernière remarque exprime un tel scepticisme qu'on n'attend plus de Lucain, après elle, nulle part, le moindre enthousiasme devant la beauté d'un temple ou la statue d'un dieu.

Mais il y a pis encore ! Les tombeaux égyptiens de l'époque hellénistique ne sont même plus cités avec indifférence : ils sont jugés de façon carrément négative. Après la mort de Pompée, le poète n'a plus une seule bonne parole à l'adresse de l'Egypte. Le corps du héros est jeté d'écueil en écueil tandis que les dépouilles embaumées des Ptolémées reposent dans des mausolées qu'ils ne méritent pas. S'adressant au jeune roi, Lucain s'écrie (8, 692-700) : « Dernier rejeton de la souche de Lagos, dégénéré qui dois périr et céder le sceptre à ta sœur incestueuse, quand tu gardes le

Macédonien dans un antre consacré, et que les cendres de tes rois reposent sous une montagne qu'on leur a élevée, quand les mânes des Ptolémées, une honteuse lignée, sont enfermés sous des pyramides et de scandaleux mausolées, des flots battent un Pompée, son tronc est ballotté par les vagues d'écueil en écueil ! »

On peut avancer ici que ce ne sont pas les *mausolea indigna* en soi qui sont jugés avec mépris : c'est le contenu indigne de la tombe qui rend le cénotaphe ridicule. Par contraste, Lucain fait une esquisse de la simple pierre tombale érigée par Cordus pour Pompée et dont le nom (818-821) « qu'on avait l'habitude de lire au fronton des édifices consacrés aux dieux et sur les arcs élevés avec les dépouilles des ennemis, s'abaisse presque au niveau du sable, sur une pierre, si bas que l'étranger ne saurait le lire debout ».

Ce passage relatif aux tombeaux des rois a été dernièrement commenté en détails par Achille Adriani [1]. Le problème de la tombe d'Alexandre — appelé ici *sacratum antrum* — est en relations étroites avec celui de la nécropole des Ptolémées. Adriani cite Strabon (17, 1, 8). Celui-ci parle d'un péribole faisant partie des palais royaux et auquel appartenait aussi bien la tombe d'Alexandre que celle des rois. Là gisait Alexandre, ajoute Strabon, οὐ μὴν ἐν τῇ αὐτῇ πυέλῳ· ὑαλίνη γὰρ αὕτη, ἐκεῖνος [Ptolémée, fils de Lagos] δ' ἐν χρυσῇ κατέθηκεν· ἐσύλησε δ' αὐτὴν ὁ Κόκκης καὶ Παρείσακτος ἐπικληθεὶς Πτολεμαῖος [Ptolémée XI]. Diodore précise (18, 28, 4) que le tombeau se trouvait dans un τέμενος κατὰ τὸ μέγεθος καὶ κατὰ τὴν κατασκευὴν τῆς 'Αλεξάνδρου δόξης ἄξιον.

Laissons de côté ici la question de savoir si Alexandre a véritablement d'abord été enterré à Memphis, comme le veulent d'autres auteurs. Xénobe raconte (3, 94) que Ptolémée IV érigea le monument nommé Sêma (Sôma) dans le

[1] A. Adriani, *Repertorio d'arte dell'Egitto greco-romana, serie C (Architettura e Topografia)* (1966), 1, 242 ss.

centre de la ville où il fit placer le corps de sa mère Bérénice avec tous ses ancêtres, et également la dépouille d'Alexandre. A en croire Jean Chrisostome, ce Sêma n'existait déjà plus au IVe siècle (26, 12). Dans ce Sêma, outre Ptolémée IV et Arsinoé III, on enterra probablement aussi leurs successeurs. A un moment donné, cependant, il n'y aurait plus eu de place dans le mausolée même et les rois suivants auraient été enterrés à côté. Adriani pense que c'est à ce fait que Lucain fait allusion (8, 694 ss.). Tout en concédant que le passage n'est pas clair, il affirme cependant que le texte « acquista per la conoscenza della necropoli reale un' importanza notevole ». Suivant son interprétation, il faut voir dans le *exstructus mons* le tumulus élevé au-dessus de l'*antrum* d'Alexandre et des premiers Ptolémées, tandis que *pyramides* et *mausolea* se rapporteraient aux Ptolémées de date plus récente. De sorte que nous avons d'une part Alexandre (le *Macedon*) et les *reges*, et, d'autre part, la *series pudenda Ptolemaeorum*.

Si l'on accepte cette interprétation, on suppose chez Lucain l'existence d'une connaissance exacte des faits qui n'est pas évidente *a priori*. Nous pouvons cependant mentionner un cas parallèle, celui de la visite de César à Troie, dont nous parlerons plus loin. Qu'il s'agisse ici de tombes différentes, le poète devait bien en avoir quelque connaissance, d'où qu'elle lui vînt. Cela n'empêche qu'il n'est guère précis pour ce qui est de l'emplacement, et, pour autant que nous le sachions, il ne s'est pas rendu lui-même à Alexandrie. L'archéologie nous laisse ici également dans l'ignorance. Pour préciser l'emplacement de ces tombeaux de rois, nous ne pouvons que nous en référer à Strabon, Xénobe et Achille Tatius. Combinant les diverses données, Adriani conclut que la nécropole était située dans ce que Xénobe appelle ἐν μέσῃ τῇ πόλει. — Adriani énumère un certain nombre de données acceptables pour étayer l'hypothèse que le tombeau d'albâtre bien conservé en a fait partie[1]. Si ceci est exact, l'archéologie peut alors nous venir quelque peu en aide. Le tombeau d'albâtre est en effet d'un luxe impressionnant, parfaitement admissible pour un membre de la famille royale des Ptolémées. Dans le palais royal même, comme nous allons le voir, on a utilisé ce matériau de manière raffinée. Tout à fait indépendamment, Adriani traite un autre passage du livre 10 [2], qui nous donne sur Alexandrie une indication précise que nous trouvons seulement là. Grâce à Strabon 17, 1, 6-9, il paraît en effet qu'on peut avec certitude identifier le promontoire qui porte aujourd'hui le nom de Silsilah avec le Lochias de l'antiquité, qu'il situe devant Pharos, à gauche quand on pénètre dans le port. Sur ce cap s'élevait un second palais royal, qui s'avançait dans la mer. Or, Silsilah signifie « chaîne » et à ce nom est probablement rattaché un souvenir de 10, 56-58 : *cum se parva Cleopatra biremi / corrupto custode Phari laxare catenas / intulit Emathiis ignaro Caesare tectis*, etc. (Jos., *BJ*, 4, 10, 5, fait une description détaillée du port).

Le fait qu'on n'a pas donné de tombeau à Pompée, à l'encontre de ce qui a été fait pour les Ptolémées qui ne méritent pas leurs mausolées, amène Lucain à un autre passage qui est également important au point de vue archéologique, quoique d'une nature bien différente.

Dans la complainte du poète vers la fin du livre, nous entendons sonner comme une accusation d'injustice. Plein d'indignation, Lucain s'écrie (831-834) : « Nous, dans nos temples de Rome, nous avons reçu ton Isis, tes chiens demi-dieux, tes sistres appelant aux larmes, et celui que tes pleurs témoignent n'être qu'un homme, Osiris : toi l'Egypte, tu tiens nos mânes dans la poussière. » Le temple d'Isis dont il est question ici ne peut être autre que celui qui s'élève sur le Champ de Mars [3]. Erigé dans les dernières années

[1] *Id.*, 140 ss., avec pl. 61-63.

[2] *Id.*, 226 ; 236.

[3] E. Nash, *op. cit.*, I (1961), 510 ss.

de la République, le sanctuaire a été détruit au temps de Tibère ; il est probable qu'il a été rebâti sous Caligula, car, pendant le règne de cet empereur, une réaction se produisit contre la politique d'Auguste concernant les dieux égyptiens. L'*Iseum et Serapaeum*, désigné dans la *Forma Urbis* simplement par le nom de *Serapaeum*, s'élevait entre le *Saepta Julia* et le *Porticus Divorum*, avec le temple rond de *Minerva Chalcidica*, qui se trouvait devant. Du reste, le terme de *Romana* ne s'applique pas nécessairement à Rome seule ; dans l'esprit de Lucain se trouvent sans aucun doute les images des temples d'Isis en d'autres villes italiques. Quoique rien n'indique qu'il ait connu le temple d'Isis de Pompéi, ne manquons pas de mentionner ici ce dernier, car, sous la forme où nous le connaissons, ce sanctuaire a dû naître et être décoré dans les dernières années du règne de Néron [1].

Le passage que nous venons de citer se poursuit d'ailleurs par la mention d'un autre temple romain célèbre (835-836) : « Toi non plus, qui as déjà consacré des temples à ton cruel tyran, Rome, tu n'as pas encore réclamé les cendres de Pompée. » En ce morceau, nous voyons Lucain à nouveau fulminer contre César, qu'il place au même rang que les Ptolémées dépravés. Ces derniers ont des tombeaux fastueux, et non pas Pompée. On a donné, au divin César, sur le Forum Romain, un temple où l'on conserve ses cendres [2], et non point à Pompée. Les restes de celui-ci ont été laissés en Egypte : *Exul adhuc iacet umbra ducis* — cette dernière assertion est cependant démentie par Plutarque (*Pomp.*, 80), selon lequel les cendres de Pompée ont été apportées à Cornelia qui les plaça dans une tombe près de sa maison d'Albe. Les temples mentionnés par Lucain sont d'ailleurs décrits de la façon peu réaliste que nous avons rencontrée jusqu'ici pour ce qui est de l'architecture. Une fois de plus,

[1] O. Elia, Le pitture del tempio di Iside, *Monum. della Pittura*, vol. 3, Pompei 3-4 (1941) ; A. Maiuri, *L'ultima fase edilizia di Pompei* (1942), 68 ss.

[2] E. Nash, *op. cit.*, 1, 512 ss.

on constate que le poète ne veut pas se laisser arrêter par des questions de détails. Il se précipite de l'avant comme un forcené, emporté par ses émotions qui ne lui accordent pas un instant de contemplation tranquille.

Dans le livre 9, Caton se rend en Afrique où il rencontre Cornelia et Sextus Pompée. On met dans la bouche de ce dernier des paroles témoignant d'aussi peu de respect pour les dieux égyptiens et les pyramides des pharaons que dans les passages précédents. Sextus Pompée appelle Alexandrie, où se trouve la tombe sanctifiée d'Alexandre, les *Pellaeas arces*. Il veut faire disparaître dans les flots, tout à la fois, et les *arces* et le *corpus*, en même temps que les momies des grands pharaons (153-161) : « Quoi ! les citadelles de Pella et le sanctuaire où se cache le corps d'Alexandre, je ne les plongerai pas dans les eaux paresseuses du lac Mareotis ? Amasis et ces autres rois, arrachés à leurs tombeaux des pyramides, je ne les ferai pas flotter sur les tourbillons du Nil ? Qu'ils expient tous, ces tombeaux, pour toi, Magnus, laissé dans l'abandon : je renverserai le sépulcre d'Isis, leur divinité maintenant en honneur chez les peuples ; je jetterai dans la foule Osiris avec son voile de lin ; Apis, leur bœuf sacré, sera immolé sur les cendres de Magnus, et c'est sur les débris de ces dieux que je ferai brûler la tête du héros. »

C'est donc ici encore une description à très grands traits. On ne nous dit pas à quoi ressemble ce tombeau d'Alexandre, car, dans le cadre de son sujet, c'est pour le poète sans intérêt. La topographie d'Alexandrie n'est pas précisée davantage ; nous apprenons seulement que la ville s'élève sur les bords du lac Mareotis. Les pyramides se dressent près du Nil, mais elles ne sont pas peintes avec plus de verve.

Dans ce même livre est décrit le voyage vers le temple d'Hammon, divinité qui a manifestement la sympathie de Lucain quoiqu'il fasse prononcer par le jeune Caton un discours dirigé contre les oracles en général et celui de la divinité la plus importante de l'Afrique en particulier [1]. Mais bien que Jupiter-Hammon n'ait pas l'occasion de se manifester personnellement par la parole, son temple emporte l'approbation de Lucain parce qu'il n'y est pas question de richesses écrasantes (9, 511-521) : « On était arrivé près du seul temple qui fût en Libye, et que possèdent les sauvages Garamantes ; il s'y dresse la statue d'un dieu qui rend des oracles et que ces peuples appellent Jupiter, mais ce n'est pas celui qui brandit la foudre, le même que le nôtre : c'est un dieu aux cornes tordues, Hammon. Ce n'est pas un temple opulent que les tribus libyennes ont élevé là, et les gemmes de l'Orient n'y brillent pas sur les autels. Quoique pour les peuples d'Ethiopie, les heureuses nations arabes et les Indiens, il n'y ait qu'un seul Jupiter-Hammon, c'est un dieu resté pauvre, habitant un sanctuaire qui a traversé les temps sans être profané par les richesses ; le culte des mœurs antiques défend son temple contre l'or romain. »

Voici donc une fois de plus le motif du dieu resté simple [2], sans prétentions et qu'il est possible de comparer aux statues des dieux des Celtes à peine travaillées, et avec les très anciens dieux romains, à ce moment-là point encore profanés par le luxe, comme Lucain se croyait autorisé à le dire de ceux de son temps. Jupiter est représenté ici avec un visage de stoïcien et c'est pourquoi il est dépeint de façon aussi laudative. A une image aux traits si stoïques, les trésors, les objets précieux et l'or ne peuvent évidemment s'allier.

Nous rencontrons un passage, d'un tout autre genre d'ailleurs, mais également curieux du point de vue archéo-

[1] Comp. B. F. Dick, The Role of the Oracle in Lucan's de Bello Civili, *Hermes* 93, 1965, 465.

[2] Bourgery, II, 153, n. 2 : « Lucain n'est pas ici d'accord avec Quinte-Curce (4, 7, 23), qui représente Hammon comme un dieu paré d'émeraudes et de pierreries et promené sur une barque dorée, où sont suspendues des patères d'argent. »

logique, dans la description des reptiles africains. On parle ici en effet de l'*haemorrhoïs*, qui mord le jeune Tullus (9, 806-814). L'effet de cette morsure est effroyable. Tout son corps se couvre de sang, ou plutôt *rutilum pro sanguine virus* ; ses yeux, sa bouche, ses narines, ses pores, enfin tous les orifices s'infectent, de sorte que son corps entier a l'air d'une seule blessure : *totum est pro vulnere corpus.* Lucain compare ce phénomène à l'aspect que présentent les statues qu'on asperge de *crocus corycius* (« comme on voit également jaillir de toutes les statues la rosée du safran de Corycus »). Il fait ici allusion à un usage dont nous trouvons une analogie dans le *De Rerum Natura* de Lucrèce (2, 416) et les *Elégies* (4, 1, 14) de Properce [1]. Bourgery remarque à ce propos que « Scaliger, dans une note sur ce vers de Properce, assure qu'on utilisait aussi des statues perforées en tout sens ». Pour autant que je sache, ceci est pure fantaisie. Les aspersions, qui prenaient place sur la scène, se faisaient à l'aide de petits tuyaux, invisibles au public. Il est certain que Lucain y a assisté lui-même, car la comparaison est suggestive, si exagéré et peu ragoûtant que soit l'événement à l'occasion duquel elle est introduite.

Quittons maintenant l'Afrique en compagnie du poète et rendons-nous en Asie-Mineure. Nous voyons ici, dans le même livre 9 (961-979), César sur les ruines de Troie. Ce passage a été étudié par B. Bilinski [2], ainsi que nous l'avons déjà dit. Celui-ci s'est demandé si la description de Lucain était basée sur une visite des lieux ou s'il s'était référé à une source géographique. Une troisième hypothèse possible est qu'il a exclusivement fait agir son imagination. La conclusion de Bilinski, qui cite à l'appui une remarque de Georg Kowalski, est que Lucain a fait usage d'un compen-

[1] Lucr., 2, 416 : *Et cum scaena croco Cilici perfusa recens est* ; Prop., 4, 1, 15-16 : *Nec sinuosa cavo pendebant vela theatro / pulpita sollemnis non oluere crocos* ; Ov., *Ars*, 1, 104 : *Nec fuerant liquido pulpita rubra croco.*

[2] Voir n. 2, p. 121.

dium périgétique. Il est possible que Demetrios de Skepsis soit à l'origine de cette source, ce qui n'est toutefois pas vérifiable. Tirant ses conclusions de cet article, Werner Rutz fait la remarque suivante [1] : « Als allgemein gültiges Ergebnis ist festzuhalten, dass auch er [Bilinski] wiederum beweist, in wie starkem Masse wir bei Lukan mit einer gleichzeitigen Wirkung sachlicher und literarischer Quellen zu rechnen haben. So schmiltzt er, der Gattungsgesetzlichkeit folgend, ihm vorliegende Topographien zu Topothesien um und sucht diesen jeweils besondere dichterische Reize abzugewinnen. »

C'est là en effet un passage charmant. Après avoir raconté comment César aborde sur la côte sigéique, où il contemple le cap Rhoetion avec le prétendu tombeau d'Ajax, il va visiter Troie elle-même et considère les murailles abandonnées. « Maintenant, écrit Lucain (966 ss.), des buissons stériles et des troncs pourris de chênes écrasent le palais d'Assaracus et ne tiennent plus les temples des dieux que d'une racine fatiguée ; Pergame tout entière est ensevelie sous des ronces, ses ruines même ont péri. Il aperçoit le rocher d'Hésione, la forêt qui voila la couche d'Anchise, l'antre où siégea l'arbitre, la place où l'enfant fut ravi dans le ciel, la hauteur où pleura la Naïade Œnone ; il n'y a pas une pierre qui n'ait un nom. » Puis le poète nous montre César s'avançant là où l'herbe avait poussé bien haut. Un « Phrygien l'empêche de fouler les mânes d'Hector ; il y avait, dispersées sur le sol, des pierres, qui ne conservaient plus trace du culte des dieux : ' tu ne regardes pas, lui dit son guide, l'autel de Jupiter Hercéen ? ' » Et lorsque, dans les vers suivants, les ouvrages des grands poètes sont célébrés, avec Homère en tête naturellement, Lucain prend place dans leurs rangs : *Pharsalia nostra vivet, et a nullo tenebris damnabimur aevo*. Troie et tout ce qui s'y rattache devient

[1] W. Rutz, *Lustrum* 9, 1964, **257**.

ainsi le symbole de ce qui est périssable et ne peut être vaincu que par les poètes : le *Bellum civile* devient également ainsi un *carmen aere perennius* et la description archéologique, assez détaillée, se trouve entièrement placée sous le signe des *discussa saxa*, du temporaire terrestre, le *etiam periere ruinae*.

Nous en venons maintenant au livre 10, le plus court il est vrai, mais qui pourtant fournit à l'archéologue en quête de descriptions d'art et d'architecture de la période hellénistique-romaine, le matériel le plus abondant. Le faste de la cour des Ptolémées, le luxe et les festivités où Cléopâtre se complaisait voluptueusement, en sont l'occasion, et nous voyons ici un Lucain qui, suggérant d'un côté l'aversion de toute cette pompe, de cet onéreux apparat, s'épuise, non sans plaisir du reste, en vivantes descriptions des richesses les plus opulentes et les plus ostentatoires. Le livre commence par l'entrée de César dans Alexandrie. Chose curieuse, dans le chapitre de Pompée, cette ville n'offrait qu'un décor sans importance. Les dieux égyptiens étaient surtout en butte aux médisances de Lucain, les tombeaux royaux n'étaient pas mieux partagés et la ville même était menacée d'être engloutie dans le lac Mareotis. Et maintenant, elle semble briller d'un éclat subit : la raison en est que Lucain commence à nous préparer à la fête de César et de Cléopâtre, dont toute la splendeur, si récusable qu'elle soit, s'impose pourtant au poète.

César, qui veut visiter le tombeau d'Alexandre (10, 14-23), n'est, il faut bien le reconnaître, *nulla captus dulcedine rerum*, mais ce charme n'en est pas moins présent. Il est très anxieux, mais admire cependant *templa vetusti numinis antiquas Macetum testantia vires*. Il est question de l'enchantement par l'*auro cultuque deum*. C'est ainsi que nous le voyons s'approcher du tombeau « impatient de descendre dans le caveau funèbre. Là repose l'insensé rejeton de Philippe de Pella, ce brigand heureux qu'emporta le destin vengeur du monde ; au lieu de les disperser à travers toute la terre, on a déposé les restes du héros dans l'asile du sanctuaire».

Dans la description de la fête de César et de Cléopâtre (10, 111 ss.), Lucain se montre à nouveau comme le stoïcien exemplaire qui croit devoir frémir de tout cela. Ici, c'est le spectateur qui, ainsi que Konrad Seitz l'exprime [1], «in eigener Person an dem Geschehen Anteil nimmt, meist in leidenschaftlicher Empörung und ohnmächtiger Klage über das Verbrecherische und Widersinnige der Ereignisse».

Jacqueline Brisset croit voir en ces vers — et probablement non sans raison [2] — une critique sévère de la fastueuse cour de Néron où des scènes comparables se jouaient. Le lecteur subit paradoxalement tout ce passage comme une poésie descriptive rafraîchissante, succédant aux discours presque sans fin et aux catastrophes innombrables évoquées dans les livres précédents. Il est probable qu'ici aussi le poète a une intention bien précise, dans son énumération des richesses et des objets précieux ; n'empêche qu'arrive jusqu'à nous quelque chose de la munificence et de la pompe de la cour de la reine Cléopâtre.

La salle où prend place le festin est comme un temple, mais, ajoute-t-on aussitôt, *quod vix corruptior aetas extruat* : «Les voûtes lambrissées étaient chargées de richesses ; d'épaisses lames d'or cachaient les pièces de bois ; les marbres, mais non pas découpés en placages superficiels, faisaient briller la demeure ; il s'y dressait des masses entières et solides d'agate et de porphyre ; c'était dans tout le palais une profusion d'onyx sur lequel on marchait ; l'ébène maréotique ne recouvre pas les vastes jambages des portes, mais s'y dresse au lieu du chêne vulgaire, servant de support et non pas d'ornement à la demeure. L'ivoire revêt les galeries de l'atrium, et sur les portes sont appliquées les écailles de la

[1] K. Seitz, Der pathetische Erzählstil Lucans, *Hermes* 93, 1965, 220.

[2] J. Brisset, *op. cit.*, 206.

tortue indienne, coloriées à la main, émaillées de taches dans chacune desquelles s'enchâsse une émeraude. Les gemmes étincellent sur les lits, le jaspe donne aux buffets de fauves reflets; des tapis resplendissent: la plupart ont été longtemps trempés dans la pourpre de Tyr et ont passé dans plus d'une cuve de cuivre pour bien absorber la drogue; d'autres brillent de brocarts d'or, d'autres sont fulgurants d'écarlate, dans la manière artistique qu'ont les Egyptiens d'ourdir leurs tissus» (112-126).

Ce qui frappe dans cette énumération, c'est que Lucain décrit à peine des objets d'art, mais, bien plutôt, n'a d'yeux que pour ce qu'il y a d'ostentatoire dans la décoration de ce palais : nous voudrions aussi voir de belles peintures, des sculptures impressionnantes, mais il n'y a pour ainsi dire pas un seul vers où l'on ne nomme une matière précieuse : or, plaques de marbre, agate, porphyre, onyx, bois d'ébène, ivoire, écaille, émeraude, gemmes, jaspe, tapis pourpres, tissus travaillés d'écarlate ou d'or. Mais ce qui nous frappe par son absence, c'est la figuration : il n'est pas question de la moindre description nous permettant de donner une forme à tout ce qui est énuméré. Manifestement, Lucain n'a pas de patience non plus pour ce faire. D'ailleurs, cela ne conviendrait pas à son récit. Si ce luxe était étalé devant nos yeux, si le poète nous montrait de quels merveilleux objets d'art le palais de Cléopâtre était décoré, cela pourrait avoir un effet ensorcelant ! Il passe cela sous silence, d'une part probablement parce qu'il n'est pas au courant des détails de l'ameublement, d'autre part parce que la peinture de ces richesses accablantes doit en dernier ressort servir d'exemple d'épouvante : le poète veut montrer le luxe fou, insensé, par lequel César s'est laissé ensorceler.

Au milieu de tout cela, à côté de César, trône Cléopâtre. Elle porte sur la tête et au cou des bijoux qui lui sont presque trop pesants. Les seins sont seulement recouverts d'un voile de Sidon, *immodice formam fucata nocentem* (10, 136 ss.):

« Alors sur des pieds d'ivoire on a posé des tables rondes en bois des forêts de l'Atlas, telles qu'il ne s'en offrit jamais à la vue de César, même quand il eut vaincu Juba. » Le commentaire de Lucain en cet endroit est lourd de sens (146-149) : *Pro caecus et amens / ambitione furor, civilia bella gerenti / divitias aperire suas, incendere mentem / hospitis armati.* A César, Lucain oppose ici les Fabrice, les Curius, Cincinnatus, *nomina pauperis aevi* (151). C'est donc encore une fois le même leitmotiv.

L'on déguste, chez Cléopâtre, les mets les plus rares dans des plats d'or. On verse de l'eau du Nil sur les mains des hôtes et le vin est bu dans des *gemmae capaces* (de cette vaisselle taillée dans les pierres fines nous sont parvenus deux exemplaires : la Tazza Farnese à Naples [1] et la Coupe des Ptolémées à Paris [2], faite à Rome sans doute et datant probablement du règne de Néron. Quant à la Tazza Farnese, objet d'art taillée dans un seul bloc de sardoine, les avis sont partagés relativement à son âge. Mon opinion est qu'elle date des dernières années du IIe siècle av. J.-C. On y voit le Nil, représentant Osiris ; puis, probablement, Cléopâtre III, qui est Isis, et Ptolémée Alexandre, qui est le dieu Horus. La représentation symbolise l'abondance en Egypte, due aux inondations du Nil, qui est pour ainsi dire assujetti à l'autorité des rois régnants. C'est le retour de l'âge d'or : la reine porte les épis de blé, Ptolémée range la charrue qui n'est maintenant plus nécessaire, les saisons élèvent des coupes, et dans le ciel, on voit planer les vents fertilisants. C'est une représentation symbolique que l'on retrouve, sous le règne d'Auguste, appliquée dans le bas-relief de Tellus, de l'Ara Pacis, et dont on rencontre l'écho chez Horace). Chez Lucain, d'ailleurs, la peinture du faste égyptien a une fonction bien différente, comme nous l'avons déjà dit.

[1] F. L. Bastet, Untersuchungen zur Datierung und Bedeutung der Tazza Farnese, *BVAB* 37, 1962, 1 ss.

[2] E. Simon, *Die Portlandvase* (1957), 54, 56, 75.

César y succombe et c'est là la signification essentielle de ce tableau détaillé du somptueux festin de Cléopâtre (169) : *Discit opes Caesar spoliati perdere mundi.*

Je crois avoir réussi à montrer, à l'aide d'un certain nombre de citations qui laissent la parole au poète lui-même, que l'image traditionnelle que l'on se fait de l'attitude de Lucain à l'égard des arts n'a pas à être modifiée. Lorsque Konrad Seitz remarque [1] que chez Lucain, à l'opposé de ce qu'on observe chez Virgile, règne un manque constant de précision dans la peinture des événements, tandis que le caractère blâmable en est souligné, cette réflexion s'applique également à l'aspect considéré par nous. Ni l'architecture, ni les objets d'art ne sont le centre du sujet, seul est important le regard du poète qui croit devoir s'en détourner avec horreur, ou qui, du moins, nous en donne l'impression. Lucain et son propre jugement restent constamment perceptibles au-dessus de récit. Au lieu d'une « erzählende Parataxe », comme chez Virgile, nous voyons incessamment une « reflektierende Antithese » [2]. Le motif dominant est la nostalgie, qu'il avait en commun avec de nombreux contemporains, d'une république — idéalisée — qui ne serait pas encore contaminée par le luxe et par ce qui va de pair avec lui : la corruption des mœurs [3]. Lucain n'est certes pas à son avantage dans ses peintures de l'art.

La glorification de la simplicité des grands hommes de la Rome républicaine est donc un motif qui réapparaît à chaque instant. N'oublions pas que le *Bellum civile* est une épopée politique, écrite contre le principat dans la forme absolutiste que Néron commençait à lui imprimer chaque jour davantage. « L'avilissement du sénat constituait peut-être le péril le plus grave pour l'Etat : c'est là une idée qui

[1] K. Seitz, *art. cit.*, 219.

[2] *Id.*, 232.

[3] E. Campiche, Les causes de la Guerre Civile d'après Lucain (*Phars.* 1, 67-182), *EL* 8, sér. 2, 1965, 231.

semble avoir préoccupé particulièrement le poète», ainsi s'exprime Jacqueline Brisset[1]. «Ils [les stoïciens] s'efforçaient de rappeler les Romains au respect des mœurs des ancêtres, de leur redonner l'orgueil de leurs traditions nationales. En risquant ainsi de ranimer chez les Romains la conscience de leur supériorité sur les nations vaincues, même les Grecs, ils faisaient obstacle à la diffusion des conceptions préférées de Néron[2].» Ceci vaut aussi tout spécialement pour les arts appliqués de ce temps qui, dans la description de la cour de Cléopâtre, ont presque l'air d'être parodiés. Il est vrai que la *Domus Aurea* était loin d'être terminée, lorsque Lucain, le 30 avril 65, se suicida. Les restes de la *Domus Transitoria* qui nous sont parvenus suggèrent toutefois des nymphées et des péristyles aussi luxueux et richement décorés que ce palais célèbre.

Je crois pouvoir admettre que le luxe décrit dans le livre 10 ne doit pas être exclusivement considéré du point de vue moralisateur, mais que, dans ces passages, Lucain s'érige en interprète du mécontentement que le mode de vie de Néron et le caractère hellénistique qu'il voulait donner à sa cour faisaient naître dans les classes supérieures de la société[3]. La *Domus Aurea*, cette *rus in urbe*, devait en devenir le témoin le plus manifeste. Mlle Brisset mentionne aussi l'ouvrage *Nerone e i suoi tempi* de M. A. Levi qui[4], à ce propos, rappelle que la visite de César à Troie se termine sur ces paroles (9, 998-999) : *grata vice moenia reddent / Ausonidae Phrygibus, Romanaque Pergama surgent.* On y sent le besoin de rendre romain ce qui n'est pas italique, ce qui est grec-oriental. Après tout, le poète défend déjà dans 1, 63-66 les traditions romaines vis-à-vis de l'art et de la culture étran-

[1] J. Brisset, *op. cit.*, 229.

[2] *Id.*, 23.

[3] *Id.*, 206.

[4] M. A. Levi, *Nerone e i suoi tempi* (1949), 55 ss.

gers et demande pour la littérature nationale le droit de se libérer d'une imitation servile des modèles grecs [1]. S'adressant à Néron, il s'écrie: *Tu satis ad vires Romana in carmina dandas.* Il est assez paradoxal de remarquer qu'il se considère lui-même comme un second Homère !

Dans l'attitude de Lucain vis-à-vis de l'art, il n'apparaît que du pessimisme. Tout est décadence et il ne voit de rédemption possible que dans une résurrection nationale. Dans ce sens, l'*Enéide* est beaucoup plus hellénistique et l'attitude de Virgile est bien plus décidément positive en face des arts plastiques de son temps. Devant l'optimisme de ce dernier, le pessimisme de Lucain se détache de façon bien sombre. W. Rutz s'exprime de même en termes très exacts [2] : « Er wollte anderseits über Vergil hinausgreifen, da er als Angehöriger der enttäuschten jungen neronischen Generation den Gehalt der *Aeneis* ablehnte. Er wollte das ' moderne ' Epos schaffen, das seinen tiefen Pessimismus in dichterischer Form Gestalt werden liess. » Toutefois Lucain s'en acquitte de manière telle que nous pouvons sans grand-peine ranger son épopée, quant au style, à côté des œuvres d'art plastique néronien. En effet, et c'est bien là le paradoxe le plus frappant du *Bellum civile* tout entier : à côté de la répudiation de son propre temps, et de la glorification des belles années nationales de la république, cette œuvre, restée inachevée, présente justement les caractéristiques qui marquent, entre autres — et pour nous limiter à ce seul exemple — la peinture de cette époque.

En plusieurs publications (pour la première fois en 1951), Karl Schefold a attiré l'attention sur la différence de style qui sépare l'époque de Néron de celle de Vespasien [3]. Je ne voudrais pourtant pas aller jusqu'à parler d'un « Vespa-

[1] J. Brisset, *op. cit.*, 200.

[2] W. Rutz, *Studien zur Kompositionskunst und zur epischen Technik Lucans* (1950), 275.

[3] Voir notes 1 et 2, p. 122.

sianischer Stil» à Pompéi. L'image que Schefold esquisse des années 70 est peut-être quelque peu forcée et ne tient pas suffisamment compte des tendances néroniennes qui, sous Vespasien, n'avaient certainement pas fini de faire sentir leur influence. H. Bardon en a récemment tracé l'image en ce qui concerne la littérature [1]. La période de Vespasien — et celle qui suit immédiatement — recueille et prépare. A côté du classicisme d'un Quintilien, d'un Valerius Flaccus, d'un Silius Italicus, nous remarquons le goût baroque de Mucianus et de Stace dans sa *Thebais*. Or ce dernier poète prend, par ses *Silvae*, une place plus ou moins intermédiaire, de sorte que nous voyons plusieurs mouvements différents se faire jour côte à côte. Dans la peinture murale du 4e style récent, il n'en va pas autrement.

La peinture purement néronienne nous est fort bien connue, parce qu'un grand nombre des murs et des plafonds de la *Domus Aurea*, en partie fixés par des dessins anciens, se sont conservés [2]. Du temps de Néron, l'illusionisme — et c'est là-dessus, entre autres, que Schefold a insisté — atteint un apogée. On peut y joindre aussi certaines fresques de Pompéi, quoique ici les problèmes relatifs aux styles, en dépit des recherches importantes d'Amadeo Maiuri, d'après les données qui peuvent être empruntées aux restaurations qui ont suivi le tremblement de terre de 62/63, soient toujours considérables [3]. Il est impossible d'approfondir ici la question de ce point de vue. J'en ai parlé ailleurs, et j'ai fait remarquer que la chronologie de Schefold qui se rapporte aux fresques de la *Casa dei Vetti* ne peut pas être juste [4]. Quoiqu'il en soit, le style néronien se caractérise par la surcharge, le bariolage, le manque d'équilibre. Dans

[1] H. Bardon, Le goût à l'époque des Flaviens, *Latomus* 21, 1962, 732 ss.

[2] Voir *Encicl. dell'Arte Antica* VI, (1965), 852 ss. (avec bibl.).

[3] Voir n. 1, p. 134.

[4] F. L. Bastet, Wann fing der vierte Stil an?, *BVAB* 39, 1964, 149 ss.

les peintures représentant des personnages, nous ne trouvons pas le tracé net qui caractérise les 2e et 3e styles, à l'époque de Virgile et d'Horace. Les peintres travaillent à coups de brosse larges, parfois même grossiers, ce qui montre que leur intention est surtout de faire de l'effet à distance plutôt que de rendre de fins détails. Il y a aussi une préférence marquée pour le clair-obscur, pour le drame et le pathétique, pour l'*horror vacui* et pour un éclat sans véritable profondeur.

C'est ainsi qu'on peut appliquer à cet exemple la loi qu'aucun artiste n'échappe à l'esprit de son temps. L'idéal de Lucain, l'époque de la République, avec des hommes semblables à un Caton, un Pompée, un Brutus, a sans aucun doute attiré également de nombreux contemporains. La façon dont il a formulé sa pensée est toutefois typiquement néronienne. On pourrait exprimer ceci symboliquement, en disant : le vin qu'il versait devait passer pour vieux mais était en réalité très nouveau ; il était versé en hexamètres anciens, mais sans le savoir, le poète employait à cet usage un canthare aussi surchargé, pesant et tarabiscoté que la Coupe des Ptolémées.

DISCUSSION

M. Durry : A-t-on des textes qui permettent de considérer que le stoïcisme condamnait le souci artistique, comme il pouvait condamner le luxe ? Sans doute est-il moins aisé d'établir des comparaisons précises entre l'œuvre d'art néronienne (*Domus Aurea* ; Pompei) et les scènes en tableaux de la *Pharsale* qu'entre Diderot et Greuze, entre Baudelaire et Delacroix. Vous auriez pourtant pu, ce me semble, tenter de le faire davantage que vous ne l'avez fait.

M. Bastet : Pour autant que je sache, le stoïcisme de l'époque de Néron ne condamnait pas l'art par principe ; il serait donc assez difficile de produire des textes qui s'exprimeraient de façon négative. Pourtant, les passages que je viens de citer prouvent que Lucain n'est pas un grand admirateur de l'art de son temps, ni de l'architecture fastueuse qui se développa à Rome à partir du premier siècle avant J.-C. On pourrait citer maintes fois Sénèque aussi, qui se montre, dans ses lettres, du même avis (on se souvient de son horreur pour le luxe des bains de son temps, qu'il compare avec la simplicité du bain privé d'un Scipion). *Luxus* et *ars* sont, au temps de Lucain, devenus presque inséparables. Il serait intéressant de suivre ce thème chez d'autres auteurs.

Sans doute la partie de l'exposé concernant les rapports de la littérature et des arts est-elle restée assez rudimentaire. Non sans raison. Il est en principe intéressant de chercher ce qu'il y a de commun, dans le goût d'une époque, entre les écrivains et les artistes. Mais cela est plus facile pour l'époque de Polygnote et de Sophocle, que pour une période caractérisée par l'éclectisme et par le syncrétisme comme celle de Néron. On pourrait citer beaucoup d'œuvres d'art qui sont aussi « baroques » et excessives que les vers de Lucain. Pourtant, il est dangereux de comparer le style d'un seul poète avec les peintures et sculptures anonymes de centaines d'artistes, dont les uns ont été traditionalistes, et les autres d'avant-garde. Le « Kunstwollen » du temps de Néron est un problème très complexe et il faut se garder de se laisser aller ici à trop de fantaisie.

M. von Albrecht : Bei Lucan finden wir einerseits, wie der heutige Vortrag gezeigt hat, nur wenig gegenständliche Anschaulichkeit. Andererseits finden wir gerade bei Lucan Gleichnisse und Vergleiche von erstaunlicher Suggestivkraft. Wie soll man sich diesen Widerspruch erklären? Ich glaube, man sollte weniger von « Mangel an Imagination » sprechen als vielmehr zwischen zwei Arten von Imagination unterscheiden : der rezeptiven und der produktiven. Beschreibung von Gegenständen ist Sache der rezeptiven Imaginationskraft, die bei Lucan zurücktritt. Die Gestaltung eines Gleichnisses oder eindrucksvollen Bildes, das meist am Ende einer Gedankenreihe oder Szene mit suggestiver Kraft die Summe zieht, ist Sache der produktiven Imagination, die bei Lucan von Natur veranlagt und durch die Schulung in rhetorischer ἐνάργεια besonders trainiert war.

M. Bastet : An Imagination hat es Lucan bestimmt nicht gefehlt. Darüber kann man kaum streiten ! Dennoch war seine Veranlagung sozusagen eine wenig malerisch-visuelle. Ihre Unterscheidung zwischen einer rezeptiven Imaginationskraft bei der Beschreibung von Gegenständen, ob diese nun von archäologischer Art sind oder nicht, und einer produktiven Imagination, welche also eine Gedankenreihe in einem Bild zusammenfassen kann, scheint mir im Allgemeinen das Richtige zu treffen.

Doch glaube ich, dass es nicht recht möglich ist, immer mit vollkommener Klarheit auseinanderzusetzen, was Lucan gerade seiner Veranlagung, und was er seiner rhetorischen Schulung verdankt. Hoffentlich werden wir mehr darüber im Klaren sein, wenn Herr W. Rutz seinen Vortrag gehalten hat. Immerhin bleibt es meines Erachtens doch unverkennbar, dass die stoischen

Einflüsse es Lucan sozusagen nicht erlaubten, sich irgendwo für die Kunst, welche er mit Luxus und Entartung auf eine Linie zu stellen scheint, tiefer zu interessieren. Dazu kommt aber auch Unvermögen. Ich bin nach Ihren Bemerkungen umso mehr darauf gespannt, aus Ihrem eigenen Vortrag zu hören, wie Sie selbst über Lucan als Dichter urteilen. Das Problem ist vielseitig, wie bei den meisten römischen Dichtern, und eigentlich könnte man nur dann über « Lucan und die Kunst» richtig urteilen, wenn man dazu die Rolle der Kunst bei seinen Zeitgenossen mit in die Untersuchung einbeziehen würde.

Mlle Marti : Voyez-vous quelque chose de comparable dans les monuments ou les peintures de l'époque néronienne à cette structure de la *Pharsale*, faite de scènes indépendantes, de blocs de longueur différente en contraste les uns avec les autres, souvent en déséquilibre, le tout unifié par un plan d'ensemble harmonieux ; à ce conflit créé par l'asymétrie des parties, qu'on a nommé baroque, et la symétrie classique du plan (axialité des tétrades disposées de façon antithétique, etc.) ; et aussi à cette façon de voiler, de camoufler si l'on peut dire, les coupures qui séparent les parties indépendantes, pour donner l'impression qu'elles sont liées, se déversent sans heurts les unes dans les autres ?

J'ai dit quelque part que Lucain est un peu un poète satirique. Voyez-vous chez d'autres auteurs les mêmes clichés sur le luxe répréhensible des œuvres d'aıt, sur l'ostentation des palais, sur les matières précieuses avec lesquelles les Romains dégénérés aiment à faire de belles choses ? Ou ces *topoi* de Lucain sur les œuvres d'art sont-ils originaux ?

M. Bastet : La question essentielle de la structure du poème est complexe, et il est difficile de faire ici des comparaisons avec l'art multiforme (y compris l'architecture) de la période néronienne. Pourtant, on pourrait citer ici :

a) les parois des chambres de Penthée et d'Ixion dans la *Casa dei Vetti* à Pompéi, postérieures à 62/63 après J.-C. On y remarque un cadre d'une symétrie sévère, à l'intérieur duquel on trouve des peintures qui n'ont guère de rapport les unes avec les autres (scènes mythologiques à côté de tableaux de genre, naumachies, etc.) ; les couleurs sont vives, mais l'ensemble a un caractère pesant et surchargé, baroque ; ici on parlera de « blocs de longueur différente en contraste les uns avec les autres, le tout unifié par un plan d'ensemble harmonieux » ;

b) le plan de la *Domus Aurea Neronis*, où, à côté de l'axialité du centre du palais, nous voyons des chambres, des corridors, des péristyles dont le manque d'équilibre est comparable avec la structure de la *Pharsale*. Quand on compare la littérature et les arts, il convient d'être prudent, ceux-ci et celle-là obéissant à des lois tout à fait différentes. Quant aux *topoi*, qui laissent deviner chez Lucain une attitude négative vis-à-vis de l'art, on a la même impression à propos de Sénèque (que j'ai déjà cité) et il faudrait faire enquête chez Perse et Juvénal.

M. Grimal : Trois remarques de détail me semblent pouvoir être présentées sur la remarquable communication que nous venons d'entendre, et, après elles, une considération plus générale, touchant la sensibilité de Lucain lui-même.

1. Au vers de la *Pharsale* (2, 238) qui a été cité *(atria non ampla Catonis)* me semble répondre le texte de Vitruve, *De arch.*, 6, 5, 2, disant que les maisons des riches doivent avoir, à Rome *alta atria et peristylia amplissima siluae ambulationesque laxiores ad decorum maiestatis perfectae*. Il existe une école, pour laquelle le luxe est indispensable à la grandeur romaine et au prestige de l'aristocratie. Cela en contraste avec la tradition de Salluste, Horace et Lucain, tradition qui, à Rome, peut dépendre de Panétius.

2. Lucain, qui n'est sans doute pas allé en Egypte, avait un témoin dans sa famille même, son oncle, qui avait vécu longtemps à Alexandrie et qui avait composé un livre sur le pays.

3. La précision de la description d'Alexandrie chez Lucain fait contraste avec le caractère relativement abstrait et atypique de la description, ou plutôt de l'évocation de Troie. Cette évocation ressemble beaucoup aux paysages du 4e style (type : le bois sacré d'Arès, avec Médée, etc.), paysages caractérisés par l'entassement des détails, dont chacun est une allusion à un épisode de la légende (comme chez Lucain), le tout vu dans une perspective aérienne. Contraste avec les paysages de la Maison de Livie, qui ne représentent qu'un objet, une colonne près d'un ruisseau, par exemple.

D'une façon plus générale, il semble qu'un courant de la peinture romaine, celui qui apparaît dans le vieillard de Boscoreale ou dans la « coupole » de Stabies, réponde à la sensibilité de Lucain, tout le courant *michelangelesco*, le surhumain, l'héroïque. Mais la *Pharsale* ne donne aucun écho à l'art plus léger, plus gracieux, qui éclate le long des corridors de la *Domus Aurea*, et qui répondait certainement au goût de Néron — dans le cercle des amis du prince, la jeune *cohors*, Lucain risque d'avoir apporté une note un peu austère, et quelque discordance.

M. Bastet : Les remarques que vous venez de faire sont très utiles et je reconnais que le sujet traité pourrait être approfondi. Je me suis aventuré sur un terrain presque inexploré et où on sent le besoin d'être soutenu par d'autres spécialistes.

1. Sans doute Lucain pense-t-il aussi aux *atria amplissima* de l'aristocratie de Rome. Pourtant, ce qu'il tient à souligner, c'est combien Caton est sage de fuir le luxe. Caton peut être comparé ici à Auguste, qui a refusé d'habiter un fastueux palais, à la manière des Diadoques, et qui s'est contenté de la vieille maison d'Hortensius sur le Palatin, manifestant ainsi ses goûts de vieux Romain.

2. Il est possible, et même vraisemblable, que dans sa description d'Alexandrie, Lucain se soit inspiré du livre de son oncle. Mais ce n'est là qu'une hypothèse invérifiable.

3. Je veux bien que l'on compare la description de Troie avec certains paysages du 4e style, qui apparaissent toutefois dès la fin du 2e style (cf. l'article de Rostowzew dans les *Röm. Mittlgn.* 26, 1911, 155 ss.). La perspective aérienne se trouve déjà dans les paysages représentant des scènes de l'*Odyssée*, que vient d'élucider P. H. von Blanckenhagen, et qui datent de 30 avant J.-C. environ. Je citerai aussi la description de Brindes au livre 2, 610 ss., dont le décor est comparable à certaines peintures du 4e style avancé (selon H. G. Beyen, celui-ci commence vers 40 après J.-C.).

Quant au fait que certaines descriptions de Lucain vous rappellent le vieillard de Boscoreale, peinture qu'on date de 45 avant J.-C. environ, vous touchez là un fait remarquable que je n'ai pas traité pour ne pas être trop long : c'est qu'au cours du développement du 4e style, on note des retours vers le vieux style républicain. Schefold et Beyen ont signalé un certain nombre de ces « retours vers le bon vieux temps » : on imite alors les schémas architecturaux du 2e style. Une certaine nostalgie caractérise donc de temps en temps l'art du troisième quart du Ier siècle après J.-C. (soit dit par parenthèse, on a récemment trouvé en Macédoine, dans un tombeau, une peinture qui confirme l'hypothèse selon laquelle le vieillard de Boscoreale serait la copie d'une peinture macédonienne d'environ 280 avant J.-C.).

Dans la *Domus Aurea*, indéniablement, l'atmosphère est plus légère que dans le poème de Lucain. Comme je l'ai dit, le poète préfère manifestement le style sévère des vieux aristocrates républicains au mode de vivre hellénistique de Néron. Celui-ci prenait plaisir à introduire à Rome une magnificence hellénistique, correspondant, comme l'a indiqué Mlle Brisset, aux splendeurs de la cour de Cléopâtre, si manifestement critiquées par Lucain dans le livre 10.

M. Due : You have explained very well, Mr. Bastet, why there are so few allusions to sculpture and plastic art in the

Civil War by referring to the attitude of stoicism towards luxury. We find here, too, that stoic atmosphere which—among other elements—gives unity to the poem. That does not mean, however, that Lucan is really " un stoïcien exemplaire ", as you have called him mentioning his treatment of Cleopatra's palace. For a serious poet of Lucan's age it was not possible to escape from the stoic categories of thinking, and generally he has neither done so, nor—probably—wanted to do so. As I shall try to demonstrate tomorrow, he has, however, made some very important reservations as regards stoicism. But we must, I think, distinguish between Lucan the poet and Lucan the man. Maybe he has appreciated sculpture very much personally, but as the poet of the Civil War he has preferred not to describe statues, etc., because that would not have been consistent with the general atmosphere of his poem. His attitudes as a poet are determined by the nature of his poem, whether or not he took up the same attitudes as a man.

M. Bastet : I am very much looking forward to your paper, as you are announcing several ideas about Lucan that might be of real importance. However, there are some points in your remarks that I don't completely agree with.

When I called Lucan " un stoïcien exemplaire ", commenting on the passage 10, 111 ff., this does not implicate that he is such in general. I noticed very well—as many others did before—that the stoicism of Lucan is rather eclectic and not at all a closed system. However, his personal attitude towards art, luxury, etc., is typical by that of a *laudator temporis acti*, full of nostalgy towards the good old times of the republic. Insofar, he shows again very strong influences of Seneca, whose stoicism Lucan took over, willingly doing so however. Yet you are certainly right to speak only of a " stoic atmosphere ", as there are a lot of inconsequences in his general attitude towards philosophy and religion in a whole.

That we have to distinguish between the poet and the man : yes, I do think so too. But of the man we don't know very much after all, so we have only the poem in which we can try to find him. Now certainly a great deal of the thoughts he expresses by the mouth of his personnages are not his own. There he is acting. On the other hand, especially there where he lets in his descriptions escape just a few words against for instance art or luxury in general, there we suddenly see the man *in* the poet. Of course, we have to be careful with conclusions, but nevertheless I think that the distinction between man and poet has not to be drawn too sharp in this case. Do you really think he appreciated sculpture very much personally? I don't!

M. Le Bonniec : Votre conclusion, si riche et si suggestive, ouvre des perspectives intéressantes. On pourrait rechercher systématiquement les caractéristiques de l'art néronien, puis se demander dans quelle mesure on les retrouve dans la *Pharsale.* Ne discerne-t-on pas dans le poème, *mutatis mutandis*, les traits essentiels qui définissent pour les historiens de l'art les œuvres plastiques et architecturales contemporaines de Lucain? On dit souvent, par exemple, que l'art néronien est baroque : peut-on dire de la *Pharsale* qu'elle est un poème baroque?

M. Bastet : Chercher à définir les caractéristiques de l'art néronien, c'est s'aventurer sur un terrain bien difficile à explorer. L'époque, certes, nous est assez bien connue : nous pouvons dater avec précision les monnaies, des portraits, des vases (en terre sigillée, par exemple) ; mais il arrive aussi que nos connaissances soient assez imprécises : pour ne citer qu'un exemple, pour la fameuse patère d'Aquilée on hésite entre l'époque de Claude et celle de Néron, et d'aucuns la datent même des dernières années de la république !... A part cela, il y a le problème immense de la peinture du 4e style, que j'ai abordé. On peut donc bien chercher à établir les caractéristiques communes dans l'art néronien d'une part et dans la *Pharsale* d'autre part, mais à condition de le faire avec la plus grande prudence.

On peut cependant affirmer que la tendance « baroque » de cette période est très nette. C'est ce que montre, par exemple, l'argenterie, et aussi la Coupe des Ptolémées déjà citée. Dans l'architecture, on emploie souvent le pittoresque *opus rusticum* (Porta Maggiore, Temple de Claude). Ce sont des tendances qui semblent décliner à partir de Vespasien, quoiqu'elles ne disparaissent pas absolument. Dans le domaine de la décoration en stuc, par exemple, on trouve encore vers 79 des décorations comme celles de la grande paroi de la palestre des Thermes Stabiens à Pompéi, qui est manifestement dans la tradition néronienne.

M. Rutz : Es scheint mir sehr wichtig, dass uns durch einen Fachmann der Archäologie nachgewiesen worden ist, wie gering Lucans Beziehungen zur bildenden Kunst sind. Denken wir über den Grund dafür nach, so stossen wir auf die Frage der psychischen Veranlagung Lucans. Erinnern wir uns : wo Lucan Architekturen beschreibt, tut er es so, dass wir keine klare Vorstellung von ihnen erhalten (wir haben das am Beispiel des Theaters des Pompeius oder des Palastes der Kleopatra gehört) ; manchmal wissen wir nicht einmal, ob Einzelheiten einer Passage auf eine Architektur zielen (man denke an den Versuch von L'Orange, den kosmischen Saal der *Domus Aurea* bei Lucan gespiegelt zu sehen). Ist es nicht auffällig, dass Lucan, der alle durch die Tradition der Gattung gestellten Aufgaben des epischen Dichters erfüllt (Seesturm, Orakel, Unterweltszenen...) und der anderseits gerade von der Ekphrasis einen so grossen Gebrauch macht, nichts bietet, was irgendwie der Schildbeschreibung vergleichbar wäre ?

Man kann wohl aus alledem schliessen, dass Lucan seiner Veranlagung nach wenig Beziehung zur bildenden Kunst hatte, dass er kein « Augenmensch » war. Daraus würden sich einige Dinge erklären : die Tatsache, dass seine « Schilderungen » oft optisch-visuell schwer nachvollziehbar sind (ein Beispiel, das zwar nicht in den künstlerischen, aber doch auch in den archäologischen Bereich gehört: die Schiffe bei der Schilderung der Seeschlacht) ; das Fehlen der Anschaulichkeit in der Beschreibung von Personen und vor allem die Neigung, im paradox-hyperbolischen Ausdruck über jede Vorstellbarkeit hinauszugehen und Dinge zu beschreiben, deren Widersinn sich sofort offenbart, wenn man sie sich visuell vorzustellen versucht.

So meine ich : nicht der Geschmack der Zeit, die ja im Gegenteil sehr bildfreudig ist, sondern die anlagebedingte besondere Art der Imagination Lucans hat es verhindert, dass er die bildende Kunst in den Kreis der Gegenstände seiner Darstellung einbezogen hat.

M. Bastet : Zweifelsohne haben Sie recht, dass Lucan kein « Augenmensch » war. Mir ist, während ich mich mit dem Epos beschäftigte, immer wieder aufgefallen, dass er so wenig « malerisch » in seinen Beschreibungen ist, ob es sich nun um archäologische Sachen oder andere handelt. Anschaulichkeit, sei es in der Beschreibung von Personen oder von Dingen, fehlt fast überall, und man kann das sicher zum Teil seiner Veranlagung zuschreiben. Dennoch gibt es Ausnahmen, welche die Regel bestätigen. Man braucht nur die von Aymard gesammelten Vergleichungen nachzuprüfen.

Dass die stoischen Einflüsse das ihrige getan haben, um diesen Mangel an Anschaulichkeit besonders bei den Beschreibungen von Tempeln, Statuen usw. hervorzuheben, ist dennoch klar. Es kommt dazu, dass seine Ablehnung von jeder Form der Kunst von ihm selbst nicht als Mangel erfahren wird, sondern ihm gerade als die einzig richtige Haltung erscheint, die man von einem Stoiker erwarten darf. Besonders einleuchtend scheint mir 3, 412 ff. zu sein, wo von den fremden Götterbildern gesagt wird, in preisender Weise, *arte carent.* Er fügt hinzu : *Non vulgatis sacrata figuris numina sic metuunt.*

Für die Frage seiner psychischen Veranlagung könnten die von mir hervorgehobenen Bemerkungen, wie Sie sagen, wohl einigermassen einleuchtend sein. Dennoch bleibt auch hier

Vorsicht geboten. Der Dichter steckt im Gedicht, versteckt sich aber nicht weniger. Vielleicht darf man also schliessen, dass Lucan in erster Linie dem auditiv-motorischen Typus angehörte. Bildfreudig, wie die neronische Zeit im grossen Ganzen war, war er sicher nicht. Doch war damals der Geschmack zudem barock, und in dieser Hinsicht entzieht Lucan sich doch nicht dem allgemeinen « Kunstwollen » dieser Epoche.

IV

HENRI LE BONNIEC

Lucain et la religion

LUCAIN ET LA RELIGION

Nous ne pouvons prétendre traiter dans toute son ampleur, au cours de cet exposé, un sujet si riche et si complexe. Après un examen rapide des descriptions ou allusions relatives au culte romain et aux religions barbares, nous étudierons l'attitude de Lucain envers les divinités romaines traditionnelles ; un développement plus important sera consacré à la théologie et aux idées religieuses de ce poète philosophe.

Comme dans l'*Enéide*, la peinture de la vie religieuse romaine occupe une place assez importante dans la *Pharsale*. Laissons de côté les prières, irréprochables du point de vue liturgique, mais assez conventionnelles, que prononce César avant le passage du Rubicon (1, 195 ss.), avant la bataille (7, 311 ss.), devant les ruines de Troie (9, 990 ss.). Les descriptions de cérémonies religieuses sont assez nombreuses : procession de l'*amburbium* et sacrifice offert par l'haruspice (1, 592-638) ; supplications des matrones (2, 28-42) ; rites du mariage (2, 350-371) et des funérailles (8, 729-793). Comme Ovide, Lucain prend plaisir à décrire avec précision cérémonies et sacrifices, mais on ne trouve pas chez lui, comme chez Virgile, un sentiment religieux authentique : on a l'impression que le culte traditionnel est surtout pour lui matière à peintures pittoresques, pathétiques ou dramatiques. On est tenté d'y voir des ornements littéraires, puis on se dit que les intentions du poète ne sont peut-être pas si innocentes : prières et sacrifices se révèlent parfaitement vains ; faut-il en conclure à l'ingratitude ou à l'impuissance des dieux ? Le rite archaïque de la *deuotio* a été utilisé à deux reprises, pour faire sentir au lecteur l'élévation morale de Caton et de Pompée : c'est le symbole du dévouement absolu à la Patrie. De même que jadis un général se vouait aux dieux infernaux pour assurer la défaite de l'ennemi, ainsi les deux héros s'offrent comme victimes expiatoires. Ce vœu restera vain, tout au moins pour l'immédiat, en ce qui concerne Caton (2, 306 ss.) ; quant à Pompée, M. Rambaud a montré ingénieusement que sa fuite déshonorante pouvait s'interpréter comme une sorte de *deuotio* destinée à apaiser la colère des dieux [1].

L'attitude de Lucain envers le culte impérial a manifestement évolué : il est bien difficile, en effet, de ne pas prendre au sérieux l'éloge de Néron au début du poème (1, 33-66), visiblement inspiré de l'invocation à Auguste, futur dieu, en tête des *Géorgiques* (1, 24-42) [2]. Le poète croit — ou du moins fait comme s'il croyait — qu'après sa mort l'empereur sera dieu, et il lui laisse même, à l'exemple de Virgile, le soin de choisir quelle divinité il lui plaira de devenir. Et pourtant nul n'a tourné en dérision avec plus de férocité et d'ingéniosité le culte des empereurs divinisés : les dieux, dit Lucain, permettent Pharsale, mais « nous tirons vengeance de ce désastre, dans la mesure où il est permis à la terre de se venger des dieux : la guerre civile fera des Césars morts les égaux des dieux célestes ; Rome parera des morts, de foudres, de rayons et d'étoiles ; dans les temples des dieux elle jurera par des ombres » (7, 455-459). Entre ces deux textes se situe la brouille avec Néron. Je doute d'ailleurs que Lucain ait jamais cru sérieusement à la vertu de l'apothéose ; l'*Apocoloquintose* du « divin » Claude avait dû lui apprendre l'irrévérence. Mais tant qu'il restait l'ami de l'empereur, il ne pouvait afficher son scepticisme. Pour un stoïcien conséquent, le seul mortel qui puisse être tenu pour l'égal des dieux, c'est le sage ; une *sententia* lapidaire, la plus célèbre peut-être de la *Pharsale*, nous interdit le choix entre

[1] L'apologie de Pompée par Lucain au livre VII de la Pharsale, *REL* 33, 1955, 258 ss.

[2] P. Grimal, L'éloge de Néron au début de la Pharsale est-il ironique? *REL* 38, 1960, 296-305.

deux autorités sacrées, celle des dieux qui se sont prononcés pour le vainqueur, et celle de Caton, champion de la cause vaincue (1, 126-128). L'apothéose, le titre impérial de *pater patriae*, c'est Caton qui seul en est digne : « Le voici, le véritable père de la patrie *(parens patriae)*, le plus digne de tes autels, ô Rome, celui par qui on n'aura jamais honte de jurer, celui dont, si un jour tu te redresses libérée du joug, tôt ou tard tu feras un dieu » (9, 601-604). Il est remarquable que Pompée lui-même ne soit pas divinisé : respectant la hiérarchie stoïcienne des valeurs, le poète fait un dieu de Caton qui est un sage, mais n'accorde que le rang de héros à Pompée, qui n'est qu'un *proficiens*, un aspirant à la sagesse. Cette interprétation se fonde sur deux textes : du bûcher, l'âme de Pompée s'élève jusqu'au cercle lunaire où habitent les *semidei manes* (9, 7). D'autre part, le poète s'indigne de ce que Rome n'a pas encore rapatrié les restes du grand homme et il s'écrie : « Un jour peut-être, quand elle demandera aux dieux un remède contre la stérilité des champs, contre des vents pestilentiels, des chaleurs excessives ou un tremblement de terre, alors le conseil et l'ordre des dieux te ramèneront, Magnus, dans ta Ville et le grand pontife y apportera tes cendres » (8, 846-850). Autrement dit, sur l'injonction des Livres Sibyllins, le chef de la religion romaine assurera à Rome la protection des reliques de Pompée, qui sont dignes d'un culte (*sacris dignam... umbram*, 841). Haskins rapproche de notre texte, avec à-propos, le culte rendu par les Athéniens aux ossements de Thésée, qu'ils avaient ramenés de Scyros après les guerres médiques, sur le conseil de la Pythie (Plut., *Thes.*, 36), et le culte dont les Spartiates entouraient les reliques d'Oreste, qu'ils avaient apportées de Tégée dans leur cité, après consultation de l'oracle de Delphes (Hdt., 1, 67-68). De tels transferts des restes caractérisent des cultes de héros tutélaires grecs : il me semble que Lucain a voulu faire de Pompée un héros protecteur de Rome, sur le modèle des héros poliades helléniques.

Quelques passages de la *Pharsale* témoignent de l'intérêt que portait son auteur à certains cultes barbares : curiosité de savant, ou d'érudit, mais aussi recherche par le poète d'effets étranges et pittoresques. Sur les cultes gaulois, son information est bonne, sans dépasser celle d'un homme cultivé qui a lu César et quelques autres historiens [1]. Il cite les trois grands dieux des Gaulois, Teutatès, Esus et Taranis, mais seulement pour condamner leur exigence commune de sacrifices sanglants (1, 444-446). En fait, il ne nous apprend pas grand-chose, et ce sont les *Commenta Bernensia* qui donnent des détails intéressants [2]. Mais il obtient l'effet souhaité : faire sentir au lecteur que César entraîne à sa suite des hordes de guerriers sauvages. Tout en manifestant un certain intérêt pour les druides, il qualifie leurs rites de « barbares » et leur culte de « sinistre ». Mais il estime que leur enseignement, promettant aux guerriers l'immortalité par la métempsycose, les délivre de la crainte de la mort, (1, 450-462) [3]. Il a bien senti quelle était l'importance des bois sacrés dans la religion celtique, comme le prouve la description saisissante du *lucus* proche de Marseille, où César le premier porte une hache sacrilège, pour rassurer par son audace ses soldats terrorisés (3, 399 ss.). On n'y adore pas les Pans, les Silvains ou les Nymphes, divinités familières, mais des dieux mystérieux et d'autant plus redoutables : le prêtre lui-même — c'est tout dire — craint de surprendre le Seigneur du Bois. De hideux autels s'y dressent et les arbres sont arrosés de sang humain [4]. En résumé, Lucain a

[1] Cf. PICHON, *Les sources de Lucain*, 32 ss.

[2] Voir P. M. DUVAL, Notes sur la civilisation Gallo-romaine, IV, *Etudes celtiques* 8/1, 1958, 41-58. J. DE VRIES, *La religion des Celtes*, trad. Jospin (Paris 1963), 28.

[3] Cf. FR. LE ROUX, *Les druides* (1961), 127.

[4] Sur les bois sacrés et le culte des arbres chez les Celtes, cf. J. DE VRIES, *op. cit.*, 195 ss.

été surtout sensible aux aspects repoussants et terrifiants des cultes gaulois.

Envers ceux de l'Egypte il adopte une attitude d'hostilité et de dénigrement. Il est bien informé, sans avoir eu d'ailleurs à se donner beaucoup de peine, puisqu'il disposait du traité *De situ et sacris Aegyptiorum* que Sénèque avait rapporté de son séjour en Egypte [1]. Il ne manifeste quelque bienveillance que pour le culte oraculaire de Jupiter-Hammon (9, 511 ss.), sans doute parce que ce dieu était hellénisé depuis longtemps [2]. Pour les autres cultes égyptiens, qui pourtant étaient en vogue à Rome de son temps, il n'éprouve pas la moindre attirance : « Nous avons reçu, dit-il, s'adressant à l'Egypte, dans les temples romains ton Isis et tes chiens demi-dieux et tes sistres qui invitent aux lamentations, et l'Osiris dont vous témoignez par vos pleurs qu'il n'est qu'un homme » (8, 831-833). Ce ton de libre-penseur se retrouve dans la description du festin offert à César par Cléopâtre ; on sert des oiseaux, des bêtes sauvages dont les convives vont se régaler : ce sont les dieux de l'Egypte — *Multas uolucresque ferasque Aegypti posuere deos* (10, 158 s.). Pour le fils aîné de Pompée, Isis, Osiris et Apis sont responsables du meurtre inexpiable du héros ; ils doivent être châtiés sans pitié (9, 158 ss.). Caton contient sa colère, mais l'approuve : autant dire que Lucain ne blâme pas la haine du jeune homme, et s'inscrit dans la tradition des poètes augustéens qui, après Actium, condamnaient les dieux égyptiens [3].

Tout compte fait, cultes et dieux étrangers n'occupent qu'une place fort réduite dans le poème. Et les dieux romains eux-mêmes, j'entends les dieux individualisés, nommément désignés, n'apparaissent que très rarement, et ne font rien.

[1] Cf. Pichon, *op. cit.*, 47 s.

[2] Voir Fr. Cumont, *Les religions orientales dans l'Empire romain*[4], 233 et n. 9 : Hammon « n'est qu'à demi égyptien ».

[3] Virg., *Aen.*, 8, 698. Prop., 4, 11, 41.

C'est justement une originalité de la *Pharsale* que d'avoir renoncé aux interventions des dieux, traditionnelles pourtant dans l'épopée. Eumolpe, le poète ridicule que Pétrone met en scène dans le *Satiricon*, voit dans les *ministeria deorum* l'ornement obligatoire de tout poème épique qui se respecte (*Sat.*, 118). L'illustration de cette théorie nous est fournie par le *Bellum ciuile* qui refait à sa façon le premier livre de la *Pharsale* : les Immortels s'y partagent en deux camps ; César est protégé par Mars et Minerve, et naturellement par Vénus, sa mère ; mais Apollon et Diane, Mercure et Hercule se prononcent pour Pompée (*Sat.*, 124, 265 ss.). On a trouvé de nombreuses raisons à l'innovation de Lucain ; sans prétendre examiner toutes celles qu'on a alléguées, j'indiquerai les plus importantes, à mon avis du moins. Le sujet, moderne, pleinement historique, dépourvu de toute *aura* légendaire, interdisait, sous peine de ridicule, toute participation directe des dieux à l'action. D'autre part, les préférences philosophiques de l'auteur devaient lui faire dédaigner ces inventions poétiques : dans le *De natura deorum* (2, 70) de Cicéron, le stoïcien Balbus se moque des poètes qui, comme Homère, nous montrent les dieux prenant parti pour les Grecs ou les Troyens, ou encore menant leurs propres guerres contre les Titans ou les Géants ; il ne voit dans tout cela que sottise et bavardage. S'il est vrai, comme le pense Mlle Marti [1], que Lucain a donné une signification philosophique aux événements de la guerre civile, s'il a voulu en faire le symbole des luttes de l'humanité en marche vers l'idéal de sagesse stoïcienne, on comprend que les grands hommes aient pris dans son épopée la place des dieux. Ajoutons qu'il ne croyait pas aux divinités traditionnelles, pas plus que ses contemporains « éclairés » ; il a donc sagement renoncé à une affabulation qui n'eût été que froide convention.

[1] The Meaning of the Pharsalia, *AJPh* 66, 1945, 352-376.

Pourtant les mentions collectives et anonymes des dieux sont innombrables dans la *Pharsale* : très souvent l'auteur ou les personnages mettent en cause les *dei*, les *superi*, les *numina*, les *caelicolae*, le *caelum* ; on leur reproche d'agir pour le malheur des hommes, ou encore de ne rien faire. Certes les dieux ne sont pas absents du poème, mais ce ne sont pas des luttes entre les divinités de l'Olympe qui expliquent les vicissitudes de la guerre civile. Nous verrons que l'explication dernière doit être cherchée dans une conception philosophique de la marche du monde ; mais il nous faut d'abord étudier l'attitude de Lucain envers les dieux, en prenant le mot dans son sens le plus traditionnel. Nous aurons soin de n'utiliser que des textes où il parle en son nom, ou bien des déclarations de personnages qu'on peut considérer comme ses porte-parole.

Laissons de côté certains tours formulaires du type *di melius*, qu'utilisent aussi bien Pompée que César (2, 537 ; 3, 93). Les textes significatifs sont le plus souvent passionnés, quelquefois sceptiques. Au beau milieu de la description du bois sacré des Massaliotes, le poète formule cette réserve, très ovidienne : « S'il faut en croire l'antiquité qui révère les dieux » (3, 406), au risque d'affaiblir l'impression d'horreur religieuse qu'il veut susciter. A l'occasion, il critique la fable mythologique, au nom d'une exigence de la pensée philosophique : on nous dit que Vénus est née des flots de la mer, mais peut-on admettre qu'une divinité ait eu une naissance, un commencement? (8, 457-459) [1]. Le plus bel exemple de rationalisme, c'est l'explication qui nous est proposée de l'origine des boucliers sacrés que portaient les Saliens ; la tradition les disait tombés du ciel aux pieds de Numa. Mais on peut penser que c'est tout simplement le vent qui les a apportés, quand on voit avec quelle violence le simoun

[1] Les *Commenta Bernensia* attribuent aux stoïciens ce raisonnement : *Utique si non fuit (deus), potest et non esse. Initium enim habere non potest quod non habet finem.*

arrache aux soldats de Caton casques, javelots et boucliers. Qui sait s'il ne va pas donner naissance à quelque « prodige » nouveau, en les laissant choir chez un peuple lointain? (9, 474-480). Cette curieuse théorie semble originale. On la lirait sans surprise dans le *Dictionnaire philosophique* de Voltaire.

Mais d'ordinaire la passion l'emporte sur le scepticisme, et les dieux sont mis en accusation avec une rare violence, non seulement par les personnages dans le malheur, mais par Lucain qui les invective en son propre nom. Certes il arrive que les dieux, même dans l'épopée classique, se voient reprocher leur dureté envers les mortels : par exemple Zeus dans l'*Odyssée* (20, 201). Tout le monde se souvient de l'exclamation douloureuse de Virgile : *Tantaene animis caelestibus irae?* (*Aen.*, 1, 11). Mais aucun poète ancien n'est comparable à Lucain pour la véhémence et la constance dans l'invective blasphématoire. I. E. Millard a pu écrire sans trop d'exagération que le poète ne caractérise les dieux que par leur hostilité envers l'humanité [1]. Récemment M. Paul Jal a montré dans un excellent article, fort bien documenté et auquel nous renvoyons, comment la littérature latine a attribué un rôle « coupable » et même « dégradant » aux dieux jugés responsables des guerres civiles [2]. Ainsi replacé dans une tradition littéraire, le réquisitoire de Lucain se comprend mieux ; il n'en reste pas moins le plus implacable de tous.

Nous devrons nous contenter de quelques exemples caractéristiques, qu'on pourrait aisément multiplier. Le ton est donné par l'« ouverture » du livre 2 (v. 1) : « Alors se révéla la colère des dieux »... Le poète approuve les plaintes des Romains : *iustas in numina saeua querellas*

[1] Dans sa dissertation toujours utile à consulter, *Lucani sententia de deis et fato* (1891). Voir, sur la culpabilité des dieux, p. 12 ss.

[2] Les dieux et les guerres civiles dans la Rome de la fin de la République, *REL* 40, 1962, 170-200.

(2, 44). Les dieux sont méchants, ou impuissants, puisqu'ils réservent leur colère aux malheureux, alors que la Fortune sauve souvent les coupables (3, 448 s.). Quand ils ont décidé de « tout bouleverser », ils font en sorte que la responsabilité des malheurs retombe sur les hommes : c'est dans le camp de Pompée qu'on exige la bataille ! (7, 58-61). Ils goûtent à faire le mal une joie sadique : au lieu de sauver la liberté de Rome, ils permettent les crimes de Curion, afin d'avoir le plaisir de les châtier (4, 808 s.). Les dieux injustes ont besoin du pardon des hommes : Carthage et Marius, se consolant mutuellement, *ignouere deis* (2, 92 s.). Le comble, c'est que César pardonne aux dieux qui avaient osé contrarier un moment ses desseins (4, 123). Il est difficile d'aller plus loin dans la dérision. Autrefois les Romains pieux offraient des sacrifices expiatoires pour restaurer la *pax deorum* ; voici les dieux réduits, ou presque, à solliciter ce qu'on pourrait appeler la *pax hominum*. Le Père des dieux et des hommes, que le rituel invoque sous le nom d'*Optimus*, est apostrophé rudement : *Saeue parens* « Père impitoyable » (2, 59)... Les hommes sont vraiment trop bons : Jupiter, protecteur du Latium, a permis son asservissement par César. Les Romains, pour le punir, auraient bien dû le priver des Féries Latines qu'il n'avait pas méritées (5, 400-402).

Voilà une passion qui n'est guère philosophique, mais Lucain ne prétend pas être un sage. Il n'a pas non plus conduit son héros jusqu'au bout du chemin de la perfection, car Pompée mourant garde un visage irrité contre les dieux : *iratamque deis faciem* (8, 665), ce qui, en toute rigueur, est indigne d'un stoïcien. Les notions de colère ou de malveillance des dieux n'ont d'ailleurs pas de sens : Sénèque nous l'enseigne : « Les dieux sont bienfaisants par nature. Il ne faut pas dire qu'ils ne veulent pas nuire : ils en sont incapables. Ils ne peuvent ni subir ni commettre l'injustice [1]. »

[1] *Epist.*, 95, 49. Cf. *De ira*, 2, 27 : les dieux immortels n'ont ni la volonté ni la possibilité de faire du mal, car leur nature est douce et tranquille, etc.

Mais on n'écrit pas une épopée avec des maximes de philosophe.

Parmi les divinités de la religion traditionnelle, il en est une qui, au temps de Lucain, était devenue la déesse par excellence, c'est la Fortune. Un texte de Pline l'Ancien, postérieur de quelques années seulement à la *Pharsale*, atteste combien ce culte était vivant et répandu : « Dans le monde entier, en tout lieu, à toute heure, les voix de tous les hommes invoquent et nomment la seule Fortune ; on n'accuse qu'elle, elle seule est coupable, on ne pense qu'à elle ; à elle seule vont les éloges, les reproches et on l'adore en l'insultant ; ailée et volage, regardée même comme aveugle par la plupart, vagabonde, inconstante, incertaine, changeante, elle favorise ceux qui n'en sont pas dignes [1]. » Souvent Lucain lui aussi attribue à la Fortune ce rôle de divinité suprême, mais alors que Pline insiste sur la versatilité de la déesse parce qu'il la conçoit surtout comme la Tyché hellénistique, cette caractéristique est rare dans la *Pharsale* : dans la bataille, par exemple, la Fortune est incertaine et fait un coupable de qui elle veut (7, 487 ss.). D'ordinaire, loin d'être la personnification du Hasard, la Fortune est une puissance qui poursuit des desseins définis, généralement mauvais. Elle est prise à parti aussi souvent que les dieux et avec autant de véhémence ; nous ne citerons que quelques pièces du dossier de l'accusation : elle est capable d'*inuidia* envers le peuple Romain (1, 83 s.), de même que, dans l'*Hercule Furieux* de Sénèque (524), elle se montre *inuida* à l'égard des hommes de cœur. Elle est injuste, puisqu'elle a imposé la servitude aux Romains qui, nés après les guerres civiles, n'en portaient pas la responsabilité, sans leur donner la possibilité de se battre pour défendre leur liberté (7, 645 s.). Elle est cruelle et déloyale : si elle semble accorder sa faveur à Curion, c'est pour mieux le tromper et le mener à sa perte,

[1] *Nat.*, 2, 22 (trad. Beaujeu).

voulue par les destins (4, 710 ss. ; 737 s.). Elle se joue des hommes et les berce de vains espoirs : lorsqu'elle met face à face en Epire César et Pompée que ne sépare plus qu'une mince bande de terre, l'univers en attente peut croire qu'il vont reculer devant le suprême forfait ; cette espérance est vaine (5, 468 ss.). Elle se ménage un spectacle de choix : le duel des deux grands capitaines, ce couple de champions qu'elle a réservé pour l'heure fatidique (5, 1-3). Ce goût bien romain du spectacle se pimente d'une pointe de sadisme quand la lutte est inédite et désespérée : Scéva aux prises à lui seul avec une armée, voilà un couple de gladiateurs vraiment inouï (*par nouum*, 6, 191). Lorsqu'elle semble pitoyable, c'est qu'elle est rassasiée de cruautés : « Enfin les malheureux reçurent de la Fortune, lasse de les exposer à un si grand péril, un secours longtemps attendu » (9, 890 s.). Elle montre à Pompée, en songe, cette Rome qu'il ne doit plus revoir (7, 23 s.), mais cette consolation est dérisoire.

La Fortune se spécifie et se diversifie dans le culte romain en Fortunes particulières, divinités tutélaires d'un lieu, d'un moment, d'une personne, d'une collectivité. On trouve dans la *Pharsale* la notion de *fortuna loci* [1] : c'est pour son malheur que Curion s'imagine que « la fortune des lieux mène les guerres » (4, 661 s.). La fameuse Fortune de Préneste, déesse poliade et de surcroît oraculaire, n'a rien su prévoir, rien pu protéger : elle voit passer au fil de l'épée tous les habitants de sa cité (2, 193 s.). Quand deux Fortunes entrent en conflit, la plus forte l'emporte : c'est ainsi que l'issue de la lutte n'est pas douteuse entre la Fortune de César et le destin de l'Egypte «destin» étant ici synonyme de «Fortune» (10, 3 ss.). La *Pharsale* est, en un sens, le récit de la lutte entre les deux Fortunes exceptionnelles de César et de Pompée, cette dernière se confondant parfois avec celle de Rome (8, 686). Ces déesses tutélaires tiennent le rôle

[1] Cf. Liv., 6, 28. Ov., *Met.*, 4, 566.

des divinités olympiennes qui protégeaient les héros dans les épopées classiques : Athéna veillant sur Ulysse, Vénus sur Enée. Seules, les Fortunes des dirigeants ont de l'importance ; c'est dans la bouche de César qu'est mise la célèbre *sententia* aristocratique : *humanum paucis uiuit genus* (5, 343), mais il faut noter que Lucain la reprend à son compte, lorsqu'il s'écrie : « O grands hommes, vous dont la Fortune a laissé des traces sur le globe, vous dont les destins ont occupé le Ciel tout entier » (7, 205 s.)[1]. Dans le passé, Pompée a connu, plus que tout autre peut-être, les faveurs de la Fortune, mais voici qu'elle l'abandonne (nous aurons à revenir sur cette idée). Le malheureux se rend compte que les dieux sont passés à l'ennemi, ainsi que les destinées de Rome ; il ne lui reste plus qu'à « condamner sa propre Fortune » (7, 647 ss.). Ainsi s'explique la fuite déconcertante, avant même la fin du combat, de cet excellent stratège[2].

Quant à la Fortune de César, elle est si célèbre et Lucain nous la rend si obsédante qu'on nous excusera peut-être de ne pas nous attarder sur ce sujet. Remarquons que César s'est bien gardé, dans ses *Commentaires*, de mentionner sa propre Fortune. C'est Lucain qui le fait parler avec l'incroyable arrogance du prédestiné pleinement conscient ; au pilote de la barque où il a pris place, malgré la tempête, il déclare en effet : « Une seule chose justifie tes craintes, c'est d'ignorer qui tu transportes. C'est un homme que les dieux n'abandonnent jamais, que la Fortune traite mal quand elle ne fait que répondre à ses vœux » (5, 581-583). Lucain n'a-t-il pas voulu diminuer les mérites de César, en insinuant que tout lui réussit, quoi qu'il fasse ? A Dyrrachium, à Alexandrie, il devrait trouver sa perte ; les deux fois, l'ennemi commet une faute décisive : Pompée n'exploite pas sa victoire (6, 299 ss.), les Egyptiens ne donnent pas

[1] C'est un des nombreux textes où « Fortune » et « destins » sont synonymes.

[2] Cf. le découragement de Pompée, comprenant *avant* la bataille que tout est perdu : 7, 85 ss. ; 113 s.

l'assaut au palais (10, 482-485), car « les destins s'y opposent et c'est la Fortune qui veille et sert de rempart ». La Fortune de César est si importante pour le monde qu'elle finit par se confondre avec *la* Fortune, qui d'ailleurs n'est qu'un aspect du Destin. C'est ainsi que se comprend la scandaleuse capitulation des dieux qui finissent toujours par s'incliner, malgré des velléités de résistance, devant la Fortune du dictateur [1]. Ce sont les dieux qui ont suscité la mutinerie (5, 239 ss.) dont finalement César triomphera en faisant appel à sa Fortune ; de même, lorsqu'il est assailli par la tempête, il comprend que les dieux veulent le perdre. Mais cette fois encore un miracle le sauve et, en touchant terre, il « recouvre sa Fortune » (5, 654 ss. ; 677).

Pour remplacer les Olympiens auxquels il ne croyait pas, nous avons vu que le poète faisait appel soit à la puissance collective et anonyme des *dei*, soit à une déesse personnelle, la Fortune. Souvent aussi Lucain donne à cette Force le nom de *fatum* (ou *fata*), mais cette notion est en principe impersonnelle et assurément plus philosophique que religieuse. Normalement le *Fatum*, même s'il est plus ou moins individualisé et personnifié, comme souvent dans la *Pharsale*, ne saurait être considéré comme une divinité. Il serait absurde de lui adresser des prières et des sacrifices. Il arrive que la Fortune apparaisse comme la Force chargée d'exécuter les décisions du Destin (2, 131 ss. ; 4, 737 s.) ; le plus souvent Fortune et Destin sont deux aspects de la même réalité : les hommes ne connaissent pas le Destin, il ne se manifeste à eux que par les faveurs, et plus souvent par les coups de la Fortune, dont l'action leur paraît irrationnelle. Comme l'a dit très justement Mlle J. Brisset [2], la Fortune « n'est que l'apparence inintelligible du Destin ». Souvent Lucain, se contentant d'une vérité poétique, utilise les mots *dei*,

[1] Comme l'a bien vu M. O. SCHÖNBERGER, Zu Lucan. Ein Nachtrag, *Hermes* 86, 1958, 236 s.

[2] *Les idées politiques de Lucain* (Paris 1964), 57.

Fortuna et *fatum* comme approximativement synonymes [1]. Cependant le problème du *fatum*, au sens rigoureux du mot, relève de l'exposé de M. O. S. Due, qui traitera de l'attitude philosophique de Lucain ; nous nous contenterons, le moment venu, de dire quelques mots des rapports entre la divinité et le destin.

Lorsqu'il invective, comme nous l'avons dit, les dieux et la Fortune — et souvent aussi le Destin — Lucain adopte le point de vue populaire et donne libre cours à son tempérament passionné. Son génie poétique et sa rhétorique puissante donnent une forme artistique aux révoltes de l'homme de la rue. Mais il y a deux hommes en lui : il n'est pas seulement l'« écho sonore » des colères et des blasphèmes du Romain « moyen » ; parfois il se livre à des méditations philosophiques dont le ton rappelle, *mutatis mutandis*, le poème de Lucrèce. Il est temps de nous demander quelle est la vraie pensée de Lucain sur la nature des dieux.

A trois reprises, à propos des présages annonciateurs de la guerre civile (2, 1-15), de l'oracle de Delphes (5, 86-96), et de celui d'Hammon (9, 573-584), il confie au lecteur, directement ou par la bouche de Caton, ses inquiétudes théologiques et ses convictions. La coloration stoïcienne de ces trois passages est évidente à première lecture ; mais il sera intéressant de montrer à quel point le contenu doctrinal de ces textes concorde avec le stoïcisme contemporain, celui de Sénèque en particulier, jusque dans le détail de l'expression.

On sait que les stoïciens appellent Zeus ou Jupiter la divinité suprême, ou plus exactement unique, dont les dieux de la mythologie sont considérés comme des émanations. Le fameux *Hymne* de Cléanthe (v. 1-2) salue en Zeus « le plus glorieux des Immortels, que l'on désigne sous tant de noms divers ». Cornutus, le professeur de philosophie de

[1] PICHON, *op. cit.*, 172. — Fr. ALTHEIM, *Römische Religionsgeschichte*, II (1953), 290 ss.

Lucain, développe cette doctrine dans son *Abrégé de théologie grecque* (9, p. 9 Lang) : « Zeus est le Père des dieux et des hommes... Il est Sauveur et Protecteur... Il est la cause de toutes choses et veille sur toutes. » Il est l'âme du monde qui « vit à travers le tout et qui est cause de la vie pour les vivants ; c'est pour cela qu'on dit que Zeus règne sur le tout, de même que l'âme règne en nous » (*ibid.*, 2, p. 3). Mais c'est chez Sénèque qu'on trouve les textes les plus explicites, que Lucain a certainement connus (au moins partiellement). Dans un des traités les plus anciens, la *Consolation à Helvia* (8, 3), le Dieu suprême, Démiurge de l'Univers, est ainsi qualifié : Dieu tout-puissant, Raison incorporelle ouvrière d'œuvres immenses, Souffle divin répandu avec une égale tension dans les plus grandes et les plus petites choses, Destin et enchaînement immuable de causes indissociables *(formator uniuersi ; deus potens omnium ; incorporalis ratio ingentium operum artifex ; diuinus spiritus per omnia maxima ac minima aequali intentione diffusus ; fatum et immutabilis causarum in se cohaerentium series)*. Même enseignement dans une des dernières œuvres du philosophe, les *Questions naturelles* (2, 45) : le Jupiter des stoïciens n'est pas celui qui envoie la foudre, c'est le Conducteur et le Gardien de l'univers, l'Ame et l'Esprit du monde, le Maître et l'Artisan de cette œuvre *(rectorem custodemque uniuersi, animum ac spiritum mundi, operis eius dominum et artificem)*. On peut l'appeler tout aussi bien Destin, Providence, Nature, Monde [1]. Nous retrouvons la même doctrine dans les textes de Lucain mentionnés ci-dessus. Au début du livre 2 (1-15), les termes suivants sont employés successivement pour désigner la Puissance suprême : d'abord *mundus* et *natura*, conçus comme des êtres vivants et agissants ; puis *rector Olympi*, c'est-à-dire

[1] Cf. *De prou.*, 5, 8 : Dieu est *omnium conditor et rector*. — *De benef.*, 4, 7 : *Quid aliud est natura quam deus et diuina ratio toti mundo partibusque eius inserta?* Dieu est *auctor rerum nostrarum* ; on peut aussi l'appeler Jupiter *Tonans* ou *Stator*, *fatum*, Cause première.

Jupiter ; enfin *parens rerum*, c'est-à-dire le Démiurge, qui a donné forme à la matière et a établi pour l'éternité les causes, se soumettant lui-même à la loi universelle. D'autre part, Lucain utilise la théorie de l'Ame du monde [1] pour rendre compte de l'inspiration de la Pythie : il se demande quel dieu du ciel se cache dans l'antre sacré sous le nom de Péan-Apollon et conclut qu'il s'agit « peut-être d'une bonne partie de Jupiter tout entier, enfermée dans la terre pour la guider et maintenant le globe en équilibre dans l'air vide, qui ressort par la caverne de Cirrha et est aspirée, tout en restant unie au dieu Tonnant dans l'éther » (5, 86-96). Rien de surprenant à cela, puisque Dieu est immanent au monde entier : « A-t-il une autre demeure que la terre, la mer, l'air, le ciel ?... Jupiter, c'est tout ce que nous voyons, tout mouvement que nous faisons » (*Iuppiter est quodcumque uides, quodcumque moueris* [9, 578-580]). On notera la similitude avec le texte suivant de Sénèque (*Nat.*, 2, 45) : on peut appeler Jupiter *mundus*, sans crainte de se tromper ; *ipse enim est hoc quod uides totum, partibus suis inditus, et se sustinens et sua.*

Diffuse dans le monde matériel, la divinité réside aussi en chacun de nous ; c'est ce que professe Caton : « Tous, nous sommes inséparables des dieux *(haeremus superis)*, et, même si l'oracle se tait, nous n'agissons que par la volonté de la divinité » (9, 573 s.). C'est exactement ce que Sénèque enseigne à Lucilius (*Epist.*, 41, 2) : « Un esprit sacré réside à l'intérieur de nous-mêmes, qui observe et contrôle nos bonnes et nos mauvaises actions... Nul n'est homme de bien sans l'intervention de la divinité ».

Nous avons vu que la divinité pouvait être identifiée avec le Destin. Il en résulte que la prière de demande devient inutile ; cette conséquence n'a pas échappé à Lucain : à Delphes « on ne perçoit pas de vœux coupables chuchotés

[1] Cf. l'exposé d'Anchise, *Aen.* 6, 724-727 : *Principio caelum ac terras camposque liquentes / lucentemque globum lunae Titaniaque astra / spiritus intus alit, totamque infusa per artus / mens agitat molem et magno se corpore miscet.*

imperceptiblement, car le dieu interdit aux mortels tout vœu, en chantant un avenir déterminé que nul ne peut changer » (5, 104-106)[1]. Le stoïcien ne distingue d'ailleurs pas entre les prières coupables et les autres, car toutes sont vaines : *Quid uotis opus est?*, dit Sénèque (*Epist.*, 31, 4). « Chacun voit s'accomplir ce qui lui a été promis... Nos vœux, nos peines sont inutiles : chacun n'aura que ce qui lui a été assigné le premier jour de son existence » (*Cons. Marc.*, 21, 6).

Lucain n'a pas éludé le vieux problème qui se pose déjà dans les épopées homériques, du rapport entre Zeus-Jupiter et le Destin. Mais il n'a pas pris nettement position. Au début du livre 2 (7-11), il formule l'hypothèse selon laquelle la divinité a fixé une fois pour toutes, au moment où elle a organisé la matière brute, l'enchaînement des causes, s'astreignant elle-même à la loi qui régit le monde. C'est précisément ce qu'écrit Sénèque dans le *De prouidentia*, 5,8 : *Ille ipse omnium conditor et rector scripsit quidem fata, sed sequitur; semper paret, semel iussit.* Chez Virgile, Jupiter est lié par les destins, mais semble bien les avoir lui-même prescrits[2]. Lucain remet tout en question à propos de l'oracle de Delphes : ou bien le dieu chante le destin (qui par conséquent est déjà fixé), ou bien c'est ce qu'il ordonne par son chant qui devient le destin (5, 92 s.). Quand l'oracle a parlé, le poète se demande pourquoi il a borné ses révélations au sort que le destin réserve à Sextus Pompée : pourquoi ne pas prédire les désastres de la guerre et l'assassinat de Pompée? « Est-ce que les dieux n'ont pas encore décidé un si grand forfait? Est-ce que, les astres hésitant encore à condamner Pompée, le destin de tant d'hommes reste en suspens? » (5, 198-205). Cette fois, les dieux fixent le destin — ou du moins peuvent le retarder. Et l'interférence de l'astrologie vient tout

[1] Perse, disciple de Cornutus et ami de Lucain, condamne lui aussi les prières honteuses qui se chuchotent dans les temples (*Sat.*, 2, 5 ss.).

[2] Cf. en dernier lieu P. Boyancé, *La religion de Virgile*, 47.

brouiller. Le moins qu'on puisse dire, c'est que Lucain n'a pas de conviction bien arrêtée et que pour lui la question reste ouverte. Peut-être pensait-il qu'elle est insoluble pour l'esprit humain.

Un bon stoïcien croit à la Providence, qui n'est autre que la Pensée du Dieu suprême. Lucain y croit ou s'efforce d'y croire, et cherche à la justifier. Quand il s'agit du monde physique, sa tâche est relativement aisée ; il donne comme son oncle une explication finaliste de la crue du Nil [1] : si le fleuve déborde, c'est que la Nature, qui est une Mère *(Natura parens)*, a voulu qu'il en fût ainsi pour le bien des hommes. La preuve, c'est que le Nil ne sort pas de son lit en hiver, comme les autres fleuves, mais au milieu de l'été, afin de tempérer la chaleur excessive (10, 228-239). On peut penser qu'avec le Nil, qui fait vivre l'Egypte, les stoïciens ont vraiment la partie belle. Mais Lucain se heurte au problème du mal : la côte des Syrtes, par exemple, est une région déshéritée, dont Jupiter ne s'est pas soucié, et que la Nature a « misérablement abandonnée » (9, 310 s. ; 435 ss.). On peut croire que c'est une terre dépourvue de toute utilité. Mais cette idée ne satisfait pas le poète qui préfère, comme le remarque R. Pichon (*op. cit.*, 170), une autre explication : « Les Syrtes seraient une mer progressivement desséchée par le soleil ; dans cette seconde hypothèse, la puissance créatrice ne serait pas coupable. » Mais comment expliquer que la Libye foisonne de dangereux reptiles ? Cette Nature, qui est une Mère *(parens)* quand il s'agit du Nil, est maintenant qualifiée de *nocens*, épithète inadmissible pour un stoïcien rigoureux (9, 629). Le problème des animaux nuisibles était discuté dans les écoles : on demandait aux stoïciens pourquoi la divinité qui, selon eux, faisait tout pour le bien

[1] Cf. Sén., *Nat.*, 4 A, 2, 1 : « La Nature a réglé le Nil de telle manière qu'il inonde l'Egypte au moment où la terre, le plus brûlée par des chaleurs torrides, absorbe l'eau le plus profondément pour en utiliser de quoi remédier à la sécheresse de l'année » (trad. Oltramare).

des hommes, avait créé une telle quantité de serpents venimeux [1]. La réponse de Lucain est tout à fait orthodoxe : il ne faut « se plaindre ni de l'Afrique ni de la Nature » ; ce sont les hommes qui sont coupables d'être venus sur cette « terre des serpents » (9, 854-862). La responsabilité du mal est rejetée sur l'humanité. « Rien n'arrive sans toi, dit l'*Hymne à Zeus* de Cléanthe, excepté les actes que font les méchants dans leur folie [2]. » En pénétrant dans un domaine interdit, les Romains ont commis une faute, qui exige expiation (*poenas*, 859). D'ailleurs la Nature a mis le remède à côté du mal : les Psylles guérissent les morsures de serpents (9, 890 ss.). Tout de même, le poète ne semble pas tout à fait satisfait : il avoue que ni son étude ni son labeur n'ont pu lui apprendre pourquoi la Libye est infestée de pareils fléaux (9, 619-622). Il conte longuement la légende étiologique qui fait naître du sang de Méduse les serpents de Libye, mais il souligne qu'il s'agit d'une fable trompeuse, qui ne saurait tenir lieu d'une véritable explication (9, 622 ss.).

Il y a plus grave : Lucain a péché contre la Providence en attribuant un pouvoir exorbitant aux *carmina* des sorcières thessaliennes ; il ose dire que la divinité les écoute malgré elle et que sous leur contrainte elle se détourne de sa tâche : assurer la révolution du cosmos (6, 445-448 ; *cura poli caelique uolubilis*). Voilà une atteinte à l'ordre du monde que le stoïcisme ne saurait admettre ; mais la crédulité de Lucain à l'égard de la magie est déconcertante. Nous aurons à y revenir.

En choisissant de chanter la guerre civile, le poète allait au-devant des pires difficultés : comment continuer à croire, au milieu des horreurs de ces luttes fratricides, que la Provi-

[1] Cic., *Ac.*, 2, 120. C'est l'objection que faisait probablement Cotta aux stoïciens dans la lacune du *De nat. deor.*, 3, 65. Voir les textes cités par A. S. PEASE, p. 1231 de son édition.

[2] Cf. E. BRÉHIER, *Hist. de la philosophie*, 1, 318 : « Le mal moral ou vice est dû à la liberté de l'homme qui s'élève contre la loi divine. »

dence n'a en vue que le bonheur de l'humanité ? Une fois au moins, Lucain semble avoir désespéré ; avant la bataille il laisse échapper ce blasphème : « Non, nous n'avons pas de dieux ; puisque c'est le hasard aveugle qui entraîne les siècles, nous mentons quand nous disons que Jupiter règne. Il contemplera du haut de l'éther les massacres de Thessalie, alors qu'il tient la foudre... Nul dieu ne s'est jamais soucié des affaires des hommes : *mortalia nulli sunt curata deo* » (7, 445-448 ; 454 s.). La négation de la Providence est formelle ; mais il faut faire la part de la rhétorique ; et surtout, un cri de désespoir est bien naturel à une heure si tragique. A lui seul, ce texte ne saurait équilibrer les innombrables passages où s'affirment les convictions stoïciennes du poète. On se gardera de faire de lui — même pour un instant — un disciple d'Epicure : dans une perspective épicurienne il est absurde de reprocher à la divinité de se désintéresser des affaires humaines.

La véritable pensée de Lucain nous est livrée par les vers souvent cités où il expose les causes de la guerre civile. La première cause est de caractère philosophique et c'est elle qui donne son sens à tout le poème. Ce qui a ravi la paix au monde, c'est « l'enchaînement jaloux des destins, le droit refusé à toute grandeur de subsister longtemps, les lourdes chutes sous un fardeau excessif et Rome incapable de se soutenir davantage » (1, 70-72). A la conception stoïcienne du Destin est unie ici la vieille notion de la Némésis, qui punit toute démesure. Cette croyance populaire est bien antérieure aux spéculations du Portique, mais elle avait été adoptée par les stoïciens, puisque nous la retrouvons dans l'*Hymne à Zeus* de Cléanthe (v. 18) : « Tu sais réduire ce qui est sans mesure. » Lucain pouvait retrouver dans le milieu familial des idées semblables : son grand-père explique la décadence de l'éloquence en invoquant « une fatalité, dont la loi jalouse et éternelle veut que tout ce qui est parvenu au faîte retombe jusqu'en bas, et d'une chute plus rapide que la montée » (Sénèque le Rhéteur, *Controv.*, 1, préf. 6 ; trad. H. Bornecque). La concordance des deux explications est frappante, jusque dans le vocabulaire :

Lucain	Sénèque
Inuida fatorum series summisque negatum stare diu nimioque graues sub pondere lapsus nec se Roma ferens.	*fato quodam, cuius maligna perpetuaque in rebus omnibus lex est, ut ad summum perducta rursus ad infimum, uelocius quidem quam ascenderant, relabantur.*

Sénèque le philosophe a développé des idées semblables : « Des périodes fixes règlent l'évolution universelle : tout doit naître, croître, s'éteindre... Ces cités dominatrices... qui font la parure et l'orgueil des empires auxquels elles sont soumises, un jour on se demandera où fut leur place ; diverses puissances de mort les auront anéanties [1]. » Dans l'*Agamemnon* (57 ss.), le chœur déclare que la Fortune place au bord d'un précipice ceux qu'elle élève trop haut ; dans l'*Œdipe* (909 s.), il rappelle que « tout ce qui passe la mesure reste en suspens sur un sol mouvant ». Lucain lui aussi donne à cette loi une valeur universelle : « Les grandes choses s'écroulent sur elles-mêmes : telle est la limite que les dieux ont imposée à la croissance de ce qui est prospère » (1, 81 s.). La chute de la grandeur romaine en est un cas particulier [2]. La chute de Pompée également : on notera que le rôle de Némésis, qui n'est pas une divinité romaine, est tenu par la Fortune. Celle-ci « s'est lassée des triomphes de Pompée et l'a abandonné » (2, 727 s.). Elle lui fait payer « la rançon d'une longue faveur » (8, 21 ss.). « Au faîte des grandeurs elle l'a frappé d'un coup mortel et, sans pitié, elle lui a fait payer

[1] *Epist.*, 71, 13-15 (trad. H. Noblot) ; v. les autres textes que cite F. Préchac *ad loc.*

[2] Cf. l'étude d'E. Dutoit, Le thème de « la force qui se détruit elle-même » et ses variations chez quelques auteurs latins, *REL* 14, 1936, 365-373. Cette notion ne se confond pas avec celle que nous étudions, mais lui est apparentée.

en un jour tous les désastres dont elle l'avait exempté durant tant d'années » (8, 701 ss.). Quant à César, il peut bien jouir d'une chance insolente, pour lui aussi viendra l'heure de Némésis ; Brutus ne pourra le tuer à Pharsale, car l'*hybris* du tyran doit d'abord atteindre sa limite extrême : la victime sera alors immolée (7, 592 ss.). Il échappera aux machinations de Pothin, parce que ce sont les sénateurs vaincus que la Fortune veut arroser de son sang (10, 338 ss.). Cette loi de compensation permet à Lucain de ne pas désespérer, en attendant les revanches de l'avenir. Elle sauvegarde, tant bien que mal, la notion de Providence.

Il est normal qu'un poète stoïcien admette la possibilité de la divination : la divinité, par bienveillance pour les hommes, leur envoie des signes pour leur faire connaître l'avenir ; elle leur donne aussi les moyens d'interpréter ces signes qui autrement seraient inutiles. Il existe donc une science de la divination [1]. Ce problème est un de ceux auxquels Lucain a le plus réfléchi ; matériellement, l'importance qu'il lui accordait se traduit par la place qu'il fait aux divers modes de divination : un dixième du poème selon l'évaluation de M. P. O. Morford [2]. Proportion plus forte que dans l'*Enéide* où pourtant, comme l'a dit M. P. Boyancé [3], la divination est « peut-être le ressort principal de la conduite de l'action ». Ce qui prouve que Lucain s'intéresse à cette question pour elle-même, c'est que dans la *Pharsale* les signes envoyés par les dieux n'ont aucune influence sur la marche des événements, alors que les présages guident le pieux Enée dans l'accomplissement de sa mission.

Sextus Pompée a recours à la nécromancie, procédé magique, qui fait appel aux puissances infernales. Le poète le condamne et énumère les modes licites de divination :

[1] Raisonnement de Chrysippe, Diogène et Antipater, rapporté par Cic., *De diu.*, 1, 38.

[2] *The Poet Lucan* (Oxford 1967), 59.

[3] *La religion de Virgile*, 83.

les oracles de Délos, de Delphes et de Dodone ; l'examen des entrailles ou du comportement des oiseaux ; l'interprétation des foudres et l'astrologie (6, 423-434). Comme le remarque M. Morford (*op. cit.*, 60 s.) tous ces procédés sont illustrés dans la *Pharsale*, à l'exception de l'art augural : au livre 1, le devin étrusque Arruns représente l'haruspicine ; Nigidius Figulus, l'astrologie ; la matrone fournit un exemple d'inspiration directe ; c'est aussi par inspiration naturelle que parle la Pythie, mais cette fois la possession divine est si totale qu'elle entraîne la mort ; enfin toute la deuxième partie du livre 6 traite des pratiques magiques de la nécromancie.

Lucain accorde à la consultation de l'oracle de Delphes une place importante (5, 65-236). Nous avons vu comment il en explique le fonctionnement. On peut être tenté de trouver disproportionné ce que M. Jean Bayet appelle un « hors-d'œuvre sans rapport à l'un ou l'autre des protagonistes, sans liaison avec l'action » [1]. Comment expliquer cet intérêt particulier manifesté par le poète? Des circonstances contingentes ont dû orienter son attention. M. Bayet a montré que la mort de la Pythie, contée par Plutarque, devait se situer en 61 ou 62 « de toutes façons à une date où cette révélation sensationnelle de la puissance du souffle oraculaire pouvait atteindre Lucain (mort en 65), l'émouvoir, l'inspirer dans la composition de son épisode delphique » (art. cité, 424). Il a donc utilisé un « fait divers » d'actualité. Mais surtout, il nous faut tenir compte de l'influence de Néron, qui a entretenu avec le célèbre sanctuaire des rapports variables, d'amitié et d'hostilité. Une scholie des *Commenta Bernensia* pose un problème intéressant : à propos du silence imposé à l'oracle par « les rois », on nous dit qu'il ne s'agit pas de Xerxès ou d'Alexandre, mais de Néron lui-même. « Celui-ci, ayant consulté l'oracle, s'entendit répondre : ‘ Je ne réponds pas aux parricides.’... Bouleversé par cette parole,

[1] La mort de la Pythie, *Mélanges Grat* (1946), 1, 53-76 ; reproduit dans *Mélanges de littérature latine* (Rome 1967), 409-431.

il interdit toute consultation de l'oracle, de peur qu'on ne l'interrogeât sur la destinée des empereurs et qu'on ne complotât contre eux, ou qu'on ne l'interrogeât sur le destin de Néron lui-même [1]. » Lucain s'inspire-t-il cette fois encore de l'actualité, mais dangereusement, en se livrant à une insinuation perfide? Je ne le crois pas, car la chronologie semble s'y opposer. Le scholiaste paraît faire allusion à un forfait de l'empereur qui nous est connu par d'autres sources : c'est au cours de son voyage en Grèce, donc en 67 seulement, que l'empereur, mécontent d'Apollon, aurait fait jeter des cadavres humains dans l'antre sacré, pour faire taire l'oracle [2]. Mais ce qui est sûr, c'est qu'une lune de miel avait précédé le drame : on a retrouvé près du temple d'Apollon la base d'une statue dédiée à Néron l'année même de son avènement ; l'année suivante, en 55, une nouvelle statue lui était offerte. Homolle, à qui j'emprunte ces précisions, voit dans ces dédicaces la preuve « des espérances que pouvait fonder sur sa générosité et sur sa vanité littéraire le sanctuaire de Delphes » [3]. Il n'y a pas à s'étonner de ces relations étroites et amicales, puisque l'empereur se considérait comme un protégé d'Apollon, patron des arts et des lettres... ou même comme une incarnation du dieu. Au temps de leur amitié, Néron et Lucain ont dû s'entretenir des problèmes posés par l'oracle delphique, du crédit qu'on pouvait lui accorder, de la mort surprenante de la Pythie. Nous saisissons peut-être ici un écho de leurs conversations.

Lucain était augure, nous dit son biographe Vacca ; pourtant il ne fait que deux allusions à la science augurale.

[1] Scholie au v. 113, p. 159 édit. USENER : *Qui cum consuluisset oraculum, respondit huic numen : « Ego parricidis non respondeo ». Nero enim matrem suam occiderat. Hoc dicto confusus oraculum consuli uetuit, ne quis imperatorum inquireret fatum et eis insidiaretur, aut ipsius Neronis ne quis inquireret fatum.*

[2] Cf. BOUCHÉ-LECLERCQ, *Hist. de la divination dans l'antiquité*, III, 199, sur le détail des profanations commises par Néron. P. AMANDRY, *La mantique apollinienne à Delphes*, 216.

[3] Le temple de Delphes, son histoire, sa ruine, *BCH* 20, 1896, 710 s.

Il reproche à César d'en interdire la pratique et de bafouer la religion : « Il n'est pas permis d'observer le ciel, l'augure est sourd aux avertissements du tonnerre et jure que les oiseaux sont favorables quand le hibou hulule à gauche » (5, 395 s.) [1]. L'autre allusion concerne un augure qui, observant le ciel à Padoue, le jour de la bataille de Pharsale, se serait écrié : « Le jour suprême est arrivé, la lutte décisive est engagée. » Le poète fait le commentaire suivant, qui se fonde sur le déterminisme stoïcien : « Si l'esprit humain avait observé, grâce à des augures compétents, tous les signes étranges *(noua)* dans le ciel, la bataille aurait pu être vue du monde entier » (7, 192-204). Il croit donc aux signes et à la possibilité de les interpréter. Il énumère, sans mettre en doute leur validité, les présages annonçant la guerre civile (1, 522-583) et la bataille (7, 151-206). Une seule réserve : certains prodiges peuvent être illusoires parce qu'ils naissent de l'excès de la peur (7, 185 s.). Ce n'est pas nier la valeur des signes, mais suggérer la nécessité de les faire examiner par des hommes compétents. C'est ce que faisait le Sénat romain.

La religion officielle, qui condamnait la magie dès l'époque des XII Tables, rejetait la nécromancie à laquelle a recours Sextus Pompée. Cette consultation de sorcière occupe plus de 400 vers, soit la moitié du livre 6 (413-830). Nul historien ne la mentionne, elle est peut-être purement et simplement inventée par Lucain, bien qu'elle soit strictement inutile à l'action, le consultant ne jouant aucun rôle dans l'épopée. Pour expliquer cet épisode et surtout son importance, on fait valoir l'imitation de la *Nékyia* homérique, et le désir de fournir une réplique, qu'on pourrait qualifier de démoniaque, à la descente aux Enfers du pieux Enée (ce n'est

[1] Sur ce point du moins le poète n'altère pas sensiblement la vérité historique, puisque selon Suet., *Caes.*, 77, ce singulier grand pontife, à qui on annonçait que les présages étaient funestes, répondit : « Ils seront plus favorables quand il me plaira. »

sans doute pas par hasard que dans les deux épopées l'épisode se situe dans la deuxième partie du livre 6). D'autre part, la consultation d'Erichtho équilibre celle de la Pythie, et lui sert, si on peut dire, de repoussoir — remarquons en passant que la sorcellerie a droit à un développement plus de deux fois plus étendu que celui consacré à Delphes (417 vers contre 171). Ces raisons d'ordre littéraire ont leur prix, mais ne suffisent pas. Il est clair que si Lucain a accordé à la magie une place qu'on peut juger disproportionnée, au risque de déséquilibrer son poème, c'est qu'il s'y intéressait personnellement et qu'il était sûr de passionner ses lecteurs [1]. Son attitude est sans équivoque : il condamne énergiquement la nécromancie et la magie en général (430 ss.), et il présente Sextus Pompée comme une âme vulgaire, incapable de dominer sa peur, à ranger sans aucun doute dans la catégorie des *stulti*. Mais il faut souligner que, tout en qualifiant d'abominables les pratiques magiques *(supernis detestanda deis... arcana)*, il ne fait aucune réserve sur leur efficacité. Alors que Pline l'Ancien, qui ne saurait passer pour un modèle d'esprit critique, pose tout de même la question fondamentale : *polleantne aliquid uerba et incantamenta carminum* (*Hist. nat.*, 28, 10), Lucain attribue sans sourciller aux sorcières thessaliennes les prodiges les plus extravagants (438 ss.). Sans doute faut-il faire à la rhétorique sa part, mais quelques amplifications ne sauraient dissimuler le fait essentiel, c'est que le poète croit à la magie et même ressent pour cet art maudit une secrète attirance [2]. Un de ses poèmes perdus, le *Catachthonion*, atteste par son titre ce goût pour les évocations infernales qui a trouvé son épanouissement au livre 6 de la *Pharsale*. Et le poète sait de quoi il parle : personne

[1] Voir l'article d'A. Bourgery, Lucain et la magie, *REL* 3, 1928, 299-313. « Sous l'Empire la sorcellerie fait de tels ravages que les lois se multiplient, mais en vain, pour en réprimer les excès. »

[2] Ailleurs il mentionne comme un fait établi que les incantations des Psylles guérissent les morsures de serpents (9, 930 s.).

n'écrirait plus aujourd'hui, comme le faisait Pichon (*op. cit.*, 191) que les miracles des magiciennes constituent une « amplification » de pure « rhétorique », sortie de l'« imagination féconde » de Lucain. La confrontation avec des papyrus magiques a fait ressortir l'étendue et l'exactitude de ses connaissances techniques [1].

Il a réfléchi aux problèmes théologiques que pose l'activité des sorciers et magiciens. Il interrompt son récit pour formuler les questions qui l'obsèdent : « Que signifie cette peine que prennent les dieux du ciel d'obéir aux incantations et aux herbes, et cette crainte de les dédaigner ? En vertu de quel pacte les dieux sont-ils liés de la sorte ? Obéir est-il une nécessité ou un plaisir ? Est-ce une forme de piété inconnue qui mérite aux sorcières une si grande récompense, ou leur puissance est-elle liée à des menaces mystérieuses ? Leur pouvoir s'étend-il à tous les dieux du ciel, ou bien ces charmes tyranniques s'adressent-ils à un dieu déterminé qui peut imposer au monde toutes les contraintes qu'il subit lui-même ? » (6, 492-499).

Ce texte important appelle quelques remarques. D'abord il semble que le poète reprenne à son compte des questions qu'on devait se poser dans les écoles de philosophie ; une recherche sur ce point serait souhaitable. D'autre part Lucain déplore, mais ne met pas en doute, l'obéissance des dieux aux incantations — car la question *an iuuat ?* est de pure forme : en effet, dès les premiers mots de la prière d'Erichtho « les dieux célestes lui accordent tous les forfaits, craignant d'entendre un second charme » (527 s.). Enfin on peut se demander si Lucain pouvait nommer, ou craignait de nommer ce *deus certus* qui, subissant la contrainte magique, serait capable à son tour de la faire subir au cosmos. S'agit-il,

[1] Cf. FAHZ, *De poetarum Romanorum doctrina magica* (1904) ; l'étude de PICHON, pourtant postérieure (1912), n'a pas utilisé ce travail. — A. BOURGERY, art. cité, 306 : « Nous devons à Lucain un bon nombre de renseignements qu'on ne trouve pas chez les autres écrivains. »

comme le pense A. Bourgery (art. cité, 312), de l'« Hermès Trismégiste cher aux occultistes ? ». Ce point serait à éclaircir, si faire se peut.

Lucain met dans la bouche d'Erichtho une curieuse profession de foi, en réponse aux exigences du fils de Pompée : « Si tu voulais changer de moindres destinées, il serait aisé, jeune homme, de contraindre les dieux aux actes que tu souhaiterais. Il est accordé à notre art, quand les astres ont ordonné la mort d'un seul homme, d'y introduire des délais ; d'autre part, quand même toutes les étoiles promettraient à un homme la vieillesse, par nos herbes nous interrompons sa vie en son milieu. Mais quand l'enchaînement des causes remonte à l'origine première du monde, et que tous les destins souffrent du changement qu'on voudrait faire, et que ce seul et même coup menace le genre humain, alors, nous l'avouons, la Fortune (synonyme ici de *fatum*) est plus puissante que nous » (605-615). Il s'agit manifestement d'une tentative du poète pour concilier ses convictions philosophiques et sa croyance au pouvoir de la magie. Il fait la part du feu en restreignant aux *fata minora* la possibilité d'intervention des sorcières. Bien entendu, cette cote mal taillée est incompatible avec un déterminisme rigoureux. D'autre part, le poète semble avoir oublié ces restrictions lorsqu'il écrit quelques vers plus loin qu'Erichtho, si elle l'avait voulu, aurait pu ressusciter des armées entières (633-636). Car quelques bataillons rendus à la vie et à la guerre, à Dyrrachium ou à Pharsale, eussent pu changer le destin du monde. Il y a des inconséquences plus graves encore. Les déclarations de la magicienne ne peuvent se concilier avec le pouvoir stupéfiant attribué par le poète lui-même aux sorcières de Thessalie, non seulement sur les sentiments humains, mais sur les pluies, les vents et la marche du *mundus* : avec une stupeur que le lecteur trouve comique, Jupiter s'aperçoit que le firmament a cessé de tourner sur son axe ; le dieu n'est même plus le maître de la foudre : il tonne à son insu (452 ss.). Que devient la chaîne des causes immuables et l'ordre du monde voulu par la Providence ? En fait, ce long épisode juxtapose des croyances populaires et un compromis philosophique, sans pouvoir éviter certaines incohérences.

Il n'est pas impossible que la consultation de la sorcière constitue une satire voilée de l'empereur. Néron se passionnait pour la magie et pratiquait la nécromancie [1]. Il avait essayé d'évoquer et d'apaiser les mânes d'Agrippine en pratiquant des rites magiques [2]. Si bien que Friedländer pense que Lucain n'a joint à son poème épique une évocation de morts, avec son cortège d'horreurs, « que dans l'intention de rendre plus expressive et plus éclatante la condamnation de cette manie de l'empereur » [3]. Sans connaître cette hypothèse, M. P. O. Morford (*op. cit.*, 70), rapprochant les vers 419-434 de Lucain du chapitre 56 de Suétone sur les superstitions de Néron, se demande si l'empereur n'a pas fourni le modèle de ce portrait de Sextus Pompée. Ces idées ingénieuses ne sont évidemment pas susceptibles d'une démonstration rigoureuse. Que le poète ait voulu ou non ridiculiser et condamner l'empereur, il est certain que cet épisode reflète certaines préoccupations communes aux deux hommes.

Quel est finalement le jugement porté par Lucain sur l'usage de la divination ? Nous avons vu que la nécromancie est condamnée sans restriction. Si nous nous en tenons à la divination licite, souscrirons-nous à cette affirmation de Pichon (*op. cit.*, 190) : « En règle générale (le poète) admet comme ses maîtres que l'humanité a intérêt à savoir le sort qui lui est réservé » ? En fait, seul l'oracle de Delphes fait l'objet d'un éloge apparemment sans réserve : il a rendu jadis de grands services aux cités (5, 104-114). Mais il s'est

[1] Plin., *Nat.*, 30, 14-17.

[2] Suet., *Nero*, 34.

[3] *Civilisation et mœurs romaines* (1874), 4, 492 (trad. Vogel).

tu ; d'ailleurs, même au temps de sa splendeur, comme le remarque Pichon avec raison (p. 198), ceux qui le consultaient n'étaient que « les demi-sages qui travaillent honnêtement, mais non philosophiquement, au bien-être de leurs concitoyens ». Caton, le parfait stoïcien, refuse de consulter Jupiter - Hammon : « La divinité n'a pas besoin de parler et celui qui nous a fait naître nous a dit une fois pour toutes, à notre naissance, tout ce qu'il est permis de savoir. A-t-il choisi des sables stériles pour se faire entendre à un petit nombre, a-t-il enfoui la vérité dans cette poussière ? » (9, 574-577). Dans sa généralité, cette critique s'appliquerait aussi bien à l'oracle de Delphes, mais Lucain n'adopte pas une position si radicale, puisqu'il admet que c'est bien la divinité suprême qui inspire la Pythie. Ailleurs, il juge la divination nuisible, comme le faisaient les adversaires des stoïciens : « Souvent il n'est même pas utile de savoir ce qui arrivera, objecte Cotta à Balbus dans le *De natura deorum* de Cicéron (3, 14), c'est une misère que de se tourmenter sans profit, de n'avoir même pas cette consolation suprême qui nous est commune à tous, l'espérance [1]. » En effet, nul ne peut modifier sa destinée. Or, Lucain ne raisonne pas autrement : il reproche à Jupiter « d'ajouter aux malheurs des hommes le tourment de connaître par de sinistres présages les calamités futures » et conclut, comme Cicéron, en demandant pour l'humanité ce bienheureux aveuglement qui du moins autorise l'espérance (2, 4-15). Mais les dieux impitoyables envoient des présages pour ôter précisément cette consolation « aux cœurs tremblants » (1, 522 ss.) ; la Fortune ne manque pas de faire connaître les signes annonciateurs du désastre de Pharsale (7, 151 ss.). Concluons : Lucain ne met pas en doute la possibilité de la divination ; il utilise

[1] Thème repris et développé dans un passage du *De diu.* où Cicéron prend pour exemples les fins tragiques de Pompée, de César et de Crassus, qui étaient *fatales*, afin de montrer que l'ignorance des maux à venir vaut mieux que leur connaissance.

largement les ressources poétiques qu'elle lui fournit ; mais du point de vue philosophique il la juge inutile, souvent même nuisible.

Reste à examiner un problème, essentiel pour un esprit religieux et qui s'imposait à Lucain, étant donné le sujet de son poème, celui de la mort et de l'au-delà. On sait quelle est l'importance des rites de la sépulture dans la religion romaine ; on pourrait croire que le poète les tient pour indispensables, à lire toute la fin du livre 8 (à partir du v. 712) qui décrit longuement, pour en déplorer l'insuffisance, les honneurs funèbres rendus à Pompée. Pourtant, du point de vue philosophique, il les juge sans importance ; quand César refuse de brûler les cadavres sur le champ de bataille, Lucain commence naturellement par l'invectiver, puis il ajoute qu'après tout la colère du dictateur restera sans effet, car il n'importe guère que les corps soient décomposés ou incinérés : la nature les accueille en son sein, et d'ailleurs de toute façon les cadavres brûleront tous, lors de la conflagration générale qui, selon les stoïciens, embrasera l'univers (7, 797-815) [1].

Que devient l'âme après la mort ? Certaines descriptions du Tartare et des Champs Elysées (3, 12-19 ; 28-30 ; surtout 6, 779-809) sont des lieux communs poétiques qui n'expriment pas les convictions personnelles de l'auteur. Celui-ci a même mis dans la bouche de Cornélie, à un moment pourtant pathétique, l'expression de son propre scepticisme : « Je te suivrai au Tartare, dit-elle à son époux, s'il en existe un » *(si sunt ulla*, 9, 101 s.). Il considérait sûrement comme jeux de poètes et vaines légendes, ainsi que le dit son oncle (*Cons. Marc.*, 19, 4), toute la mythologie relative aux Enfers traditionnels [2]. D'autre part, rien n'indique qu'il ait été

[1] Cf. Sén., *Epist.*, 92, 35 : « Nul ne demeure sans sépulture : la nature y a pourvu... Mécène le dit expressément : ' Je ne me soucie pas d'un tombeau '. »

[2] Cf. Fr. Cumont, *Lux perpetua*, 120 et 165. Les stoïciens n'admettaient pas les Enfers.

tenté de demander aux religions orientales des espérances de salut dans l'au-delà ; il méprisait les divinités de l'Egypte, desquelles précisément un bon nombre de ses contemporains attendaient l'immortalité.

Cette fois encore c'est à la philosophie qu'il emprunte la matière de ses méditations. A trois reprises il pose nettement la question de la survie de l'âme individuelle ; Pompée, à qui Julie vient d'apparaître en songe, cherche à se rassurer : « Pourquoi serais-je terrifié par une vaine apparition ? Ou bien il ne subsiste pour l'âme aucun sentiment après la mort, ou bien la mort elle-même n'est rien » (c'est-à-dire « n'a pas d'importance ») (3, 38-40) :

aut nihil est sensus animis a morte relictum
aut mors ipsa nihil [1].

Le poète demande aux dieux de châtier Crastinus, le guerrier qui a versé à Pharsale le premier sang romain, en lui donnant *sensum post fata*, « le sentiment après l'accomplissement de son destin » (7, 470-473). Enfin Cordus, dérobant un peu de bois au bûcher d'un inconnu pour incinérer Pompée, cherche à se faire pardonner en expliquant à l'ombre du défunt qu'il lui fait beaucoup d'honneur : « S'il subsiste quelque sentiment après la mort *(siquid sensus post fata relictumst)*, tu renonces de toi-même à ton bûcher » (8, 745-751). Le deuxième texte prouve que normalement le *sensus* ne subsiste pas après la mort, puisque le châtiment de Crastinus consistera précisément à garder la conscience de son crime, si les dieux infligent cette punition hors série à son forfait exceptionnel. Dans le troisième texte, le tour dubitatif laisse penser que l'auteur, sans se prononcer,

[1] Le second terme de l'alternative est correctement glosé dans les *Commenta Bernensia : Si sentiunt umbrae, mortem timere non debeo, quoniam nihil est mors si habet sensum sicut uita.*

penche pour une réponse négative. Nous retrouvons le même dilemme chez Sénèque, qui prête à Polybe (*Cons. Pol.*, 9), le raisonnement suivant : « Si les morts n'ont plus aucun sentiment » *(si nullus defunctis sensus superest)*, mon frère est délivré de tous les maux de l'existence et se retrouve dans la situation où il était avant de naître ; « si les morts ont encore quelque sentiment » *(si est aliquis defunctis sensus)*, l'âme de mon frère est sortie de sa prison, elle jouit du spectacle de la nature et de la contemplation des choses divines. Dans les deux cas, il n'est pas à plaindre [1]. Il n'y a pas à s'étonner que Sénèque et Lucain formulent l'hypothèse de l'anéantissement ; on sait que Panétius niait toute survie personnelle. De plus, un témoignage de Jamblique nous apprend que Cornutus acceptait l'idée de la destruction de l'âme au moment de la mort [2]. En fait, la doctrine du Portique sur cette question a beaucoup varié. Il est très probable que Lucain admettait que les âmes communes étaient anéanties, de même qu'il considérait que les *fata minora* n'importaient guère à la marche du monde.

Pompée bénéficie d'une véritable apothéose, qui fournit au livre 9 une grandiose « ouverture ». L'âme du grand homme s'élance vers la voûte céleste ; au-delà de notre sombre atmosphère, elle atteint le cercle lunaire, séjour des héros, à la limite inférieure de l'éther. Seules les âmes vertueuses y ont accès, et non pas les riches et les puissants à qui on fait de belles funérailles : *Non illuc auro positi nec ture sepulti peruenuint* (allusion possible aux funérailles des empereurs ?). Arrivée là, l'âme de Pompée se pénètre de la vraie lumière et contemple les planètes ainsi que les

[1] Cf. *Epist.*, 65, 24 : « Qu'est-ce que la mort ? une fin ou un passage *(finis aut transitus)*. Finir, je ne le redoute pas, car c'est la même chose que de n'avoir pas commencé ; passer, je ne le redoute pas non plus, car nulle part je ne serai aussi à l'étroit qu'ici. »

[2] *Traité de l'âme*, voir la traduction du R. P. Festugière, dans *La révélation d'Hermès Trismégiste*, III, *Les doctrines de l'âme*, 232 s.

étoiles fixes ; elle comprend que notre demeure terrestre n'est que ténèbres et se rit des outrages subis par sa dépouille mortelle (9, 1-14). Cette doctrine de l'immortalité céleste est bien connue : platonicienne et pythagoricienne à l'origine, elle a été adoptée par les stoïciens éclectiques du Ier siècle avant J.-C.[1]. Parmi les âmes vertueuses, il en est qui, du point de vue romain, méritent ce paradis d'une manière éminente : ce sont celles des grands serviteurs de la patrie ; on reconnaît l'enseignement du *Songe de Scipion*, dont Lucain est incontestablement tributaire. Le fils de Marcia, dit Sénèque (*Cons. Marc.*, 25, 2), a été accueilli dans le « cénacle sacré » (*coetus sacer*, trad. de Cumont) des Scipions et des Catons. Avant d'y être accueillie définitivement (je veux dire jusqu'à l'*ecpyrosis*), l'âme de Pompée va accomplir sa mission dernière : elle protégera et guidera dans leur juste lutte, tel un génie tutélaire, Brutus et Caton en qui elle va s'incarner. Cette conception semble originale. Mais l'âme de César ne connaîtra pas un sort privilégié : « Quel que soit le lieu où la Fortune appellera ton âme, César, les âmes de ces hommes (les soldats) y seront aussi : tu ne t'élèveras pas plus haut qu'elles dans les airs, tu ne trouveras pas une meilleure place si tu gis dans la nuit du Styx » (7, 815-817). Pour s'être laissé conduire par ses passions, pour avoir vécu comme un « insensé », il se voit refuser par le poète l'accès au paradis des grands Romains.

Quelques mots seulement pour conclure un exposé déjà bien long. Nous avons montré quel vif intérêt Lucain porte aux problèmes religieux ; mais nous n'avons pas cherché à atténuer les disparates de son poème. Cette âme inquiète et passionnée n'a pas réalisé son unité ; ce stoïcien n'est pas parvenu — il s'en faut — à la *tranquillitas animi*. Comment concilier ses invectives contre les dieux et ses méditations théologiques ? son optimisme philosophique

[1] Cf. Fr. Cumont, *Lux perpetua*, 114 s. ; v. aussi 165.

et son pessimisme foncier? La *Pharsale* n'est pas exempte de contradictions [1], mais ce sont les contradictions mêmes de la vie : Lucain cherche sa vérité, croit parfois l'avoir trouvée, mais se heurte sans cesse à l'insoluble problème du mal qui le fait douter de la Providence. Il symbolise bien la condition humaine.

[1] Cf. Mme Malcovati, *Lucano* (1947²), 45-54, qui insiste sur les incertitudes de la pensée religieuse du poète.

DISCUSSION

M. Durry : D'un accord général il est convenu qu'un échange de vues sur les problèmes de la pensée religieuse et philosophique de Lucain se placera après l'exposé de M. Due, son sujet et celui de M. Le Bonniec ayant des limites qu'il est malaisé de préciser. Ce n'est là qu'une question de plan et d'équilibre quelque peu factice, mais le développement sur la *divinatio* aurait bien trouvé sa place dans la première partie sur les pratiques religieuses.

M. Le Bonniec : Tout plan est dans une certaine mesure artificiel. Il est certain que l'étude de la divination aurait pu prendre place dans ma première partie, mais j'ai préféré la situer dans la perspective de la théologie stoïcienne. Je l'ai donc rattachée au développement sur la Providence et j'ai montré que le jugement de Lucain sur ce problème n'était pas parfaitement orthodoxe.

M. Rutz : Da es mir nicht zweckmässig erscheint, die Frage der Stellung Lucans zur Religion von der sachlichen Seite her zu diskutieren, bevor wir den Vortrag von Herrn Due gehört haben, möchte ich nur eine Frage zur ästhetischen Verwendung des Religiösen stellen : sehen Sie im *Bellum civile* eine Götterhandlung dargestellt? Bekanntlich hat Herr Schönberger den Versuch unternommen, nachzuweisen, dass Lucan doch so etwas wie einen *apparatus deorum* gebraucht habe, nämlich eine Götterhandlung, in der jeweils eine überirdische Partei eine irdische Partei unterstütze oder vielmehr zu unterstützen suche. Im 7. Buch falle die Entscheidung dann nicht nur auf Erden, sondern auch bei den Göttern. Sehen Sie, M. Le Bonniec, für diese Meinung eine Stütze im Gedicht, wenn man von dem einen Vers 7, 647 absieht?

M. Le Bonniec : Même si on admet avec M. Schönberger une certaine *Götterhandlung*, il faut souligner deux points très importants :

1. Il s'agit de l'intervention collective et anonyme des *dei*, et non pas de l'action d'une grande divinité personnelle, comme par exemple Junon dans l'*Enéide*.

2. Cette intervention directe des dieux contre César est inefficace, puisque dans les deux cas que j'ai mentionnés la Fortune du dictateur ne tarde pas à l'emporter. — Quant au vers que vous citez (7, 647) :

Iam Magnus transisse deos Romanaque fata senserat...

le contexte montre que les mots *dei* et *fata Romana* sont employés comme synonymes ; c'est le destin de Rome qui l'emporte sur la Fortune personnelle de Pompée, et se confond désormais avec la Fortune de César.

M. Bastet : Je suis impressionné par votre exposé, qui témoigne d'une si vaste connaissance des problèmes traités. N'étant pas compétent en la matière, je me bornerai à poser une question : jusqu'à quel point la scène de Delphes — et aussi peut-être celle d'Erichtho — peut-elle être mise en relation avec Virgile, *Aen.* 6 ? L'article de B. F. Dick, *Hermes* 93, 1965, 465 mentionne cette relation, mais ne me paraît pas très convaincant.

M. Le Bonniec : Les deux scènes dont vous parlez appellent sans aucun doute la comparaison avec Virgile ; il faudrait étudier les imitations ou réminiscences dans le détail de l'expression. Mais elles ne sont pas traitées dans le même esprit. Comme je l'ai dit tout à l'heure, la consultation de la sorcière est nettement anti-virgilienne, alors que la scène delphique ne me semble pas inspirée par une intention de parodie. Les commentateurs ont reconnu depuis longtemps que la possession de la Pythie par Apollon rappelait celle de la Sibylle au chant 6 de l'*Enéide*, et que la peinture de Lucain renchérissait sur celle de Virgile.

M. von Albrecht : Das Thema « Lucan und die Religion » legt es nahe, danach zu fragen, welche Rolle die früheren Dichter für die Dichterreligiosität Lucans spielen. Man kann in mancher

Beziehung an Lukrez erinnern, in anderer Beziehung aber auch an Ovid, und zwar vielleicht nicht nur für Einzelheiten, wie die *fortuna locorum* (Luc., 4, 661 ; Ov., *Met.*, 4, 566), sondern auch für das Verhältnis zur Magie (vgl. Ovids Medea im 7. Buch der *Metamorphosen*) und vielleicht auch für das dichterische Selbstverständnis *(fert animus)*.

M. Le Bonniec : Vous posez un problème passionnant. Lucrèce, Virgile, et même Ovide ont certainement contribué à former la sensibilité religieuse de Lucain. Mais c'est un livre qu'il faudrait écrire pour vous répondre. Bien mieux, il faudrait entreprendre une large enquête sur le sentiment religieux des Romains et sur son évolution. En ce qui concerne la scène de magie, Lucain s'est évidemment souvenu de la Médée d'Ovide, mais il est beaucoup mieux renseigné que son prédécesseur dans le domaine des sciences occultes.

M. Grimal : La richesse de l'exposé que nous venons d'entendre, la complexité des problèmes devraient réduire au silence quiconque n'a pas médité sur ce sujet. Néanmoins je me permettrai quelques remarques prudentes.

La question du rôle de Némésis, et de sa conciliation avec la Providence me semble relever moins de la religion que de la philosophie. C'est une vieille maxime aristotélicienne, que la grandeur d'un objet est liée à son être, qu'un objet, un animal, etc., a une grandeur optimale, au-delà ou en deçà de laquelle il ne se réalise pas pleinement. Il en va ainsi notamment des cités. La « décadence » de Rome, comme conséquence de sa croissance excessive, n'est qu'un exemple de cette loi universelle du devenir et de l'existence. Mais y a-t-il contradiction entre le prologue, qui promet la divinisation de Néron, et les vers qui reprochent aux Romains d'attribuer les prérogatives divines à des cendres mortelles ? En réalité nous savons (par la divinisation de Pompée) que Lucain croyait à la divinisation astrale, mais qu'il ne l'accordait qu'aux âmes d'élite ; cette divinisation n'allait pas automatiquement avec le décret juridique d'apothéose. Lucain peut penser à Claude, dont la divinité était ridiculisée par Néron lui-même, qui, un moment, interrompit le culte de son père adoptif, que l'*Apocoloquintose* avait déjà tourné en dérision. La contradiction est donc, il me semble, plus apparente que réelle. Un empereur mort n'est pas *ipso facto* un dieu ; comme les autres mortels, il doit mériter son apothéose ; mais Lucain ne dit pas que Néron ne la méritera pas.

La curiosité témoignée par Lucain à l'égard des religions barbares, autour de Marseille et en Gaule, est caractéristique de la tradition posidonienne, et on rapprochera le passage sur les druides de ce qu'en dit Cicéron dans le *De diuinatione*. Lucain, ici, est disciple de l'école stoïcienne. En revanche, quand il s'agit de l'Egypte, il peut avoir entendu l'enseignement de Chaerémon, qui donnait une *interpretatio stoica* des livres sacrés égyptiens, et ne considérait les divinités nilotiques que comme des symboles grossiers de vérités spirituelles.

La croyance en la magie semble bien enracinée chez Lucain, témoin le rôle prédominant qu'il accorde à Nigidius Figulus, persécuté par César comme magicien. Mais la magie est une technique théurgique dans l'ordre de la Nature ; pour un ancien, il n'existe pas de surnaturel. Le divin, pour un stoïcien, n'est qu'une forme de l'Etre, de la Nature, de ce qui est. Les divinités traditionnelles ne sont pas des absolus, mais des approximations populaires, ou poétiques, des forces « divines » ; seul, le dieu suprême est véritablement dieu, et ce dieu est identique au monde, il contient le monde, il s'identifie à lui, non dans un aspect particulier ou un moment, mais dans son tout et la totalité de son devenir. Il y a donc une tension entre tel « dieu » et le Tout, le pessimisme du poète n'étant jamais que provisoire.

Si on se demande si Lucain désespérait de la situation politique de Rome, de son temps, il faut se rappeler que la liberté, etc., ne peut être considérée que comme appartenant au monde des « indifférents », non à celui du Bien en soi. D'autre part, on se dira que Néron, pendant longtemps, presque jusqu'à la conjuration de Pison, sembla susceptible de réaliser le retour à la liberté. La rédaction de la *Pharsale* pourrait alors apparaître comme une tentative pour montrer à Néron la voie qui fera de lui le Sauveur, celui qui aura définitivement brisé l'enchaînement infernal des cycles.

M. von Albrecht : Das Thema *in se magna ruunt* gehört ausserdem zur Topik historischer Prooemien.

M. Le Bonniec : C'est un important complément que M. Grimal apporte à ma communication et je l'en remercie. En ce qui concerne la « loi universelle du devenir », il me semble que la même idée, je veux dire la condamnation de la démesure, s'exprime philosophiquement dans une perspective aristotélicienne, et d'une manière populaire dans la vieille croyance à Némésis. Il se peut que l'inspiration de Lucain soit encore plus complexe que nous ne le soupçonnions : la remarque de M. von Albrecht nous rappelle opportunément qu'il faut aussi faire leur part aux influences littéraires.

Quant au culte impérial, il me semble que la condamnation se présente sous une forme très générale qui engage le lecteur à penser non seulement à Claude, mais à tous les empereurs qui seront divinisés dans l'avenir. Les futurs *facient*, *ornabit* et *iurabit* (7, 457 ss.), succédant au présent *habemus* (455) s'interprètent en ce sens. Pour ce qui est des cultes « barbares », je n'avais pas pris garde à la couleur stoïcienne des curiosités du poète. Cette préoccupation philosophique n'exclut naturellement pas la recherche de certains effets purement littéraires.

Je souscris pleinement aux réflexions théologico-philosophiques sur la magie et le dieu suprême des stoïciens.

L'interprétation présentée dans la dernière remarque est originale et mériterait un examen approfondi. Je me contenterai d'observer qu'elle suppose qu'on écarte comme sans valeur les données biographiques qui font état d'une brouille entre le poète et l'empereur. N'est-ce pas une attitude hypercritique ?

V

OTTO STEEN DUE

Lucain et la philosophie

LUCAIN ET LA PHILOSOPHIE

On m'a fait l'honneur de me demander de parler sur Lucain et la philosophie. Par Lucain j'entendrai le principe constitutif de la *Pharsale*, c'est-à-dire la personnalité du poète plutôt que le personnage historique. Ce qui nous intéresse ici, c'est l'œuvre, non pas l'homme, c'est la structure et les idées du poème, non pas la biographie ni le développement personnel de son créateur. La personnalité privée du poète disparaît sous son rôle littéraire aussi bien que l'acteur de la tragédie classique cache son propre visage sous le masque : et le spectateur comprendrait mal la pièce s'il pensait à l'acteur et non pas au rôle. Par exemple, on aura une impression erronée des *Amours* d'Ovide, si l'on y voit des confessions et identifie *l'amoureux* avec Ovide. L'Ovide de ces poèmes peut être aussi fictif ou composite que la *Corinna* — nous ne le savons pas ; mais cette question importe peu ou pas du tout pour notre appréciation. Sans doute, le fait que Lucain avait pour oncle Sénèque le philosophe, pour précepteur Cornutus, philosophe stoïcien, pour camarade Perse le poète satirique, a contribué pour beaucoup à la caractéristique de Lucain comme poète stoïcien, caractéristique qui, dans les manuels, est devenue à peu près une étiquette. Il est fort vraisemblable que les idées de Lucain sur le monde et sur les mœurs ont été puissamment formées par la philosophie stoïcienne et il est évident qu'il n'a pas été philosophe ; en tout cas, il n'a jamais écrit d'œuvres philosophiques. Mais, quoi qu'il en soit, ce que je vais examiner ici, c'est le rôle que joue la philosophie stoïcienne dans la structure de la *Pharsale*, s'il s'agit d'un élément constitutif pour le poème ou d'un élément accessoire, c'est-à-dire subordonné à la structure littéraire.

Mais que veut dire « structure littéraire » ? Nous ne pouvons pas l'identifier à l'intention du poète, que nous ne connaissons pas. Peut-être le seul motif de Lucain pour écrire la *Pharsale* a-t-il été la vanité littéraire, le désir d'être lu. Je ne le crois pas, mais c'est possible ; et cette question n'est pas importante si nous désirons savoir non pas ce qu'a voulu dire le poète, mais ce qu'a signifié le poème pour les lecteurs de l'époque où il a été écrit. On peut donc définir la structure littéraire comme l'ensemble des qualités du poème qui ont intéressé les lecteurs. Cette définition — ou plutôt cette tentative de définition — a l'avantage de fournir à notre discussion la possibilité de se fonder sur l'œuvre même et sur la situation culturelle de l'époque ; nous n'en sommes plus réduits à faire des hypothèses sur la personnalité de Lucain, qu'il a lui-même cachée pour toujours derrière son œuvre littéraire.

Il est peut-être plus facile de qualifier ce qu'on entend par philosophie en parlant de la *Pharsale* : philosophie veut dire stoïcisme. Malheureusement, c'est là une notion mal définie, du moins à cette époque. Récemment, un savant danois a démontré que le stoïcisme n'est pas seulement une doctrine de physique, de logique et d'éthique pratique, pas seulement un mouvement spirituel, mais aussi un système de philosophie cohérent [1]. Il ne faut pas oublier que la philosophie stoïcienne peut être étudiée comme philosophie, qu'on peut la prendre pour ainsi dire au sérieux. Mais ce procédé est surtout profitable quand il s'agit des philosophes proprement dits, des professionnels, c'est-à-dire surtout des Grecs. Car les Romains étaient presque toujours des *dilettanti*, qui subordonnaient leurs études philosophiques à la conduite de leur vie privée, au service public, à la littérature. Et chez les Romains, la philosophie se mêlait aux traditions nationales et à la nostalgie des mœurs non corrompues de leurs ancêtres. Ce que cherchaient les Romains dans la philosophie, c'était moins la science théorique qu'un

[1] Johnny Christensen, *An Essay on the Unity of Stoic Philosophy* (Scandinavian University Books, Copenhague 1962).

secours contre les vicissitudes de la vie ; le Romain fait usage de la philosophie pour y puiser une justification théorique de ce qu'il trouvait juste en sa qualité d'homme et de Romain. Par conséquent, il ne respectait pas beaucoup le système, il n'avait pas le goût de l'orthodoxie, il était un éclectique ; sur ce point, il n'y a pas une différence de principe, mais plutôt de degré entre Cicéron et Sénèque. On peut dire que ce que nous appelons néo-stoïcisme est un phénomène romain. Certes, les auteurs des traités stoïciens étaient le plus souvent des Grecs, mais l'influence romaine se fait toujours sentir ; une analogie peut illustrer ce que je veux dire : rien de plus *romain* que les bustes de portrait; pourtant les portraits sont exécutés par des artistes grecs ; les analogies de la littérature sont nombreuses. Le fondateur du stoïcisme romain fut Panétius, comme l'a démontré Max Pohlenz [1]. Il a fait du stoïcisme une idéologie qu'ont acceptée avec enthousiasme Scipion et ses amis. Depuis ce temps tous les meilleurs des Romains ont été influencés à des degrés divers par cette idéologie, et ils ont regardé comme l'idéal une constitution de l'Etat basée sur les institutions anciennes remodelées dans l'esprit stoïcien. Et on a gardé cette foi pendant toutes les crises et les souffrances de la période de la révolution romaine. Sous la dictature de Jules César, Cicéron a souvent exprimé cette expérience amère, à savoir qu'un Etat qui ne respectait pas les principes fondamentaux de l'idéologie du stoïcisme romain n'était plus un Etat. Par sa vie et surtout par sa mort volontaire, Caton le Jeune était devenu en même temps le héros de la République et le martyr du stoïcisme romain ; plus tard, Brutus obtint la même gloire. R. Syme a démontré que le comportement de ces hommes peut s'expliquer sans avoir recours au stoïcisme [2]. Mais, tous les

[1] *Die Stoa* (Göttingen 1959^2), 257 ss.

[2] *The Roman Revolution* (Oxford 1952), 57 ss.

deux ils ont trouvé dans le stoïcisme une justification de leur activité politique et leur image posthume, idéalisée sans doute, est une réalité pas moins importante dans l'histoire romaine que le vrai Caton et le vrai Brutus.

Après s'être installé dans la position du pouvoir absolu, le fils du divin Jules s'est donné pour tâche de stabiliser le nouvel ordre dans les cadres de la constitution et de la loi, de rassembler la nation. Par sa politique extérieure, par sa politique culturelle, par son respect envers les institutions républicaines, il a déguisé sa monarchie en un gouvernement national pour faire renaître l'ancienne constitution et l'ancienne gloire de la nation. Il s'est établi au-dessus des partis. Dans sa propagande, dans ce que R. Syme a appelé l'organisation de l'opinion, il a donc pu utiliser le stoïcisme romain, qui s'accordait très bien avec la constitution officielle. Je ne crois pas, d'ailleurs, que ce moyen politique fût plus dépourvu de sincérité que ne l'est généralement l'usage des idéologies politiques. Mais, républicain d'origine, le stoïcisme romain pouvait rester républicain puisque la monarchie s'était établie sur l'illusion de la République. Les historiens ont appelé cette constitution le Principat. Généralement, dans la joie de la paix, on a accepté avec enthousiasme cette illusion, comme le montrent les œuvres des poètes augustéens. Mais sous Tibère, sous Caligula, sous Claude, il est devenu toujours plus difficile de maintenir cette illusion républicaine, et un assez grand nombre de Romains, parmi lesquels Sénèque, ont accepté la monarchie, ont trouvé une justification dans la philosophie stoïcienne grecque qui avait développé des arguments pour la monarchie éclairée. Bien sûr, on ne se faisait pas d'illusions sur le caractère de ces souverains ; mais ces hommes d'administration et ces écrivains ont accepté le système de gouvernement dans l'espoir de le corriger — et pour avoir l'excuse de le critiquer : le souverain devait être un roi juste et non pas un tyran. Si la monarchie ne fonctionnait pas bien, c'était la faute du monarque actuel, pas celle du système. On a idéalisé l'image de Drusus et de Germanicus comme une espèce de « miroir de roi » pour obliger et pour critiquer l'empereur. On a nourri de grands espoirs au sujet de Néron, l'élève de Sénèque. On a choisi de croire que le jeune prince aurait la possibilité d'être un souverain juste et modéré, clément et éclairé, un *princeps* qui pourrait fonder une nouvelle époque dans la vie publique, caractérisée par l'équilibre du pouvoir absolu et de la liberté, par l'équilibre de la loyauté au chef d'Etat et de l'éthique autonome stoïcienne, telle que l'avait transformée la tradition nationale de Rome. Grâce à Sénèque et à Burrus, ces espoirs semblèrent justifiés pendant les premières années du règne de Néron. Mais après le *quinquennium* on ne put plus maintenir l'espoir ; la tyrannie s'était démasquée. Sénèque lui-même démissionna, mais il resta fidèle, malgré tout, à l'idée de la monarchie [1]. D'autres ont maintenu la même attitude, d'autres encore sont retournés à l'idéologie républicaine, que la plupart probablement n'avaient jamais abandonnée [2]. Il ne faut cependant pas oublier que les hommes pénétrés de stoïcisme, représentant soit la conscience du principat soit l'opposition passive ou active, n'ont jamais été qu'une minorité dans l'aristocratie romaine. La majorité était formée par des loyalistes, que les historiens ont appelés serviles ; ils sont plutôt les fonctionnaires d'un régime dont ils ne discutent pas la raison d'être. Une grande partie de la minorité irréductible dont j'ai parlé, unifiée par le dégoût et la peur de la tyrannie, a trempé dans la conspiration dite de Pison. Les motifs des conspirateurs et leurs idées sur la future organisation du pouvoir ont beaucoup varié ; c'est seulement l'attentat qui a réuni les conjurés. En effet les « monarchistes » étaient alors hostiles à Néron, parce

[1] Sen. *Epist.*, 73.

[2] Par exemple Thraséa.

qu'il était devenu tyran, les « républicains », eux, parce qu'ils détestaient la monarchie. Par conséquent, les représailles qui suivirent la découverte de la conjuration furent dirigées contre toute l'opposition stoïcienne et ruinèrent pour le reste du siècle la possibilité de faire du stoïcisme l'idéologie du pouvoir du *princeps*. Par la mort de Thraséa, qui, par dégoût des ambitions peu républicaines de Pison, n'avait pas trempé dans la conspiration, le stoïcisme romain et les républicains ont trouvé un nouveau martyr. Le stoïcisme « monarchiste » a donc été un interlude et je ne peux pas entièrement suivre l'avis de Pohlenz, à savoir que c'est la rage de Néron qui a forcé le stoïcisme à se déclarer républicain et anti-monarchiste. Le comportement du *princeps* a été bien motivé : il a poursuivi les stoïciens parce qu'ils étaient pour lui un danger par leur critique politique et morale, et les « monarchistes » n'étaient pas moins dangereux pour son trône que les « républicains ». Comme le dit Tacite avec peu d'impartialité : *trucidatis tot insignibus uiris ad postremum Nero uirtutem ipsam excindere concupiuit interfecto Thrasea Paeto et Barea Sorano* [1]. Et notre poète a bien formulé l'expérience finale des héritiers de la tradition romaine :

> *... par quod semper habemus,*
> *libertas et Caesar erit* [2].

Parce que le stoïcisme romain avait été formulé dans les deux derniers siècles de la République, il ne pouvait pas devenir monarchiste, et l'essai politique d'Auguste, celui — philosophique — de Sénèque, de l'établir comme fondement de l'empire se sont avérés être des tours de force.

Sans doute, l'action la plus importante du stoïcisme a été de transformer des traditions politiques en idéologie

[1] Tac., *Ann.*, 16, 21, 1.

[2] Lucan., 7, 695 s. Peut-être trouvons-nous une réminiscence de ces vers chez Tacite, *Agr.*, 3 : *Quamquam primo statim beatissimi saeculi ortu Nerua Caesar res olim dissociabiles miscuerit, principatum ac libertatem.*

politique. La mitigation de l'âme de l'individu, qu'a produite la philosophie, c'est-à-dire l'éthique pratique et mise en pratique, est aussi d'une importance incalculable ; mais en parlant de la relation entre une époque historique et la philosophie, je me suis concentré sur certains aspects idéologiques du stoïcisme. Cependant il avait également d'autres effets. Je ne vais pas pénétrer dans les provinces attribuées à MM. Le Bonniec et Rutz en parlant du stoïcisme et de la religion traditionnelle de Rome, ou des relations de la dialectique stoïcienne avec la rhétorique. Mais il y a un autre effet de la philosophie, surtout de la philosophie stoïcienne: c'est l'intérêt pour la physique, l'astronomie, etc. A en juger par le rôle que jouent les sciences dans la littérature et la poésie, la lecture et la discussion d'ouvrages sur la nature et ses mécanismes étaient assez répandues parmi les gens cultivés. Comme on le sait, les étoiles ont été depuis Hésiode un sujet de poésie. Mais avec Aratos cette tradition fut complètement transformée et le sujet fut pénétré du panthéisme stoïcien. L'influence de ce poème a été énorme, en particulier sur la littérature latine, et l'admiration de ses qualités doit être une des explications de la fréquence des motifs et des sujets astronomiques et, par suite, astrologiques dans la poésie latine. Mais l'astronomie est bientôt devenue un élément conventionnel parmi les *ornamenta* de la poésie, si bien que depuis Virgile et surtout depuis Ovide on ne peut rien conclure de la présence de cet élément sur la position philosophique du poète ou du poème. Quant aux sciences, il en va de même: on a combiné la tradition poétique des catalogues et des *ecphraseis* remontant à la poésie épique ancienne avec l'intérêt hellénistique pour la géographie, l'ethnographie, la géologie, la météorologie, la zoologie ; et dans la poésie latine, la source la plus abondante de ces thèmes se trouve — si l'on fait exception de l'imitation littéraire — dans les œuvres du stoïcien Posidonius ou dans des œuvres latines fondées sur elles.

Malheureusement, nous ne savons que peu de chose de Cornutus, le précepteur de notre poète. Il semble toutefois que son stoïcisme n'ait pas beaucoup différé de celui de Sénèque, et la personnalité comme les œuvres de ce dernier ont peut-être exercé sur le neveu une influence plus grande que son professeur. Comme l'a démontré René Pichon, l'influence directe de la littérature grecque dans la *Pharsale* est très limitée ; apparemment, Lucain n'a pas beaucoup apprécié les livres grecs ; mais il est évident qu'il a connu et utilisé les œuvres de son oncle, et l'on doit étudier la philosophie de Lucain en relation avec celle de Sénèque. Bien entendu, on ne peut pas en déduire que Sénèque ait été la source de Lucain dans tous les cas où l'on trouve les mêmes points de vue philosophiques, car, en tant que philosophe, Sénèque est peu original et, généralement, il ne reflète que les thèses courantes du stoïcisme contemporain. Tout de même, si la lecture de la *Pharsale* rappelle sur quelque point Sénèque le philosophe, ce fait est important pour notre interprétation du poème, qu'il reflète sa genèse ou non. Par exemple, la réponse de Caton à Labiénus, où il démontre qu'il est futile de consulter l'oracle de Jupiter-Hammon, contient une référence aux œuvres de Sénèque qui n'a pas échappé aux lecteurs contemporains; que cette référence soit délibérée ou non de la part du poète, cela importe moins. Je pense au passage suivant :

Quid quaeri, Labiene, iubes? an liber in armis
occubuisse uelim potius quam regna uidere?
an, sit uita breuis, nil, longane, differat, aetas?
an noceat uis nulla bono fortunaque perdat
opposita uirtute minas, laudandaque uelle
sit satis et numquam successu crescat honestum?
Scimus, et hoc nobis non altius inseret Hammon [1].

[1] Lucan., 9, 566 ss. Pour ce qui regarde le v. 568, j'ai accepté la conjecture de Madvig.

Caton n'a pas besoin de questionner quiconque : on verra disparaître d'un seul coup ce que l'on ne peut pas désunir sans crime — Caton, qui ne survivra pas à la liberté ; la liberté qui ne survivra pas à Caton. Comme l'a écrit Sénèque au début de son traité *De la constance du sage : simul... extincta sunt quae nefas erat diuidi : neque enim Cato post libertatem uixit nec libertas post Catonem* [1]. Ce grand homme sait bien que la vie est assez longue et lui a été assez largement donnée pour achever sa haute destinée ; le lecteur est bien persuadé qu'il serait plus instruit sur la vérité de cette thèse par l'exemple de Caton — ou bien par Sénèque dans le livre *De la brièveté de la vie* [2] — que par Jupiter dans le désert de Libye. La vertu de Caton est invulnérable ; il sait d'avance que rien de mal ne peut arriver à l'homme de bien ; les contraires sont incompatibles : *Nihil accidere bono uiro mali potest : non miscentur contraria* — voilà les paroles de Sénèque au début du dialogue *De la providence* [3].

Mais les autres œuvres morales de Sénèque aussi sont importantes pour l'interprétation de la *Pharsale*. On pourrait dire que la passion la plus dominante dans le poème de Lucain, c'est la colère, et dans les trois livres de Sénèque sur ce phénomène nous retrouvons, rédigées en typologie philosophique, presque toutes les manifestations de la colère qu'a si souvent décrites Lucain. Plus particulièrement, un passage du deuxième livre *De la colère* est important pour l'interprétation de l'attitude de Lucain envers la philosophie. En parlant de la théorie péripatéticienne, selon laquelle le sage doit s'irriter contre les actions honteuses, Sénèque vient de déclarer que rien n'est plus indigne que de faire dépendre l'humeur du sage de la perversité d'autrui et que le

[1] Sen., *De const. sap.*, 2, 3.

[2] Sen., *De brev. vit.*, 1, 3 : *Non exiguum temporis habemus, sed multum perdidimus. Satis longa uita et in maximarum rerum consummationem large data est, si tota bene collocaretur.*

[3] Sen., *De prov.*, 2, 1.

sage, si l'on accepte la théorie péripatéticienne, ne cessera jamais de s'irriter une fois qu'il aura commencé ; car tout est plein de crimes et de vices. Pour caractériser la situation, Sénèque cite les vers célèbres d'Ovide sur l'âge du fer : *non hospes ab hospite tutus, non socer a genero*, etc.[1] Et il continue : *et quota ista pars scelerum est? Non descripsit castra ex una parte contraria et parentium liberorumque sacramenta diuersa, subiectam patriae ciuis manu flammam et agmina infestorum equitum ad conquirendas proscriptorum latebras circumuolitantia et uiolatos fontes uenenis et pestilentiam manu factam et praeductam obsessis parentibus fossam, plenos carceres et incendia totas urbes concremantia dominationesque funestas et regnorum publicorumque exitiorum clandestina consilia, et pro gloria habita quae quamdiu opprimi possunt scelera sunt, raptus ac stupra et ne os quidem libidini exceptum. Adde nunc publica periuria gentium et rupta foedera et praedam ualidioris quicquid non resistebat abductum, circumscriptiones, furta, fraudes, infitiationes, quibus trina non sufficiunt fora. Si tantum irasci uis sapientem quantum scelerum indignitas exigit, non irascendum illi sed insaniendum est*[2].

Il y a là presque une invitation à écrire sur le thème de la guerre civile, ce qu'a fait Lucain. Quelle est donc la position que prend Lucain lui-même dans le poème? Celle que recommande Sénèque, d'être calme et souriant devant les erreurs des hommes, non pas ennemi, mais censeur des vices, de regarder tous ces maux avec la sympathie d'un médecin pour ses malades? Pas du tout. Il s'irrite, il s'indigne, il est plein de haine, il proteste, il refuse d'accepter le fait accompli de l'histoire, il regarde les événements qu'il décrit avec un désespoir profond, éloigné autant que possible de la sérénité du sage stoïcien. Il n'est pas un spectateur *sine ira et studio*, mais il se sent lui-même victime de la catastrophe :

[1] Ov., *Met.*, 1, 144 ss.

[2] Sen., *De ira*, 2, 9, 3-4.

Maius ab hac acie quam quod sua saecula ferrent
uolnus habent populi ; plus est quam uita salusque
quod perit : in totum mundi prosternimur aeuum.
Vincitur his gladiis omnis quae seruiet aetas.
Proxima quid suboles aut quid meruere nepotes
in regnum nasci ? pauide num gessimus arma
teximus aut iugulos ? alieni poena timoris
in nostra ceruice sedet. Post proelia natis
si dominum, Fortuna, dabas, et bella dedisses [1].

Il ne voit pas dans les calamités de la guerre civile des épreuves de la providence ou même des supplices justes, mais une loi de la Némésis :

Inuida fatorum series summisque negatum
stare diu nimioque graues sub pondere lapsus [2].

Pour lui, le monde n'est pas gouverné par un pouvoir bienveillant ou même rationnel. Le destin, les dieux, la Fortune ne sont pas chez lui les forces morales. Mais depuis Socrate et Platon, le monde antique ne pouvait pas accepter des dieux injustes ou un cosmos irrationnel. La conséquence de nier la moralité et la rationalité du monde est donc de nier l'existence des dieux et de laisser dominer le hasard aveugle dans le monde. C'est exactement ce que fait Lucain :

Sunt nobis nulla profecto
numina : cum caeco rapiantur saecula casu,
mentimur regnare Iouem. Spectabit ab alto
aethere Thessalicas, teneat cum fulmina, caedes ? [3]

— et quelques vers plus loin :

Mortalia nulli
sunt curata deo. Cladis tamen huius habemus

[1] Lucan., 7, 638 ss.

[2] Lucan., 1, 70 ss.

[3] Lucan., 7, 445 ss.

uindictam, quantam terris dare numina fas est :
bella pares superis facient ciuilia diuos ;
fulminibus manes radiisque ornabit et astris
inque deum templis iurabit Roma per umbras [1].

Il est bien superficiel de voir en ces vers une déviation occasionnelle vers l'épicurisme ou même un *credo* épicurien, comme l'a fait récemment M. Griset [2].

Le masque que porte Lucain dans la *Pharsale* est celui d'un stoïcien qui a perdu la foi ; les dieux n'ont pas empêché la catastrophe criminelle de la guerre civile, donc ils sont amoraux, ils ne sont pas des dieux ou ne s'intéressent pas aux hommes ; pour un épicurien, l'indifférence des dieux est une chose dont on doit se féliciter, mais pour Lucain, c'est une constatation amère et désespérante. Et pour n'avoir pas empêché les désastres, ces dieux inexistants ou indifférents ont reçu leur juste récompense : les Césars défunts sont désormais les égaux des « dieux ». Le raisonnement n'est pas logique, on pourrait plutôt le dire absurde : comment punir des dieux, qui n'existent pas ou ne se soucient pas des choses mortelles ? Mais ce qu'a voulu Lucain, ce n'est pas prendre position sur un problème de la philosophie : c'est pratiquer l'œuvre sacrée, l'œuvre sublime du poète [3], c'est-à-dire exciter à la fois des espoirs, des craintes et des vœux sans objet chez ses lecteurs, et mettre sous leurs yeux frappés d'étonnement des destins non pas révolus mais comme près de se produire [4]. La relation entre la *Pharsale* et le passage de Sénèque dont j'ai parlé est sou-

[1] Lucan., 7, 454 ss.

[2] *M. Anneo Lucano, Bellum civile*, éd. par EM. GRISET (Bibl. della Riv. di Studi Classici, 1960) « Introduzione », 7.

[3] Lucan., 9, 980 : *O sacer et magnus uatum labor !*

[4] Lucan., 7, 207 ss. : *Haec et apud seras gentes populosque nepotum, / ... cum bella legentur, / spesque metusque simul perituraque uota mouebunt, / attonitique omnes ueluti uenientia fata, / non transmissa, legent ...*

lignée par le fait que Lucain a utilisé la constatation de Sénèque : *Pro gloria habita quae quamdiu opprimi possunt scelera sunt*, pour en faire une explosion d'indignation :

> *Ac uelut occultum pereat scelus, omnia monstra*
> *in facie posuere ducum ; iuuat esse nocentes* [1]

— pour ne pas parler du deuxième vers du poème :

> *Iusque datum sceleri canimus.*

Il est dans cette œuvre une autre imitation, qui peut illustrer, elle aussi, ce qu'a trouvé Lucain dans sa lecture des traités de Sénèque. Pour prouver qu'on ne peut pas être en même temps colérique et vertueux, Sénèque insiste sur la banalité que vices et vertus ne s'accordent pas [2]. Dans le huitième livre de Lucain, nous retrouvons cette déclaration avec une altération très importante : c'est vertu et puissance souveraine qui ne vont pas ensemble [3]. Ici, nous n'avons plus un énoncé philosophique, à peu près tautologique, mais une constatation déterminée par la conception tragique de la lutte du pouvoir dans la *Pharsale*. Bien entendu, il ne faut pas oublier que nous n'avons pas là les paroles du poète ; mais en les mettant dans la bouche de Pothin, le ministre du jeune Ptolémée, le vers est encore plus choquant : Lucain a fait avouer sans honte à la monarchie elle-même qu'elle est identique au vice. Et à mon avis, cela n'a pas échappé aux lecteurs de Lucain qui connaissaient aussi les livres de Sénèque : ici un ministre d'un jeune prince a démasqué la futilité des efforts d'un autre ministre d'un autre jeune prince. Retournons à la conception pessimiste chez Lucain d'un destin cruel et de dieux injustes. Sur ce point aussi il y a des parallèles chez Sénèque. Dans la *Conso-*

[1] Lucan., 4, 251 s.

[2] Sen., *De ira*, 2, 12, 2 : ... *quoniam cum uirtutibus uitia non coeunt.*

[3] Lucan., 8, 494 s. : *Virtus et summa potestas/non coeunt.*

lation à Marcia, il dit que Sylla s'est donné son surnom sans craindre ni la haine des hommes, dont les souffrances faisaient son excessive félicité, ni la jalousie des dieux, *quorum crimen illud erat, Sulla tam felix* [1]. Il y a des échos chez Lucain dans les détails [2], et tout le mouvement est bien, à première vue, dans sa manière. Mais chez Sénèque la jalousie des dieux est dirigée contre le cruel Sylla chez Lucain l'enchaînement jaloux des destins est la cause de la chute de Rome. Dans le passage de la *Consolation à Helvia*, où Sénèque fait mention du petit Lucain, il exprime le souhait que la cruauté des destins s'épuise sur sa personne pour épargner le reste de la famille [3]. Ici, chez Sénèque, il s'agit d'une façon de parler, si l'on veut, rhétorique. Chez Lucain, les dieux cruels [4] voient les parties combattantes comme un couple de gladiateurs [5]. Nous ne savons pas ce qu'a pensé Lucain de ces spectacles, mais la comparaison ne peut pas être flatteuse ; quant à Sénèque, il écrit lui-même qu'il les déteste [6]. Dans la même *Consolation à Helvia*, on lit cette définition de la puissance suprême : ... *Quisquis formator uniuersi fuit, siue ille deus est potens omnium, siue incorporalis ratio ingentium operum artifex, siue diuinus spiritus per omnia maxima ac minima aequali intentione diffusus, siue fatum et immutabilis causarum*

[1] Sen., *Cons. Marc.*, 12, 6.

[2] Lucan., 2, 221 ss. : *Hisne salus rerum, felix his Sulla uocari*, etc. ; 2, 288 : *Crimen erit superis et me fecisse nocentem* (cf. 9, 144) ; 8, 55 s. : *Crimenque deum crudele notavit, deformem pallore ducem* ; 5, 59 : *Fortunae, Ptolemaee, pudor crimenque deorum.*

[3] Sen., *Cons. Helv.*, 18, 6 : *Deos oro, contingat hunc habere nobis superstitem ! In me omnis fatorum crudelitas lassata consistat. Quicquid matri dolendum fuit, in me transierit ; quicquid auiae, in me : floreat reliqua in suo statu turba ! Nihil de orbitate, nihil de condicione mea querar, fuerim tantum nihil amplius doliturae domus piamentum.*

[4] Lucan., 2, 44 : *Effundunt iustas in numina saeua querellas.*

[5] Lucan., 5, 3 : *Seruauit Fortuna pares* ; 6, 3 : *Parque suum uidere dei.*

[6] Sen., *Epist.*, 7, 2 : *Nihil uero tam damnosum bonis moribus quam in aliquo spectaculo desidere*, etc.

inter se cohaerentium series [1]; on peut citer, ici aussi, des parallèles chez Lucain [2]. A propos de ces correspondances entre les consolations de Sénèque et le poème de Lucain, René Pichon pose la question : « quand on voit un aussi conciliant éclectisme chez un philosophe de profession, comment s'étonner qu'un poète ne se soit pas assujetti à une terminologie très stricte [3] ? » A mon avis cependant, il n'est pas fortuit que nous trouvions justement dans les *Consolations* les notions de la jalousie des dieux ou de la cruauté des destins ou les réflections éclectiques sur la puissance suprême. Parmi les « dialogues » de Sénèque, les *Consolations* sont les moins philosophiques, soit par leur fonction immédiate de consoler la destinataire, soit par la tradition du genre littéraire auquel elles appartiennent. Autrement dit, dans les *Consolations*, Sénèque est encore moins qu'ailleurs philosophe de profession et encore plus qu'ailleurs homme de lettres. C'est surtout en cette qualité qu'il a été imité par son neveu. Mais « la jalousie des dieux », « la cruauté des destins », etc., ce sont pour Sénèque des concessions occasionnelles à la langue du commun, tandis que pour Lucain, ces notions représentent l'expérience fondamentale qui constitue le tragique de l'histoire de Rome.

On ne peut s'étonner, dès lors, que parfois ce pessimisme tourne à l'ironie amère contre cette même philosophie stoïcienne, laquelle reste, bien entendu, le seul cadre possible de pensée pour un poète sérieux comme Lucain. Par exemple, il est bien choquant de trouver l'adjectif *securus*, l'épithète du sage stoïcien, pour caractériser la récompense de la vertu, appliqué à Sylla dans le moment même où celui-ci regarde les cadavres innombrables des victimes de sa cruauté

[1] Sen., *Cons. Helv.*, 8, 3.

[2] Par exemple 2, 7 ss. ; 5, 86 ss.

[3] R. PICHON, *Les sources de Lucain* (Paris 1912), 175.

criminelle [1]. Non moins étonnante est l'expression au début du septième livre, où les Pompéiens réclament le combat : la foule demande le signal de la bataille, *fatis trahentibus orbem* [2]. Il ne s'agit plus d'une épreuve qu'impose la destinée à la vertu des hommes et que peut subir avec confiance le sage. Le poète ne regarde pas les événements avec les yeux de Caton — qui, du reste, dit aussi *fata trahunt* [3] et non, comme Sénèque, *fata ducunt* [4] — mais il se dépeint comme un patriote déplorant la ruine de son peuple et de sa patrie ; quelques vers plus bas, il dit que chacun brûle de précipiter *sua ... ac publica fata* [5] ; maintenant le mot *fata* signifie la mort, la destruction — ce qui montre bien la nuance de *fata trahentia orbem*. Aux yeux de Lucain, le monde romain est anéanti par un destin jaloux et cruel. Nous trouvons dans le troisième livre un exemple parmi les plus instructifs de ce tour du poète. Le tribun Métellus cherche à empêcher César de piller le temple de Saturne ; il ne cède ni à la colère du dictateur ni aux menaces de la violence. En ce moment critique, Métellus se laisse persuader d'abandonner sa résistance par ce raisonnement surprenant de Cotta :

> « *Libertas* » *inquit* « *populi, quem regna coercent,*
> *libertate perit ; cuius seruaueris umbram,*
> *si, quidquid iubeare, uelis* [6]. »

En d'autres termes, comme le remarque M. Bourgery dans sa note, c'est en cherchant à faire usage de la liberté qu'on s'aperçoit qu'on ne l'a plus. Nous avons ici une expression

[1] Lucan., 2, 207 s. : *Intrepidus tanti sedit securus ab alto | spectator sceleris.*

[2] Lucan., 7, 46.

[3] Lucan., 2, 287 : *Sed quo fata trahunt, uirtus secura sequetur.*

[4] Sen., *De prov.*, 5, 7. Il est vrai que Sénèque cite et traduit Cléanthe : *Ducunt uolentem fata nolentem trahunt*, *Epist.*, 107, 11. Mais pour Sénèque, l'opposition aux destins est un vice ; chez Lucain, une vertu.

[5] Lucan., 7, 51 s.

[6] Lucan., 3, 145 ss.

épigrammatique de la façon de raisonner des hommes braves qui, sous de mauvais princes, ne défient la renommée et la destinée ni par esprit d'indépendance ni par vaine fanfaronnade, pour parler comme Tacite [1]. Il est évident que Lucain lui-même ne partage pas l'opinion de Cotta : il n'accepte à aucun prix la tyrannie. Mais ce qui est encore plus intéressant, c'est le fait que nous avons ici, appliquée à la politique, la doctrine stoïcienne de la liberté de la volonté ; c'est une conséquence de l'ontologie moniste du stoïcisme que la vraie liberté de l'âme est de se conformer à la nature, aux lois du destin, au dieu, c'est-à-dire d'identifier sa volonté individuelle avec le principe rationnel du cosmos ; ce principe, qu'on appelle aussi dieu ou nature, est la seule substance qu'on puisse qualifier de « bonne », parce que selon l'ontologie stoïcienne, c'est la seule substance [2]. C'est seulement si l'on garde toujours cela à l'esprit qu'on peut pénétrer le sens philosophique de préceptes comme celui de Sénèque : *et quaecumque fiunt debuisse fieri putet nec uelit obiurgare naturam. Optimum est pati quod emendare non possis, et deum quo auctore cuncta proueniunt sine murmuratione comitari* [3]. Mais en appliquant cette maxime à la sphère politique, c'est-à-dire en substituant un mauvais tyran au dieu bon, Lucain, avec une ironie amère, a fait parodier totalement à Cotta le sens philosophique. Comme nous l'avons vu, pour Lucain, le destin n'est pas moral, mais plutôt cruel et injuste; chez Lucain, le monde est analogue à une tyrannie qu'il se refuse à accepter. Sénèque aussi se sert-il plus d'une fois de la comparaison entre le prin-

[1] Tac., *Agr.*, 42, 5-6 : *Domitiani uero natura praeceps in iram, et quo obscurior, eo inrevocabilior, moderatione tamen prudentiaque Agricolae leniebatur, quia non contumacia neque inani iactatione libertatis famam fatumque prouocabat. Sciant, quibus moris est illicita mirari, posse etiam sub malis principibus magnos uiros esse, obsequiumque ac modestiam, si industria ac uigor adsint, eo laudis excedere, quo plerique per abrupta, sed in nullum rei publicae usum ambitiosa morte inclaruerunt.*

[2] Je suis ici l'analyse très pénétrante de Johnny Christensen, *op. cit.* (n. 1, p. 204).

[3] Sen., *Epist.*, 107, 9.

cipe gouvernant le monde et un roi, mais, bien entendu, il pense toujours à un bon roi. Par exemple, dans son traité *Sur la vie heureuse*, il écrit : *quicquid ex uniuersi constitutione patiendum est magno suscipiatur animo : ad hoc sacramentum adacti sumus, ferre mortalia nec perturbari iis quae uitare non est nostrae potestatis. In regno nati sumus : deo parere libertas est* [1]. Si nous substituons au *deo* de Sénèque l'*inuida fatorum series* ou les *saeua numina* de Lucain, la maxime devient tout à fait absurde. Mais nous voyons aussi dans quelle mesure Lucain accepte le stoïcisme dans son poème : il fait usage de la langue stoïcienne, des catégories stoïciennes, de la physique stoïcienne, de la morale du stoïcisme ; mais en décrivant ce qui à ses yeux est la destruction finale et irrévocable de la patrie idéale, il se refuse à y voir la main du dieu bon, — si l'on veut bien ne pas insister sur le proème à Néron, qui doit être ou ironique ou, plutôt, un tour de force obligatoire et nécessaire pour la publication, en tout cas un passage que le poète a bien isolé de la structure et des idées du poème et qui ne peut pas suffire à changer le désespoir de la *Pharsale* en confiance. Mais le pessimisme de Lucain est plutôt littéraire que philosophique : autant il était naturel pour Virgile d'être optimiste en décrivant la naissance de la nation, autant il était nécessaire pour Lucain d'adopter une attitude pessimiste en décrivant sa chute. La question de savoir si Lucain, en dehors de son poème, a été pessimiste ou optimiste, est bien moins intéressante ; personnellement, je crois que ce n'est pas un problème sur lequel il ait beaucoup réfléchi.

Dans ce que j'ai dit, je me suis concentré surtout sur les différences entre Lucain et le stoïcisme orthodoxe ; je n'ai pas voulu énumérer toutes les ressemblances entre la *Pharsale* et le stoïcisme pour ce qui regarde la cosmologie, la physique, la mantique, l'eschatologie, etc. ; ce serait une répétition

[1] Sen., *De vit. beat.*, 15, 7.

inutile du quatrième chapitre de l'œuvre de René Pichon. On trouvera là un vaste inventaire des idées philosophiques exprimées dans la *Pharsale*, mises en rapport avec le stoïcisme de Sénèque ; on y trouvera presque toutes les prémisses pour tirer une conclusion sur les rapports entre Lucain et la philosophie ; la conclusion à laquelle je suis arrivé est toutefois assez différente de celle de Pichon. Celui-ci est bien persuadé que Lucain a été un dévot, qu'il a suivi dans tout son poème les opinions de son oncle sur le sort de l'humanité, sur la question de la divination, sur la vie future, sur la morale. Il considère comme acquis que la pensée, c'est-à-dire la pensée philosophique, est présente dans toute l'œuvre, en anime et en vivifie tous les détails [1]. Il pose la question à résoudre sous la forme de cette alternative : « les sentences philosophiques, si nombreuses dans la *Pharsale*, sont-elles les pièces d'une théorie liée ? ... ou bien ne devons-nous y voir que des amplifications de pure virtuosité littéraire [2] ? » Sur quoi, il s'attache à prouver la cohérence et l'orthodoxie du système stoïcien de Lucain. Mais je ne crois pas que le problème soit bien défini par l'alternative de Pichon. Nous avons affaire à un auteur qui a voulu être lui-même poète, non pas philosophe, qui a écrit une épopée nationale, non pas une œuvre philosophique ; ce qui importe pour l'interprétation, c'est la question de la cohérence dans la structure littéraire, dont les sentences philosophiques font partie. Si la philosophie exprimée dans l'œuvre ne s'accordait pas bien avec la structure littéraire, cela serait une faute littéraire ; mais si le poète n'était pas conséquent dans sa philosophie, cela ne serait pas une faute littéraire, à condition que les inconséquences fissent plausiblement partie d'une structure littéraire cohérente — laquelle n'est pas normalement un système

[1] R. Pichon, *op. cit.* (n. 3, p. 217), 165.

[2] R. Pichon, *op. cit.*, 167.

logique qu'on peut analyser rationnellement, mais plutôt, dans la plupart des cas, un système psychologique qui unit et balance des contradictions nombreuses, qui contient un très grand nombre d'ambiguïtés et de fortes tensions. En écrivant, par exemple, une tragédie, le poète ne cherche pas une conciliation du conflit mais il essaye de faire naître de l'intérêt pour le conflit chez les spectateurs ; il n'est pas pertinent de se demander ce qu'il a pensé personnellement. Mais dans la *Pharsale*, le poète s'est introduit par ses commentaires dans la structure littéraire, il s'est donné un rôle dans le poème ; ce rôle de narrateur et de commentateur est plus éminent sans doute dans la *Pharsale* que dans l'*Enéide*, mais il répond à un même principe. Les commentaires du poète ne sont pas à proprement parler des notes au bas de la page : ils font partie intégrante du texte lui-même. Cela nous contraint à faire une distinction nette entre ce que dit le poète lui-même et ce qu'il fait dire aux autres personnages. Trop souvent les interprètes, d'une façon assez arbitraire et préjudicielle, acceptent les paroles de tel personnage du poème comme l'expression de la pensée du poète, et on identifie sans réfléchir le commentateur du poème avec l'homme qui a créé ce poème et, par là, le commentateur. Dans l'*Enéide*, il y a une tendance stoïcienne en ce qui concerne les dieux, le destin, la morale. Le Mantouan lui-même a-t-il abandonné le Jardin pour le Portique ? Peut-être. Quoi qu'il en soit, en décrivant la naissance de la Ville en préfiguration de la gloire de Rome sous Auguste, il lui a été nécessaire d'utiliser les conceptions de la providence, du destin, de la divination, etc. Peut-être Virgile était-il trop religieux et sérieux pour réduire les dieux de la tradition épique à un enjolivement du récit [1] ; ce qui est certain, c'est qu'il a été trop poète pour le faire. C'est de la même façon que Lucain a utilisé la philosophie,

[1] R. HEINZE, *Vergils epische Technik* (Leipzig u. Berlin 1915^3), 291.

mais il l'a subordonnée à son but littéraire. Le Caton de Lucain est un stoïcien. Comment le dépeindre autrement? Mais dans ses mots fameux

Sed quo fata trahunt, uirtus secura sequetur [1],

il faut voir le motif qui pousse Caton, immunisé par sa vertu contre les malheurs, à prendre parti dans la guerre civile. Ce serait une interprétation fausse que d'y voir la confiance de Lucain en la providence. Il ne serait pas plus correct de trouver dans les paroles de Brutus de la même scène un signe que Lucain pense que Caton n'aurait pas dû se mêler du conflit. Un autre exemple : la leçon que fait Erichtho dans le sixième livre à Sextus Pompée a pour fonction littéraire de justifier la scène grandiose de la nécromancie dans la structure de la *Pharsale*. La question de savoir si Erichtho expose ici les idées du poète, la solution qu'il a trouvée pour mettre en harmonie son fatalisme et sa croyance en la magie, n'est pas pertinente pour l'interprétation. Est-ce que nous pouvons supposer que Lucain ait choisi d'exprimer ici son *credo* — voilà le terme dont fait usage Pichon [2] — par la bouche de la criminelle sorcière thessalienne? Il me paraît encore plus hasardé de le croire que d'accepter sans réserve que les opinions exprimées par Caton sont toujours aussi celles du poète. Si on se limite aux commentaires du poète — ce qui me paraît être la seule méthode profitable pour l'interprétation — on ne pourra pas arriver à la conclusion de Pichon, à savoir que le destin trouve sa voie et que cette voie est bonne [3]. Pour Lucain, poète de la *Pharsale*, la philosophie est subordonnée à la structure littéraire, c'est-à-dire modifiée par la dialectique du sujet. Bien sûr, le destin trouve sa voie dans la *Pharsale*

[1] Lucan., 2, 287.

[2] R. Pichon, *op. cit.* (n. 2, p. 217), 195.

[3] R. Pichon, *op. cit.*, 185.

comme dans l'*Enéide* ; mais chez Lucain, cela veut dire la destruction finale de toutes les valeurs décisives pour le poète, — et pour les lecteurs de son épopée nationale, la fin de la Rome idéale. Cette destruction s'accomplit malgré les efforts héroïques d'un Caton, d'un Brutus, et si Pompée est purifié dans la scène de sa mort, c'est par la dialectique de la guerre civile : la victoire est une chose criminelle et, par conséquent, la défaite irrévocable a une valeur morale.

Peut-être Lucain a-t-il été un stoïcien orthodoxe pour ce qui regarde sa *Weltanschauung*. Mais par la limitation du sujet de son œuvre à la catastrophe nationale de Rome, il s'est prescrit à lui-même un rôle pessimiste et désespéré, et il l'a joué avec l'énergie et la conséquence d'un grand poète.

DISCUSSION

M. Durry : De votre première partie consacrée à l'histoire du néo-stoïcisme, je retiendrai en particulier votre distinction entre stoïciens républicains et stoïciens monarchistes. Quant à votre formule « Lucain est un stoïcien qui a perdu la foi », elle sera un des centres de la discussion qui va s'instaurer. Une question : Sénèque se plaisait à mêler à ses exposés de doctrine stoïcienne des sentences épicuriennes ; y a-t-il quelque chose de semblable dans la *Pharsale* ?

M. Due : La distinction entre stoïciens républicains et stoïciens monarchistes n'est pas de moi, mais de Pohlenz. En disant de Lucain qu'il porte le masque d'un stoïcien qui a perdu la foi, j'entends seulement dire que son sujet l'a obligé à porter ce masque, qu'il soit identique à son vrai visage ou non. J'en viens à votre question sur un éventuel contenu épicurien de la *Pharsale* : il est souvent malaisé de déterminer si une maxime morale ou physique est stoïcienne ou épicurienne. Lucain, certes, ne cite pas des maximes épicuriennes à la façon de Sénèque ; pourtant, on trouve chez lui des sentences qu'on peut qualifier d'épicuriennes. Souriau en a identifié un bon nombre, au point qu'il se représente Lucain comme ballotté entre le Jardin et le Portique. Toutefois, ce que nous devons chercher dans la *Pharsale*, ce n'est pas l'unité philosophique, mais l'unité littéraire.

M. Grimal : Félicitons M. Due d'avoir abordé cet important problème (souvent traité, de près ou de loin, par les commentateurs) d'une façon tout à fait originale, l'esprit libre, sans reprendre les lieux communs attendus sur le stoïcisme. Il est certain que celui-ci n'est pas, comme le pensait G. Boissier, et d'autres autour de lui et après lui, une doctrine d'opposition, comme la vertu s'oppose au crime. Tacite a beaucoup contribué à former cette image d'Epinal, le vertueux Thraséa se dressant en face du tyran Néron.

En réalité, depuis ses origines, et l'amitié entre Zénon et Antigone Gonatas, le stoïcisme a vocation monarchique. Et c'est dans des cercles soupçonnés de sympathie monarchique qu'il prit racine à Rome, avec Scipion Emilien, en qui l'on voit le premier *Führer* de la cité romaine, le premier *princeps*. Précisément, le stoïcisme est, comme l'a montré Pohlenz, une doctrine du *Führertum* — à condition de penser la notion dans le cadre antique. Le sage stoïcien est roi ; s'il participe à la vie politique, comme l'y incitent les maîtres, Zénon et Chrysippe, il demeurera « roi » ; à Rome, le sénat sera ainsi une assemblée de rois. Pour Caton, et aussi pour les « républicains » sous l'Empire, tel est le sens de la liberté ; il ne s'agit nullement de démocratie, pour laquelle les stoïciens n'ont que mépris.

Dans ces conditions, le stoïcisme, sur lequel s'est appuyé partiellement Auguste, sous l'influence, sans doute, de son maître Athénodore fils de Sandon, favorisait la formation d'une cité où un chef (ἡγημών) aurait eu comme pairs d'autres chefs, dont il aurait été, aussi, le premier. Cette conception du « roi des rois » est très homérique; assez curieusement, elle apparaît dans ce que nous pouvons deviner du traité de Philodème sur le bon roi selon Homère. Philodème, épicurien, maître à penser des épicuriens de sa génération, propose, avant la mort de César (la date est très probable) une organisation politique qui se révèle très acceptable pour les stoïciens, qui va au-devant du stoïcisme. Plus tard, l'évolution de l'Empire, allant du Principat au Dominat, s'inscrira dans un cycle dont l'un des pôles sera précisément cette liberté aristocratique. Sous Néron, avec Sénèque, d'abord le régime est conforme à cette liberté ; puis, au moment où l'influence des anti-sénatoriaux l'emporte, il bascule vers le Dominat ; à ce moment, les stoïciens (bientôt Thraséa Paetus) se replient dans la vie exemplaire qui était encore (Sénèque le dit) une forme d'action politique, et ils meurent. Sauvegarder sa liberté dans sa mort est une attitude chère à Sénèque. Le stoïcisme alors s'intériorise, il évolue vers un temps où il sera doctrine d'esclave et doctrine d'empereur — ce qui n'est point sans signification profonde.

Sous l'Empire, mais aussi dès le temps des guerres civiles, les Romains sont trop engagés dans la philosophie pour que celle-ci n'ait pas joué un rôle dans la politique. On ne partagera guère l'opinion de R. Syme, pour qui les éléments spirituels de la Révolution romaine sont des superstructures ajoutées par un pouvoir manœuvrant l'opinion. Virgile a contribué à l'établissement de l'Empire et, d'abord, à celui de l'idéologie impériale, qui n'est pas née pour servir une ambition, celle d'Octave, mais qui est le terme et le fruit d'un immense mouvement d'idées, très complexe, où les consciences ont joué un rôle plus grand que les légions.

Enfin, est-il possible de distinguer trop nettement l'homme, chez Lucain, homme inconnaissable, et l'auteur, dont l'œuvre seule nous est accessible? Cette distinction, à titre de précaution méthodologique, est indispensable, mais il me semble que la conclusion même de votre exposé la dépasse, la résout : le poète pense, construit son univers, mais c'est l'homme qui ressent les souffrances et, sans doute, conçoit les espérances. Il n'y aurait pas d'auteur s'il n'y avait pas l'homme, d'abord et avant tout.

M. Due: Les remarques de M. Grimal complètent fort opportunément ce que j'ai dit. Si je vous ai donné l'impression de partager l'opinion de R. Syme, pour qui les poètes de l'époque d'Auguste ont joué le rôle de propagandistes de l'empereur, c'est que je me suis insuffisamment exprimé. Comme vous, je suis convaincu que l'idéologie du Principat a été forgée, dans une large mesure, par Virgile et par Horace ; mais le *princeps* a saisi les possibilités politiques que lui offraient les idées des poètes, et il n'a pas hésité à les mettre à profit; il a eu l'habileté de profiter de cet immense mouvement d'idées dont vous parlez.

J'en viens à votre question. La distinction méthodique entre visage historique ou biographique et visage littéraire me semble une abstraction, inévitable sans doute, mais qui n'en fait pas moins tort à la réalité. Il existe une certaine identité entre Lucain homme et Lucain poète, mais, puisque la mesure de cette identité ne saurait être déterminée avec rigueur, j'ai préféré laisser de côté l'aspect que nous ne connaissons qu'avec incertitude, c'est-à-dire le visage personnel de Lucain, et me concentrer sur sa physionomie poétique, ce qui me paraît plus important pour l'appréciation de l'œuvre. Si vous me permettez une analogie, un peu arbitraire peut-être: il n'est pas indispensable de posséder une photographie du peintre pour apprécier son autoportrait.

M. Bastet: I feel very much indebted to you after having heard your paper, from which many inspiring thoughts and ideas emanate, some of them being very new and important, in my opinion.

As Mr. Grimal already has said, I too am convinced, that we should not separate too severely the poet from his poem. This nowadays is rather much *à la mode (close reading)*. Of course, we *have* to begin to read the text well, but then immediately we see, that the poet himself enters with his own commentaries from time very clearly. So I see as a passage of crucial interest 9, 980-986, to take only one example. — Next to this, I wonder if the laws of tragedy and those of epic in the epoch of Lucan are so strictly comparable as you put it (if I did understand you rightly).

To finish, I should like to ask a question. You spoke of the strong influences of Aratos on literature in the first century A. D. Might it be possible that the ceiling painting from Stabiae and the so-called dome of heaven on the *Domus Aurea* are influenced by Aratean ideas also? I didn't study the subject in detail, I must confess, but I think it is rather important to do so. After all, the *Grand camée de France* has also—by Byvanck—been put into connection with Aratos (perhaps wrongly...). Archeologists in general still take to little into consideration the litterary movements of the period concerned.

M. Due : I have not intended to separate poet and poem : on the contrary, I think that Lucan has introduced himself into the poem in a way which enables us to dispense with his private personality ; and he could not have done so if he was not a good poet—as I think he was. The passage 9, 980-986 has a somewhat special place in the structure of the poem. It is a kind of signature within a long tradition in ancient literature. Of course, the signature is always important but in another way than the rest of the text.

I have permitted myself the comparison with tragedy because there is a tradition dating back to Aristotle of comparing epos and tragedy and because Lucan's poem actually has often been compared to tragedy. But of course you are perfectly right that we should always take such comparisons *cum grano salis*.

I regret to say that I have not the knowledge of ancient art required to answer your question on the influence of Aratos on painting and architecture. As a layman I should think it most probable. But I have to leave the question open.

M. Rutz : Einen « Diskussionsbeitrag » kann ich nicht liefern, da ich in allen wichtigen Punkten mit Herrn Due durchaus übereinstimme. Ich möchte nur ausdrücklich darauf hinweisen, dass das, was Herr Due gesagt hat, auch Rückschlüsse auf die Frage nach der politischen Haltung Lucans zulässt. Wenn Herr Due feststellt, dass Inkonsequenz im Ausdruck philosophischer Fragen das Künstlerische nicht berühre, so gilt das ebenso für die Frage nach der politischen Überzeugung und den politischen Zielen Lucans. Ob Lucan mit dem Gedanken einer Wiederherstellung der Republik gespielt hat, ob er den Ersatz der Tyrannei durch eine von Gerechtigkeit getragene Monarchie ersehnt hat, das ist nicht zu entscheiden. So hat Herr Due nicht nur Versuche der strengen Systematisierung des philosophischen Weltbildes Lucans widerlegt, sondern auch die Unhaltbarkeit einer solchen Systematisierung im politischen Bereich, wie wir sie vor allem bei Mlle Brisset finden, aufgezeigt.

M. Due : Es freut mich sehr, dass Sie im grossen und ganzen die von mir angeführten Gesichtspunkte teilen. Sie haben jedoch in einem Punkte, den ich vielleicht nicht tiefgehend genug behandelt habe, eine sehr wichtige Ergänzung gebracht, was die politische Philosophie und die politischen Ziele Lucans betrifft.

Mlle Marti : Il me semble que certaines contradictions dans la pensée de Lucain peuvent être résolues si on accepte l'idée que je développe dans le livre auquel je travaille, à savoir que Lucain s'est mis lui-même en scène et que dans le poème il a deux voix. Tout d'abord il joue son propre personnage, invoque en son nom les dieux, commente les événements tout comme s'il était le chœur d'une tragédie ; la seconde voix de Lucain dans le poème est celle d'un acteur, contemporain des événements, engagé dans l'action, qui y prend part avec la passion d'un homme de parti, angoissé, amer, inquiet. Il insulte la Fortune et le Destin, prie les dieux de changer le cours des événements, par moments même perd toute foi (ou plutôt tout se passe comme si ce Lucain, qui ne connaît pas l'avenir, passait par les affres du doute et de l'indignation d'un vaincu de l'époque de Pompée et de Caton). Que pensez-vous de cette interprétation, qui pourrait résoudre la plupart des contradictions apparentes de la pensée théologique de Lucain ?

M. Due : Vous avez raison de dire que Lucain « joue son propre personnage ». Il s'agit bien d'un rôle. Votre thèse de deux voix de Lucain, celle d'un contemporain de la guerre et celle d'un contemporain de lui-même, *post proelia natus*, me semble offrir divers avantages, en particulier celui de rendre possible l'interprétation des « deux voix », non pas comme des contradictions ou des inconséquences, mais comme le reflet de tensions provoquées par le parti qu'a voulu prendre le poète dans une situation donnée. Vous m'avez convaincu qu'il faut faire la distinction entre deux Lucain. Le premier n'a pas perdu toute foi, il lui reste l'espoir (*nunc* ... *olim* du passage 9, 601 ss.) ; le second est celui dont j'ai parlé dans ma communication. Pour l'atmosphère générale de la *Pharsale*, c'est avant tout cette seconde voix qui est importante.

M. von Albrecht : 1. Wenn ich recht sehe, verwenden Sie den Ausdruck « literarische Struktur » in drei verschiedenen Bedeutungen :

a) im Sinne einer Relation zwischen Werk und Publikum (was mir sehr fruchtbar scheint) ;

b) im Sinne des (ästhetischen) Aufbaus ;

c) im Sinne der dem Gegenstand innewohnenden Dialektik.

2. Es lohnt sich, darüber nachzudenken, wie Lucan sich in folgende Traditionen stellt, von denen die Philosophiegeschichte manchmal absieht :

a) die « poetische Philosophie » der grossen römischen Dichter ;

b) die antike Geschichtsphilosophie (in der die Römer meines Erachtens eine bedeutende Rolle spielen).

3. Ihr Begriff der « Maske » ist erhellend. Der « Pessimismus » Lucans ist auch in meinen Augen konzeptionsbedingt, was ich in meinem Vortrag von einer andern Seite zu bestätigen hoffe.

M. Due : Ihre Hervorhebung der relativen Mehrdeutigkeit meines Strukturbegriffes ist auch für mich nützlich gewesen. *Struktur* als eine Relation zwischen Werk und Publikum aufzufassen scheint mir auch deshalb wichtig, weil diese Definition uns die Möglichkeit verschafft, die divergierenden Interpretationen wechselnder Epochen als an und für sich gültig zu betrachten. Es wäre ja sehr anspruchsvoll, alle anderen Interpretationen als eben die unsere als verkehrt bezeichnen zu wollen.

M. Le Bonniec : Je ne suis pas tout à fait d'accord avec vous sur l'interprétation des vers 7, 445 ss., où le poète nie la Providence. Certes, je pense comme vous qu'il faut absolument rejeter les interprétations épicuriennes qu'on en a données (Souriau ; récemment M. Griset). Mais je ne dirais pas comme vous que « Lucain a perdu la foi », si vous entendez par là qu'il a définitivement cessé de faire crédit à la *Weltanschauung* stoïcienne. Pour moi Lucain est un stoïcien qui doute, dans un moment de désespoir, comme cela arrive à des chrétiens, même très croyants. Peut-être attachez-vous un peu trop d'importance à un texte isolé ?

M. Due : Je recourrai, pour vous répondre, à la distinction faite par Mlle Marti entre les deux Lucain. Le second a perdu la foi parce que le désespoir est le masque que lui a imposé le caractère de son sujet ; le premier se présente comme un stoïcien qui, alternativement, doute et espère, comme vous le dites.

M. Le Bonniec : Je voudrais revenir sur l'épisode d'Erichtho. Il n'est pas question d'identifier Lucain à l'affreuse sorcière, mais vous avez dit, je crois, que ce n'était pas le poète qui parlait par sa bouche. Cela pose le problème, capital pour l'interprétation du poème, de l'attribution à l'auteur des propos tenus par ses personnages. Quand Erichtho fait un exposé philosophique didactique sur les *fata minora* et l'ordre du monde, il est évident pour moi que c'est le poète qui l'utilise comme porte-parole. Qu'en pensez-vous ?

M. Due : Je ne crois pas que Lucain ait choisi le sinistre personnage d'Erichtho comme porte-parole. A mon avis, l'exposé philosophique de la sorcière a pour fonction de justifier la scène de la nécromancie, laquelle aurait été impossible sans ce compromis entre la magie et la destinée.

VI

WERNER RUTZ

Lucan und die Rhetorik

LUCAN UND DIE RHETORIK

Das Thema « Lucan und die Rhetorik » ist im Grunde gar nicht ein Thema, sondern ein Themenbündel. Dem Einfluss der Rhetorik wäre auf den Gebieten der *inventio*, der *dispositio* und der *elocutio* nachzugehen. Ich werde in den Mittelpunkt meiner Betrachtungen die *inventio* stellen, und ich werde den Zugang zu diesem Thema auf einem Seitenweg suchen.

Zu den Qualen, unter denen die republikanischen Truppen auf dem Marsch durch die afrikanische Wüste leiden, gehört nach Darstellung Lucans auch der peinigende Durst, den zu löschen es nur selten Möglichkeiten gibt, die noch dazu ganz unzureichend sind. Wie es die Art Lucans ist, wird diese Durstqual an zwei Einzelszenen exemplifiziert, deren eine wir hier zunächst betrachten wollen. Der Inhalt ist folgender : In den Versen 9, 498-500 werden einleitend die aufbrechende Hitze des neuen Tages und ihre Folgen, der triefende Schweiss und der dörrende Durst, dem Leser vor Augen gestellt : *Arent ora siti* (9, 500). Man erblickt eine winzige Quelle, deren Nass eben die Wölbung eines Helms füllt, ein Soldat schöpft es und reicht es so dem Anführer Cato. Ob der Zumutung, trinken zu sollen, während alle anderen dürsten, bricht Cato in Zorn aus, beschimpft den Soldaten und vergiesst das Wasser (9, 505-510).

Diese kleine Episode ist uns von keinem Historiker des Bürgerkrieges überliefert. Freilich hat das 112. Buch des Livius eine Beschreibung des mühseligen Marsches Catos durch die Wüste in Afrika enthalten *(laboriosum M. Catonis in Africa per deserta cum legionibus iter)*, wie die *Periocha* mitteilt. Eine der wenigen Einzelheiten indes, die uns überhaupt über den Wüstenmarsch berichtet werden, bringt Plutarch (Plut., *Cat. Mi.*, 56) : Cato nahm eine grössere Anzahl

Lastesel zur Trinkwassersorgung mit, dazu eine Menge Vieh und Wagen. Man wird daraus schliessen dürfen, dass die Soldaten Catos nicht über ein sozusagen für einen Wüstenmarsch normales Mass hinaus an Durst zu leiden hatten. Die anderen Historiker schweigen ; es ist aber nicht erlaubt, *e silentio* den Schluss zu ziehen, Plutarchs Darstellung sei falsch.

Ich habe bereits gelegentlich meiner Besprechung von M. Morfords Buch darauf hingewiesen, dass diese Szene Lucans aus der Alexandertradition stammt, und möchte das jetzt näher untersuchen. Arrian erzählt die Episode im 6. Buch (6, 26), und zwar mit dem ausdrücklichen Hinweis, dass sie von vielen erzählt werde, dass aber über Ort und Zeitpunkt des Geschehens keine Übereinstimmung herrsche. Er, Arrian, legt sie jedenfalls in den Winter des Jahres 325 in den strapaziösen Marsch Alexanders den Indus aufwärts, andere erzählen sie als früher, bei den Parapamisaden, geschehen. Auf jeden Fall sieht Arrian in der Handlungsweise Alexanders ein ἔργον καλόν (6, 26, 1). Alexander habe wie seine Soldaten unter Durstqualen gelitten und habe den Weg zu Fuss zurückgelegt, um seinen Truppen ein Vorbild zu geben. Leichte Truppen seien inzwischen ausgeschwärmt, hätten ein Rinnsal entdeckt und Alexander das Wasser in einem Helm gebracht. Dieser habe es angenommen, den Soldaten gedankt und es dann im Angesicht des ganzen Heeres ausgegossen. Darüber sei das Heer so begeistert gewesen, dass die Wirkung dieselbe gewesen sei, als habe jeder das Wasser getrunken : Καὶ ἐπὶ τῷδε τῷ ἔργῳ ἐς τοσόνδε ἐπιρρωσθῆναι τὴν στρατιὰν ξύμπασαν ὥστε εἰκάσαι ἄν τινα πότον γενέσθαι πᾶσιν ἐκεῖνο τὸ ὕδωρ τὸ πρὸς 'Αλεξάνδρου ἐκχυθέν (6, 26, 3). Und Arrian fügt lobend hinzu, er sehe in dieser Tat einen Beweis für die Selbstbeherrschung wie für die militärische Führerqualität Alexanders: Τοῦτο ἐγώ, εἴπερ τι ἄλλο, τὸ ἔργον εἰς καρτερίαν τε καὶ ἅμα στρατηγίαν ἐπαινῶ 'Αλεξάνδρου (ebendort).

Bei Plutarch (*Alex.*, 42) begegnen dem dürstenden Heereszuge einige Makedonen, die auf Mauleseln Wasser von einem Fluss in Schläuchen heranbringen. Da sie Alexander in der Hitze ganz entkräftet sehen, füllen sie in Eile einen Helm mit Wasser und bieten ihn dem Könige dar. Auf seine Frage, für wen das Wasser bestimmt sei, antworten sie, für ihre eigenen Kinder ; aber sie könnten ja, falls sie diese verlören, neue zeugen, wenn er nur lebe. Darauf nimmt er den Helm in die Hände, bemerkt dann aber, dass alle seine Leute schmachtend nach dem Trank schauen. Deshalb gibt er, ohne zu trinken, den Leuten den Helm mit Dank zurück und sagt, seine Soldaten würden den Mut verlieren, wenn er allein trinke : « Ἂν γὰρ αὐτός, ἔφη, πίω μόνος, ἀθυμήσουσιν οὗτοι. » Auf Grund der Enthaltsamkeit und des Grossmutes ihres Königs schöpfen die Soldaten neuen Mut und rufen, sie spürten weder Ermüdung noch Durst. Was mit dem Wasser geschieht, erfahren wir nicht.

Curtius Rufus schliesslich beschreibt im 7. Buch (7, 5, 2-6) zunächst — und zwar am ausführlichsten — die Durstqualen ; dann sagt er (7, 5, 9) : *Anxium regem tantis malis circumfusi amici sui magnitudinem unicum remedium deficientis exercitus esse* ; und da seien dem Heer zwei Männer aus der Gruppe der « Quartiermacher » begegnet, die Wasser in Schläuchen gebracht hätten, um es ihren im selben Heer befindlichen Söhnen zu geben. Einer von ihnen habe, als sie den König gesehen hatten, den Schlauch geöffnet, einen Becher *(vas, quod simul ferebat)* gefüllt und dem König gereicht. Jener habe ihn angenommen, gefragt, wem sie das Wasser zugedacht hätten, und den vollen Becher mit den Worten zurückgegeben : « *Nec solus* », *inquit* « *bibere sustineo nec tam exiguum dividere omnibus possum ; vos currite et liberis vestris quod propter illos attulistis date !* » (7, 5, 12).

Vergleichen wir die drei Fassungen.

Die Darstellung Arrians hat am meisten Wahrscheinlichkeit für sich. Die Einführung der Kinder beziehungsweise

Söhne, die wir bei Plutarch finden und die bei Curtius in modifizierter Form erscheint, dürfte aus sentimentalen Erwägungen heraus geschehen sein ; von wem sie stammt (Kleitarch?), lässt sich nicht feststellen. Sinnvoll ist sie jedenfalls nicht : einmal passt sie nur auf Söhne im Kleinkindalter, zum andern setzt sie das Vorhandensein von mehr Wasser im Kreise der haltenden Soldaten (ausdrückliche Erwähnung der Schläuche, aus denen der Helm beziehungsweise der Becher gefüllt wurde) und von einer Quelle oder einem Fluss in nicht allzu grosser Entfernung voraus (die Quartiermacher konnten das marschierende Heer am selben Tage wieder erreichen). Damit wird die Schärfe der Geschichte zugunsten einer sentimentalen Humanität genommen. Es kommt noch ein anderer Unterschied hinzu, der für den Vergleich mit Lucan wichtig ist : bei Arrian ist das Streben Alexanders, seinen Truppen Vorbild zu sein, ausdrücklich einleitend angedeutet (ἔργον καλόν !) ; bei Plutarch ist davon nicht die Rede ; im Gegenteil, Alexander leidet ganz besonders unter der Hitze. Bei Curtius schliesslich erscheint Alexander als *anxius* ; seine Freunde müssen ihn anflehen, er möge doch ein Beispiel von Seelengrösse geben, um der nachlassenden Durchhaltekraft seines Heeres aufzuhelfen. Die Fassungen des Curtius und der Vorlage des Plutarch waren also keineswegs geeignet, Lucan zu einer Übertragung der Szene auf Cato zu veranlassen : sie zeigen nicht deutlich genug oder gar nicht die dafür geforderte exemplarische Haltung des Königs. Entsprechend fehlt auch bei Curtius der wörtliche Hinweis auf menschliche oder soldatische Tugenden völlig, bei Plutarch ist von ἐγκράτεια und μεγαλοψυχία die Rede, und nur Arrian wertet das Verhalten Alexanders ganz präzis als Zeichen von καρτερία einerseits, στρατηγία anderseits.

Wir dürfen folgende Schlüsse ziehen : Die Episode ist in ihrem Kern historisch und sicher schon bei den frühen Alexanderhistorikern zu lesen gewesen. Die Arrianische Fassung, auf Aristobul oder Ptolemaios zurückgehend, ist in sich schlüssig und wahrscheinlich. Die bei Plutarch und Curtius greifbare Fassung ist das Ergebnis mehrfacher Ausmalung; eine Reihe von Zügen sind hinzugekommen; die innere Wahrscheinlichkeit der Geschichte hat aber darunter gelitten. In der einen oder der anderen Fassung hat die Geschichte auch ihre Lokalisation gewechselt. Allerdings dürfte sie überall im Zusammenhang der Züge Alexanders in Asien geblieben sein. Eine Transposition nach Afrika hätte irgendwo erkennbar sein müssen; sie ist auch deshalb besonders unwahrscheinlich, weil wir nirgends von aussergewöhnlich schweren Wüstenmärschen Alexanders in Afrika hören, wie Gerhard Bendz (zu Frontin. 1, 7, 7) richtig notiert hat.

Der nächste Schritt ist sicher gewesen, die Episode in die Exemplasammlungen der Rhetorik zu übernehmen. Sie bietet sich dafür förmlich an und lässt sich als Exemplum für ἐγκράτεια, μεγαλοψυχία, καρτερία, στρατηγία anführen. Die Überlieferung in uns nicht erhaltenen Exemplasammlungen wird erhärtet durch die Tatsache, dass die Episode in Frontin 1, 7, 7 erscheint, wo sie — ich verweise wieder auf Gerhard Bendz — mit hinlänglicher Sicherheit sowohl aus sprachlichen als auch aus sachlichen Gründen als Interpolation anzusprechen ist.

Da nun dieses Exemplum zur Voraussetzung einen Wüstenmarsch mit Durstqualen hat und da es καρτερία — *continentia* und μεγαλοψυχία — *magnanimitas*, dazu mehr oder weniger auch στρατηγία exemplifiziert, konnte Lucan es ohne weiteres auf Cato übertragen. Ihm musste dabei, wie gesagt, die Fassung vorschweben, die auch Arrian vorgelegen hat; und in der Tat gibt es einige schlagende Parallelen zur Fassung Arrians:

> *conspecta est parva maligna unda procul vena* (9, 500 f.) ~ εὑρεῖν ὕδωρ συλλελεγμένον ἔν τινι χαράδρᾳ οὐ βαθείᾳ, ὀλίγην καὶ φαύλην πίδακα (6, 26, 2);

quam vix e pulvere miles corripiens (9, 501 f.) ~ καὶ τοῦτο οὖν χαλεπῶς συλλέξαντας (ebendort);

galeae confudit in orbem porrexitque duci (9, 502 f.) ~ ἐμβαλόντας ἐς κράνος τὸ ὕδωρ προσενεγκεῖν τῷ βασιλεῖ (ebendort);

excussit galeam, suffecitque omnibus unda (9, 510) ~ λαβόντα δὲ ἐν ὄψει πάντων ἐκχέαι· καὶ ἐπὶ τῷδε τῷ ἔργῳ ἐς τοσόνδε ἐπιρρωσθῆναι τὴν στρατιὰν ξύμπασαν ὥστε εἰκάσαι ἄν τινα πότον γενέσθαι πᾶσιν ἐκεῖνο τὸ ὕδωρ τὸ πρὸς 'Αλεξάνδρου ἐκχυθέν (6, 26, 3).

Bei aller so offensichtlichen Verwandtschaft ist festzustellen : es ist ebenso sicher, dass Arrian diese Episode in der ihm vorliegenden zusammenhängenden Quelle — Ptolemaios oder Aristobul — vorfand, wie dass Lucan sie in einer Exemplasammlung und nicht in einer zusammenhängenden Alexandererzählung gelesen hat. Denn dass Lucan die Quelle Arrians benutzt haben sollte, lässt sich meines Erachtens sonst an keiner Stelle nachweisen. Ich kann das hier natürlich nicht beweisen ; im Zuge meiner — allerdings noch nicht abgeschlossenen — Untersuchungen über das Verhältnis Lucans zu Curtius Rufus glaube ich aber erkannt zu haben : wo Lucan Verbindungen zur Alexandergeschichte aufweist, die sich nicht als Übernahme von Einzelepisoden aus Exemplasammlungen erklären lassen, liegt des öfteren eine engere Beziehung zu Curtius Rufus vor, jedoch nie eine solche zur Arrianquelle. Curtius aber kam, wie oben gezeigt, an dieser Stelle für eine Entlehnung gar nicht in Betracht. Übrigens mögen unter den sonstigen Quellen Arrians — er nennt sie mit dem vieldeutigen Satz ὡς μετεξέτεροι ἀνέγραψαν (6, 26, 1) — auch Exemplasammlungen gewesen sein.

Haben wir also wahrscheinlich gemacht, dass Lucan als Quelle eine Exemplasammlung benutzt und sich dabei der in der Rhetorik wie in der Dichtung nicht eben selten angewandten Gepflogenheit bedient, exemplarische Situationen auf andere Persönlichkeiten zu übertragen — ein Beispiel dafür bietet Lucan in der von Herrn Grimal interpretierten Rubiconszene, in der Lucan das Motiv von den als Wellenbrecher in den Fluss gestellten Elephanten (Liv. 21, 47, 4 unter Berufung auf Coelius Antipater, von Livius selbst verworfen) aufgreift und von Hannibal auf Caesar (nun freilich mit Pferden) überträgt —, so ist jetzt die Frage zu stellen, was Lucan dieser Quelle hinzugefügt hat, wie also seine Arbeitsweise hinsichtlich der *inventio* ist. Da sind zunächst die Verse 9, 503 f. zu nennen :

Squalebant pulvere fauces
cunctorum, minimumque tenens dux ipse liquoris
invidiosus erat.

Die Durstqual an sich wird also nicht ausgemalt. Darin zeigt sich wieder die künstlerische Ökonomie, die wir schon im Anschluss an den Vortrag von Mlle Marti besprochen haben : Durstqualen hat er bereits im 4. Buch geschildert, also lässt er es hier mit der blossen Erwähnung genug sein. Somit wird die Situation — alle dürsten, der Anführer, im Besitz einer noch so kleinen Wassermenge, wird glühend beneidet — nur sprachlich durchgestaltet und in scharf antithetischer Form gegeben (der Gegensatz *cunctorum — dux ipse* umschliesst den Mittelvers). In chiastischer Zuordnung wird der Gegensatz am Ende der Episode dann wieder aufgenommen :

Excussit galeam, suffecitque omnibus unda (9, 510).

Zwischen diesen beiden, die äussere und innere Situation in ihrer Spannung umreissenden Sätzen ist eine knappe Rede Catos eingeschoben, die aus zwei rhetorischen Fragen und einem abschliessenden Ausruf besteht. Sie enthält keineswegs das, was man in einer solchen Situation eigentlich erwarten sollte: einen Ausdruck des Dankes an den Soldaten, der ihm das Wasser darreicht. Das wäre doch das Nächstliegende, und ein Dank Alexanders wird auch sowohl bei Arrian (... ἐπαινέσαι τοὺς κομίσαντας ...) als auch bei Plutarch (... ἐπαινέσας τοὺς ἀνθρώπους ...) vermerkt. Bei Lucan steht an seiner Stelle eine heftige Invektive gegen den Überbringer des Wassers. Das ist nur verständlich, wenn wir die ethische Bewertung voraussetzen, die erst der dritte, abschliessende Satz der Rede *expressis verbis* bietet: angesichts des dürstenden Heeres zu trinken, wäre ein Zeichen von Weichlichkeit und Tugendlosigkeit; es würde damit die Idee Catos zerstören. Ja, selbst ein Soldat, der so handelte, entfernte sich damit so weit von dieser Idee, dass er aus dem Heer Catos ausgestossen wäre. Der Soldat hat also mit seinem Angebot nicht Liebe und Opferbereitschaft für seinen Führer gezeigt, wie das bei aller Verschiedenheit in beiden Fassungen der Alexandertradition deutlich ist und auch ausgesprochen wird, sondern vielmehr sein Unvermögen, das Leiden an sich und das Leiden gerade des Führers als ethisch sinn- und wertvolles Tun zu begreifen und eben dadurch seine Pflicht als Soldat Catos zu erfüllen. Somit kann ihn Cato als *degener miles* ansprechen, statt ihm zu danken, als einen, der der Strafe viel würdiger sei, angesichts der dürstenden Mannschaft zu trinken.

So übernimmt Lucan zwar das Handlungsschema des Alexanderexempels, füllt es aber mit neuem Inhalt, indem er es benutzt, um den Tugendlehrer Cato zu zeigen, der keine Gelegenheit auslässt, seine von ihm als richtig erkannten Grundsätze anderen einzuhämmern (dass er Cato dabei als *concitus ira* zeichnet, bedeutet in seiner Widersprüchlichkeit zum Bilde des stets beherrschten Cato eine situationsgebundene, ‘ stationäre ’ Steigerung). Entscheidend für die *inventio* Lucans ist die Umideologisierung, die die Episode bei Lucan erfährt: dieselbe Geschichte, die in der

Alexandertradition das enge menschliche Verhältnis zwischen Alexander und seinen Soldaten kennzeichnet, wird hier zum Ausdruck des ungeheuren Abstandes, der Cato vom ‘ alltäglichen ’ Menschen trennt. Die ‘ Menschlichkeit ’ im Sinne der Überlieferung bedeutet für Lucan eine Versuchung, das eigentlich Menschliche zu verfehlen.

Die Wichtigkeit, die Lucan dieser Umideologisierung beimisst, zeigt sich in der mit den Mitteln der Rhetorik geformten Sprache gerade dieser Zutat, und dasselbe können wir abschliessend mit Vers 509 s. feststellen : es ist inhaltlich die Aussage Arrians, aber mit der Lucan eigenen rhetorischen Artistik auf drei Wörter komprimiert und dabei zur paradoxen Pointe gestaltet, — aus dem einfachen Wasser bei Alexander ist hier aber ein sozusagen metaphysisches Wasser geworden.

Wie stark die Formulierung Lucans ihrerseits auf die rhetorische Exemplatradition eingewirkt hat, zeigt die Tatsache, dass der Frontininterpolator nunmehr die Alexanderepisode auf den Wüstenmarsch Alexanders in Afrika verlegt [1].

Für Lucan ergibt sich durch die Aufnahme dieser Episode aus der rhetorischen Alexandertradition bei aller Umgestaltung aber die Gefahr, dass Cato hier als zweiter Alexander erscheint, und zwar gerade deshalb, weil durch die Rhetorik die Szene mit Alexander so stark verbunden ist. Nach seinem Prinzip der wechselseitigen Erhellung von Szenen in ihrer Bedeutung — das Prinzip ist bekanntlich besonders von Otto Schönberger [2] herausgearbeitet worden —

[1] HASKINS verweist zu 9, 510 auf *I. Chron.* 11, 15 ff. Ob er mit diesem Hinweis eine Abhängigkeit oder eine Verwandtschaft nach der Art eines Wandermotivs behaupten will, bleibt offen. Wahrscheinlich wäre eine solche Verwandtschaft wohl nicht ; jedoch vgl. den Versuch Arredondos (FRANCISCO ARREDONDO, Un episodio de magia negra en Lucano, *Helmantica* 3, 1952, 347-362), auch die Erichthoszene auf ein alttestamentarisches Motiv zu rückzuführen.

[2] OTTO SCHÖNBERGER, *Untersuchungen zur Wiederholungstechnik Lucans* (Heidel berg 1961, maschinenschriftlich vervielfältigt).

entgeht Lucan dieser Gefahr, indem er unmittelbar anschliessend eine weitere Szene folgen lässt, die ebenfalls aus der Alexandertradition stammt und sicher gleichfalls über die Deklamationen weiteste Verbreitung gefunden hatte: den Besuch beim Orakel des Zeus-Hammon. Wir können uns hier kürzer fassen, da die Alexanderüberlieferung hier ziemlich einhellig ist: Alexander zieht aus eigenem Antrieb zur Oase Hammon, um das Orakel zu befragen (Plut., *Alex.*, 26 f.; Arr., *An.*, 3, 3, 1; Curt., 4, 7, 5), und lässt sich von keiner Schwierigkeit abhalten, den Plan durchzuführen (Plut., *Alex.*, a. O.; Arr., 3, 3, 3 ff.; Curt., 4, 7, 10 ff.). Sein Ziel ist, Auskunft über sich selbst zu erhalten, d. h. vor allem, seine besondere Affinität zur höchsten Gottheit bestätigen zu lassen (Arrian 3, 3, 2; Curt. 4, 7, 8). Er wird auf seinem Zuge von einer höheren Macht unterstützt (Plut., *Alex.*, 27; Arr., 3, 3, 4-6 mit der ausdrücklich angegebenen Variante Ptolemaios/Aristobul; Curt., 4, 7, 13 f.); und das Orakel fällt in seinem Sinne aus (Plut., *Alex.*, 27; Arr., 3, 4, 5; Curt., 4, 7, 25 ff.).

Bei Lucan kommt Cato nicht freiwillig zur Oase. Nach seiner Darstellung hat der « Zufall des Weges » (9, 550 f.) Cato und seine Truppen über die Oase geführt. Bei der Beschreibung des Tempels flicht Lucan den Topos der *prisca paupertas* ein:

> *Pauper adhuc deus est, nullis violata per aevum*
> *divitiis delubra tenens, morumque priorum*
> *numen Romano templum defendit ab auro* (9, 519-521).

Da wir durch Herrn Bastet bereits von der Funktion dieser Verse gehört haben, brauchen wir uns jetzt nicht damit zu beschäftigen. Nur auf eines möchte ich nachdrücklich hinweisen: das Verhältnis zwischen überliefertem Topos und der Weltanschauung dessen, der sich seiner bedient, ist nicht einseitig. Zwar verwendet man den Topos, um Gemeintes auszudrücken; aber eben, weil die *prisca paupertas* ein Topos ist, prägt dieser auch die Einstellung des Dichters. Lucan lässt sich dann die Gelegenheit zur paradoxen Beschreibung eines kuriosen Tatbestandes, der Schattenkürze, nicht entgehen :

Truncum vix protegit arbor (9, 529)

und breitet in rhetorischer Apostrophe astronomische Gelehrsamkeit aus (9, 538-543 ; 533-537).

Nach dieser Einleitung folgt die Szene vor dem Orakel, die zweigeteilt ist : der Aufforderung der Gefährten, das Orakel zu befragen — zu ihrem Sprecher macht sich Labienus — steht die ablehnende Antwort Catos gegenüber. Die Teilnahme des Labienus am Wüstenzuge ist sonst nicht bezeugt ; wir haben sein Auftreten entsprechend zu werten wie das Auftreten Ciceros im Lager vor Pharsalus : Sprecher der jeweiligen Gruppe muss eine allgemein bekannte Persönlichkeit sein, die das Anliegen ihrer Gruppe wirksam vorzubringen vermag. Das Redenpaar ordnet sich ein in das bei Lucan häufig vorkommende Schema *adhortatio*-Ablehnung [1]. Wenn die *adhortatio* auch mit dem *locus a tempore* beginnt (*sors* und *fortuna viae* haben jetzt die Möglichkeit der Befragung geboten), so gleitet sie doch schnell über auf den *locus a persona*, der in der rhetorischen Theorie nach dem Zeugnis des Hermogenes und Priscians als enkomiastisch angesehen wird [2]. So baut sich die Rede auf einem Lobpreis Catos auf, in dem besonders hervorzuheben sind seine enge Beziehung zur göttlichen Macht (9, 554 f.), seine Heiligkeit (9, 555), seine dem göttlichen Willen entsprechende Lebensführung (9, 556 f.). Wir sehen, dass in diesen enkomiastischen Sätzen gerade eine so enge Beziehung Catos zu Gott hervorgerufen wird, wie sie Alexander für sich selbst postuliert hat ; die Rede des

[1] Vgl. STANLEY FREDERICK BONNER, Lucan and the Declamation Schools, *AJPh* 87, 1966, 257 ff., hier : 284 ff.

[2] Hermog., *Prog.*, 7 ; Prisc., *Praeex.*, 7.

Labienus hebt Cato auf eine Stufe, auf der er Alexander sogar nach dessen Selbstbewusstsein ebenbürtig wäre.

Die Einleitungsverse der Antwort Catos scheinen dieses Motiv aufzugreifen : er ist *deo plenus, tacita quem mente gerebat* (9, 564) ; dann aber erfährt die Szene ihre entscheidende Wendung : das Höchste, was der Gott geben könnte, wäre Gewissheit darüber, dass das Streben nach dem Richtigen genug ist, dass das *honestum* nicht durch Erfolg wachsen kann, — das aber weiss Cato : *Scimus, et hoc nobis non altius inseret Hammon* (9, 572). Es folgt das stoische Glaubensbekenntnis Catos, das auch wohl das Lucans ist (9, 573-580), und der Hinweis, Orakel möchten die befragen, die es nötig hätten :

> *Sortilegis egeant dubii semperque futuris*
> *casibus ancipites* (9, 581 f.).

In der bewusst auf Alexander parallelisierten Situation muss in diesem Satz eine klare Absage an das Streben Alexanders gesehen werden, sich als Sohn Gottes bestätigen zu lassen. Das, was Alexander sein wollte, ist Cato im höchsten Sinne ; das, was Alexander war, ist dem Sein Catos zu sehr unterlegen, als dass es auch nur vergleichbar wäre. *Dubius* und *anceps* ist derjenige, der auf das Glück vertraut, weil er auf das Glück angewiesen ist, und eben das gilt von Alexander, wie uns die Plutarchstelle bestätigt : Ἥ τε γὰρ τύχη ταῖς ἐπιβολαῖς ὑπείκουσα τὴν γνώμην ἰσχυρὰν ἐποίει... (Plut., *Alex.*, 26, 14). Wir spüren, dass hinter diesem Alexander für Lucan Caesar steht, dessen Fortuna-Glaube für den Dichter eine entscheidende Komponente seines Wesens war. Demgegenüber zeigen die Verse 9, 582 f. — *me non oracula certum, sed mors certa facit* — den stolzen und unerschütterlichen Standpunkt Catos. Im kurzen Schlusssatz überbietet Lucan die in der Rede Catos gezeigte Verachtung des Orakels noch durch die Feststellung : *Servata fide templi discedit* (9, 585).

So kann es keinem Zweifel unterliegen, dass Lucan die Szene der Alexandergeschichte, die ihm wohl in rhetorischer Formung bekannt war, aufgegriffen, für Cato umgestaltet und völlig umfunktionalisiert hat. Die Beziehung auf Alexander bedeutet nicht, dass Cato ein zweiter Alexander wäre, sondern im Gegenteil, dass er das Gegenbild Alexanders, sozusagen die Verkörperung der Gegenidee der Alexanderidee, ist — und eben damit bis in sozusagen metaphysische Bereiche hinein der Widerpart, die Gegenidee zu Caesar. Alexander, schon früh in der peripatetischen wie in der rhetorischen Auffassung als ἄβουλος und προπετής abgestempelt, hat nur einmal *virtus* im Sinne Catos gezeigt: bei der Zurückweisung des Trankes (vgl. die Wertung seiner Handlungsweise durch Arrian, die wir oben zitiert haben). Dort hat Alexander einmal so gehandelt, wie es einem Cato zukommt, — daher kann Lucan das tradierte Exemplum übernehmen, freilich nicht, ohne seine ideologische Wertung entscheidend zu verändern. Um aber auf jeden Fall zu vermeiden, dass nun Cato an Alexander gemessen werde, fügt er anschliessend die Szene vor dem Ammons-Orakel hinzu und schliesst dann den ganzen Szenenkomplex mit der kurzen Szene des Trankes aus der Schlangengrube ab (9, 587-618), der Szene, in der Cato tatsächlich als erster trinkt, nämlich um seinen Gefährten Mut zu machen, er, der sich nunmehr als *parens verus patriae* (9, 601) erwiesen hat.

Die Einleitungsverse auch dieser Szene zeigen wiederum den rhetorischen Einfluss sehr deutlich. Cato marschiert zu Fuss, um ein Beispiel zu geben (9, 588). Lucan betont das sicherlich nicht nur, weil es historisch bezeugt und somit sicher in seiner Quelle zu lesen gewesen ist (vgl. Plut., *Cat. Mi.*, 56), sondern weil es — in derselben Tradition von Alexander berichtet, vgl. Arrian 6, 26, 1: 'Αλέξανδρον... πεζὸν δὲ ὅμως ἡγεῖσθαι... — ihm noch aus der Szene der Zurückweisung des Trankes vor Augen stand, und auch, weil es längst topisch gewesen sein dürfte für die Vorbildhaltung eines militärischen Führers (man vgl. auch das Fortschicken der Pferde zur Anhebung des Mutes der Soldaten bei Sall., *Catil.*, 59, 1 und dann bei Caes., *Gall.*, 1, 25, 1 und Plut., *Caes.*, 18, 2 : Topoi können Denk- und Handlungsschemata erzwingen !). Hier wird aus dem Tatbestand die kunstvoll chiastische Antithese abgeleitet :

Monstrat tolerare labores
non iubet (9, 588 f.).

Ebenfalls in chiastischer Antithese gegeben ist die Überleitung zur Zurückhaltung Catos beim Trinken :

Somni parcissimus ipse est,
ultimus haustor aquae (9, 590 f.).

Die Betonung der Zurückhaltung beim Trinken scheint überflüssig zu sein, war doch die Szene vor der Orakelszene der Verschüttung des Wassers gewidmet. Jedoch weist uns diese Betonung auf eine für die künstlerische Ökonomie Lucans wichtige Erkenntnis hin : Lucan hat Doppelung von Szenen konsequent vermieden, ausser wenn sich entweder der zweiten Szene eine entscheidend neue Pointe abgewinnen liess oder wenn die zweite Szene die erste rückwirkend in ihrer Sinngebung erhellte (vergleichbar ist das schon oben angesprochene Prinzip der wechselseitigen Erhellung von Szenen). Durch den Trunk aus der Schlangengrube erfährt in diesem Sinne die Umfunktionalisierung der Alexanderszene ihre letzte Bestätigung.

Hat uns die Untersuchung der Zusammenhänge zwischen der rhetorischen Alexandertradition und dem Catobild Lucans wichtige Aufschlüsse über die *inventio* Lucans gebracht, so werden sie bestätigt, wenn wir an die Bedeutung eben dieses peripatetisch-rhetorischen Alexanderverständnisses für das Caesarbild Lucans denken. In ihm ist nichts von einer Umfunktionalisierung zu spüren ; es geht nicht darum, eine Gegenidee sichtbar zu machen; hier ist die Identifikation des epischen Helden mit der Gestalt Alexanders das Ziel der dichterischen Darstellung. Und auch hier gehen wieder epische, rhetorische und Alexandertradition ineinander über: wie es zur epischen Tradition gehört, dass der Held das Grab seines Vaters besucht — Aeneas am Grabe des Anchises —, so gehört es zur Alexandertradition, dass Alexander das Grab des Achill aufsucht (Plut., *Caes.*, 15; Arr., 1, 12, 1-2; Diodor, 17, 2-3). Die Rhetorik bemächtigt sich dieser Überlieferung und verwendet sie topisch zum Ausdruck des Ruhmesgedankens, — man vergleiche die bekannte Verwendung des Motivs in Ciceros Rede für den Dichter Archias (§ 24) und auch Ciceros Äusserung in einem Brief (*Ad fam.*, 5, 12, 7).

Da das allgemein bekannt gewesen sein dürfte, konnte Lucan voraussetzen, dass durch Caesars Besuch in Troja eine Identifizierung Caesars mit Alexander durch den Leser vorgenommen werde. Auch diesmal wird der Beweis durch die Wiederholung des Motivs vom Grabbesuch — auch hier wieder getrennt durch eine dazwischenliegende Szene — erbracht: der Besuch Caesars am Grabe Alexanders steht zu dem am Grabe des Achill in deutlicher Wechselbeziehung, indem er abwertet, was etwa in der vorigen Szene trotz allem positiv klingen konnte, und erhärtet die von Lucan angestrebte Gleichsetzung Caesars mit Alexander im Sinne der *in-tyrannos*-Ideologie der Deklamatoren. Durch das von Lucan bereits — und zwar in der rhetorisch-deklamatorischen Tradition — vorgefundene geprägte Alexanderbild vermag er sein Bild Caesars genauso festzulegen, wie er durch die Benutzung Alexanders als Kontrastfigur sein Catobild festlegt.

Wir brauchen diesen Zusammenhängen nicht im einzelnen nachzugehen; die Beziehungen des Lucanischen Caesar zu Alexander sind Gegenstand zahlreicher Untersuchungen gewesen, auf die wir hier verweisen können.

Wichtig ist aber die Feststellung, dass alle Szenen, in denen Beziehungen zwischen Caesar oder Cato und Alexander hergestellt werden, Schöpfungen Lucans sind, die in der historischen Tradition der Bürgerkriege keine Entsprechung finden. Als Quelle der *inventio* kann dabei einmal das allgemeine Wissen des gebildeten Römers der Zeit um Alexander gelten — « Die Kenntnis seines Lebens und seiner geschichtlichen Leistungen gehörte zum Requisit der allgemeinen Bildung », sagt Helmut Flume [1] —, wobei die Beurteilung Alexanders der aus dem Peripatos stammenden negativen Beurteilung der stoischen Popularphilosophie entspricht ; zum andern haben wir immer wieder die spezifisch rhetorische Überlieferung von Einzelheiten wahrscheinlich gemacht, die Lucan aus dem Schrifttum der Rhetorik, insbesondere Exemplasammlungen, und aus der deklamatorischen Schulung und Praxis geläufig gewesen sein dürften — « No historical figure was more popular in the declamation schools than Alexander the Great », sagt Stanley F. Bonner [2]. Da Alexander in der Rhetorik ebenfalls durchweg negativ beurteilt wurde, nämlich als Prototyp des Tyrannen, an dem exemplifiziert wird, wie τύχη die ἀρετή überwiegt, ergeben sich keine Widersprüche im Rückgriff Lucans auf die Alexandergestalt. Solche Widersprüche werden vielmehr nur dort sichtbar, wo P o m p e i u s als zweiter Alexander erscheint. Ich habe an anderer Stelle nachgewiesen, dass es sich hier um Übernahme des historisch bezeugten Strebens des Pompeius handelt, als zweiter Alexander gewertet zu werden [3].

Dass die *inventio* Lucans in den ' historischen ' Partien stark durch die Rhetorik beeinflusst ist, hat Mlle Marti in

[1] Helmut Flume, *Die Einheit der künstlerischen Persönlichkeit Lucans* (Diss., Bonn, Detmold 1950 [maschinenschriftlich vervielfältigt]), 11.

[2] Bonner, a. O., 273.

[3] Werner Rutz, Lucans Pompeius, *Der Altsprachliche Unterricht* 11/1, 1968, 5-22, hier : 19 f.

ihrem bekannten Aufsatz « Cassius Scaeva and Lucan's Inventio » [1] nachgewiesen. Das Ziel unserer bisherigen Ausführungen war es, zu zeigen, dass in den ' nicht-historischen ' Partien dieser Einfluss noch viel stärker ist, wobei wir als Beispiel die 'Alexanderszenen ' des neunten Buches gewählt haben, gleichzeitig aber auch, zu zeigen, dass Einfluss nie einfach gleich Übernahme ist.

Überschauen wir nun aber das ganze Epos unter der Frage, wo durch die Rhetorik bedingte *inventio* fassbar ist, so können wir feststellen, dass die Rhetorik fast überall, wo nicht-historische Partien vorliegen, ein sehr wichtiger und oft der einzige Zulieferer für die *inventio* Lucans ist. Solche Partien, die die Historiker nicht bringen, die also aller Wahrscheinlichkeit nach auch bei Livius oder einer sonstigen historischen Quelle Lucans nicht gestanden haben, sind zum Beispiel folgende :

Im zweiten Buch finden wir den breit angelegten Rückblick auf die sullanisch-marianischen Wirren. Diese Partie hat im *Bellum civile* des Livius zweifellos nicht gestanden ; anderseits ist ein ' historischer Rückblick ' durch die epische Tradition — Schilderung der *Troiae halosis* ebenfalls im zweiten Buch bei Vergil — zwingend gefordert. Wo immer Lucan das Material für seinen historischen Rückblick gesammelt hat, der Art und der speziellen *inventio* nach ist dieser Rückblick rhetorisch gestaltet. Die Rückblende auf die Ereignisse des Krieges zwischen Marius und Sulla wird in der Form der Rede eines der Greise gegeben. Sie ist insgesamt nicht eine an den historischen Tatsachen orientierte Erzählung der Abfolge der Kriegsereignisse. Der Einleitungsvers

Atque aliquis magno quaerens exempla *timori* (2, 67)

[1] Berthe Marie Marti, Cassius Scaeva and Lucan's Inventio, *The Classical Tradition, Literary and Historical Studies in Honor of Harry Caplan* (ed. by Luitpold Wallach, Ithaca, N. Y., 1962), 239-257.

zeigt mit der wörtlichen Aufnahme der rhetorischen Suchformel bereits, dass die historische Vergangenheit hier nicht um ihrer selbst willen oder zum besseren Verständnis des epischen Geschehens erzählt wird, sondern um der *exempla* willen, die sie bietet. Die Eingangsverse der Rede des Alten (2, 68-70) geben dafür den Grundtenor an: die historisch beglaubigte Tatsache, dass sich Marius unter der Flora des Sumpfes verborgen hielt, wird hier nicht als Ergebnis geschichtlicher Vorgänge gezeichnet, sondern als Faktum zu den Siegen über Teutonen und Libyer in scharfe Antithese gestellt. Marius erscheint hier als Beispiel für den Verfall einstiger Grösse, als *exemplum mutationis fortunae* (Karl Alewell hatte bereits acht Belege für die Verwendung dieses *exemplum* ausserhalb Lucans gesammelt [1]) — *victor* und *exul* kennzeichnen die beiden gegensätzlichsten Lebenssituationen. Diese Antithese zwischen einst und jetzt wird auch dadurch noch betont, dass Lucan nicht einen Gallier in das Gefängnis des Marius in Minturnae eindringen lässt, wie das Livius und Appian tun, sondern einen Kimber: der Kimbernsieger ist in einer Situation, in der er von einem Kimber hätte umgebracht werden können. Bezeichnenderweise ist es auch bei Velleius und Valerius Maximus ein Kimber, — Lucan dürfte also beide Versionen gekannt und sich bewusst für die gewählte entschieden haben.

Auch Sulla erscheint in dem Exkurs als *exemplum* für die *fortunae mutatio*, daneben enthält der Exkurs zahlreiche *exempla* der *crudelitas*, die ebenfalls allgemein bekannt und verbreitet waren. Das gilt insbesondere für die Ermordung des M. Marius Gratidianus, die wir ja nicht nur aus Plutarch (*Sulla*, 32) kennen, sondern die auch Sallust (*frg.* 44) und Livius (l. 88) beschrieben haben und die dann als rhetori-

[1] Karl Alewell, *Über das rhetorische* ΠΑΡΑΔΕΙΓΜΑ. *Theorie, Beispielsammlung, Verwendung in der römischen Literatur der Kaiserzeit* (Diss. Kiel, Leipzig 1913), 60.

sches *exemplum* bei Valerius Maximus (9, 2, 1) fassbar ist und bei Seneca (*De ira*, 3, 18) in fast der gleichen Schilderung wie bei Lucan zu lesen ist. In neuester Zeit hat ja Manfred Fuhrmann die Aufmerksamkeit der Lucan-Interpreten auf das Phänomen des Grausigen und Ekelhaften gelenkt [1], das sowohl inhaltlicher als auch formal-sprachlicher Natur ist. Weitere Beispiele sind unnötig ; die Vorliebe Lucans für diese « Grenzphänomene des Ästhetischen » ist jedem Leser unseres Dichters bekannt. Es scheint aber, als wenn Fuhrmann die Wirksamkeit der Deklamatorenschulen bei der Ausbildung dieser Vorliebe — und der Fähigkeit, ihr gemäss zu gestalten — ein wenig unterschätzt, — eine, wie er selbst sagt, Gegenrichtung gegen frühere Überschätzung dieser Zusammenhänge (a. O., 30). Das Deklamatorenwesen bildet « seit der Zeit des Augustus sowohl den Dichter als auch das Publikum heran, dessen der Dichter bedurfte » (ebendort). Gerade am Beispiel der Ermordung des Marius Gratidianus aber wird deutlich, wie sehr sich die deklamatorische Rhetorik ihrem inneren Gesetz nach — nämlich dem Zwang zur Überbietung — solcher Themen annehmen musste.

Über die rhetorische *inventio* des Redenpaares Cato/Brutus braucht hier nichts gesagt zu werden ; die Reden sind verschiedentlich analysiert worden, und auch die Interpretation, die uns M. Grimal gegeben hat, hat uns wichtige Hinweise vermittelt.

Vermutlich nicht historisch belegt und auch nicht belegbar ist das Zurückschauen des Pompeius auf Italien während der Fahrt zum Epirus (3, 4-7). Vom Stoff her liegt auf jeden Fall ein Topos der Rhetorik vor, wie aus Favorin zu erweisen ist : der Verbannte schaut beim Scheiden

[1] Manfred Fuhrmann, Die Funktion grausiger und ekelhafter Motive in der lateinischen Dichtung, *Poetik und Hermeneutik III : Die nicht mehr schönen Künste, Grenzphänomene des Ästhetischen* (hrg. von H. R. Jauss, München 1968), 23-66.

zurück auf die Gestade der Heimat [1]. Von der Situation her aber ist dieses Zurückschauen als Antithese zum Vorwärtsblicken aller Leute des Pompeius zu verstehen: Pompeius ist in seiner Umgebung allein. Anderseits liegt eine kompositorische Beziehung zu 3, 46-49 vor: Caesar steht — ebenfalls allein — am Gestade und schaut der entkommenen Flotte nach. Auch hier ist also wieder festzustellen: das Motiv als solches wird von der Rhetorik geliefert; die Art und Weise, in der es eingebaut ist, ist nach *inventio* (und hier *dispositio*) Eigenleistung Lucans, — es bleibt nicht blosse Zutat, sondern wird benutzt, um ein ganz spezifisches dichterisches Ziel zu erreichen.

Im dritten Buch führt uns die Beschreibung des Heiligen Haines weiter auf die Frage nach der Rolle der Ekphraseis im Werke Lucans. Sie ist oft und gründlich behandelt worden, so dass wir hier nur zu sagen brauchen, dass alle Ekphraseis Lucans rhetorischen Charakter haben. Sie sind erwachsen aus den Progymnasmata der Rhetorenschulen, wenn sie auch in der vorliegenden Form weit mehr als Progymnasmata sind und nach Form und Funktion dem Gesamtepos adaequat verarbeitet worden sind. Dass sie von der rhetorischen Theorie der Dichtung her vor allem der Ausmalung des *color* dienen, ist vielfach betont worden. Ich habe bereits früher die Fällung des Heiligen Haines mit der Erysichthon-Erzählung Ovids verglichen; ich darf jetzt nur darauf hinweisen, dass diese Szene — Herr von Albrecht sagte mit Recht (s. oben, S. 115), als erfundene Szene zeige sie den wahren Caesar besser als alle historisch fundierten Szenen — dass also diese Szene ihre volle Wirksamkeit erst durch die *colores* der Düsternis, Wildheit, Urtümlichkeit, ja Urweltlichkeit erhält, die durch die Ekphrasis des Haines vorbereitend gegeben werden. Als rhetorische Kunstform Selbstzweck,

[1] Hinweis von Walter Menz, *Caesar und Pompeius im Epos Lucans. Zur Stoffbehandlung und Charakterschilderung in Lucans 'Pharsalia'* (Diss. Humboldt-Universität, Berlin 1952, maschinenschriftlich), 84.

als Teil des Epos dem Gesamtzweck dienend untergeordnet, sind so diese Ekphraseis Lucans Meisterstücke ihrer Gattung.

Weitere Szenen und Szenenkomplexe, an denen Prinzipien der *inventio* Lucans zu zeigen wären, gerade weil sie nicht der historischen Tradition angehören, wären etwa im 5. Buch die Befragung des Orakels durch Appius, im 6. Buch die Erichtho-Szenen, im 8. Buch die Seefahrt des Pompeius. Hinzukommen die Sturmschilderungen des 5. und 9. Buches, die Mark Morford eingehend auf ihre rhetorische *inventio* hin untersucht hat, die Schilderung der Durstqualen im 4. Buch, die Schilderung der Überschwemmung im 4. Buch und manche kleinere Ekphraseis. Das mag als Überblick genügen.

An der Frage *An Lucanus sit poeta?* [1] hat sich jahrhundertelang die poetologische Diskussion entzündet. Wenn auch Scaliger mit dieser Frage auf den Gegensatz Dichtung/Geschichtsschreibung zielte, so ist doch in ihre Beantwortung die Frage nach der Abgrenzung von Dichtung und Rhetorik immer wieder einbezogen worden, die Quintilian bei seinem bekannten Urteil über Lucan stillschweigend als bekannt und anerkannt vorausgesetzt hatte. In unseren Tagen hat Mark Morford seinem Buch *The Poet Lucan* den Untertitel gegeben *A Study in Rhetorical Epic*. Wenn man auf der Linie Quintilians konsequent weiterdächte, wäre die Bezeichnung ‘ rhetorisches Epos ’ eine *contradictio in adiecto*. Eine solche Trennung hat aber bekanntlich die rhetorische wie die poetische Theorie nie vollzogen. Es sei nur in Erinnerung gerufen, dass Aristoteles auf eine Behandlung der *inventio* in der Poetik verzichtet, weil er sie bereits in seiner Rhetorik behandelt habe (Arstt., *Poet.*, 19, 1456 *a*). Wir müssen vielmehr das Epos Lucans als einen markanten Meilenstein

[1] Julius Caesar Scaliger, *Julii Caesaris Scaligeri... Poetices Libri Septem* (Lyon 1561), Faksimile-Neudruck mit einer Einleitung von August Buck (Stuttgart 1964), 5 ; vgl. den mit dieser Frage überschriebenen Aufsatz von Helmut Papajewski in *DVjS* 1966, 485-508.

in dem «von vornherein gegebenen und stetig andauernden gegenseitigen Durchdringungsprozess zwischen Rede und Dichtung» — die Formulierung stammt von Heinrich Lausberg [1] — verstehen. Als Kind seiner Zeit und als Glied seiner Familie war Lucan der Rhetorik in ihrer deklamatorischen Spielart enger verhaftet als Dichter anderer Zeiten. Als Erbe ist er hineingewachsen in die reichen Schätze der poetisch verwertbaren Mittel der Rhetorik, er fand aber eben als Kind seiner Zeit auch das Publikum vor, das die Verwendung wohl zu beurteilen wusste, die er diesen Schätzen zuteil werden liess. Dass alles, was wir als epische Kunst Lucans würdigen und bewundern, von rhetorischer *inventio* nicht zu lösen ist, hat unser Überblick gezeigt. Wir haben aber auch nachgewiesen, dass die Wertung historischer *exempla* Lucan durch seine rhetorische Schulung vorgegeben war, dass damit sein Welt-, Geschichts- und Menschenbild in mancher Hinsicht der rhetorischen Tradition verpflichtet ist. Ich meine — und ich habe gerade deshalb auf Alexander anspielende Partien zum Ausgangspunkt dieser Betrachtungen gemacht —, dass auch Lucans politische Überzeugung in sehr starkem Masse von einem Denkmodell beeinflusst war, das der Deklamation zu eigen war und sich vor allem in vorgeformten, wertungsmässig festgelegten *exempla* ausdrückt.

Das Rhetorisch-Deklamatorische ist keine Zutat zum Dichterischen in der *Pharsalia*. Lucans Dichtung ist vielmehr sowohl nach der Form wie nach dem Gehalt nicht anders zu verstehen denn als der genialisch gelungene Wurf eines jungen Menschen, der Dichter und Deklamator war, als das Beispiel einer Gattung, die wir nur als die des rhetorischen Epos bezeichnen können. Dass zu einer Zeit, da die Kunst der Deklamation ihren Kulminationspunkt erreicht hatte, ein dichterisches Genie vorhanden war, das Dichtung und

[1] Heinrich Lausberg, *Handbuch der literarischen Rhetorik. Eine Grundlegung der Literaturwissenschaft* (München 1960), 43.

Deklamation als zwei Äusserungsformen derselben Kunst erlebte, und dass diesem jungen Dichter literarisch-ideologisches Denkmodell und eigene bittere politische Erfahrungen zu einer Einheit wurden, bezeichnet den καιρός, ohne den ein Werk wie die *Pharsalia* nicht entstanden wäre, dessen Einmaligkeit aber auch verhindert hat, dass die römische Literatur ein zweites, vergleichbares Werk hervorgebracht hat.

DISCUSSION

M. Durry: Vos *Berichte* de *Lustrum* (Lucan 1943-1963, *Lustrum* 9, 1964, 243-334; Zweiter Nachtrag..., *Lustrum* 10, 1965, 246-256) rendent et rendront de grands services, en particulier parce que vous y avez recensé des dissertations allemandes qui jusqu'ici n'ont pas été imprimées. La part que vous y faites à la rhétorique vous désignait pour cet exposé et en prenant comme centre de votre démonstration la geste d'Alexandre, vous avez rappelé notre attention sur les sources grecques de toute épopée latine. Où en est actuellement la question des recueils d'*exempla*?

M. Rutz: Die Frage, wie weit Valerius Maximus im einzelnen Lucan als Quelle gedient hat und ob es möglich ist, andere *exempla*-Sammlungen zu fassen, die Lucan benutzt haben könnte, bedarf weiterer Untersuchung. M. Morford hat in der maschinenschriftlichen Fassung seiner Thesis ein Kapitel über *Valerius Maximus und Lucan*, das sicher noch keine endgültigen Ergebnisse bietet, das aber durchaus Ansätze aufweist, wie diese Fragen zu beantworten wären. Ich habe versucht, M. Morford zu ermutigen, dieses Kapitel, das er in der Buchfassung ausgelassen hat, erneut aufzugreifen; ich hoffe, er wird es tun.

M. von Albrecht: 1. Zunächst möchte ich in Bezug auf die Quellenfrage aus dem Vortrag von Herrn Rutz eine Folgerung ziehen. Aus der Tendenz der Darstellung scheint es sich zu ergeben, dass Alexander-Epen als Vorlage für Lucan nicht gerade wahrscheinlich sind.

2. Einer der bezeichnendsten Exponenten der von Ihnen mit Recht abgelehnten Trennung von Poesie und Rhetorik ist Benedetto Croce (dessen Einfluss auch heute noch vielfach der Überwindung romantischer Vorurteile im Wege steht). Es ist

sehr heilsam, sich mit Ihnen an die Einheitlichkeit der εὕρεσις auf beiden Gebieten schon bei Aristoteles zu erinnern.

3. Eine Einzelheit : Das Zurückblicken des Pompeius beim Verlassen Italiens erinnert an den livianischen Hannibal in derselben Situation.

4. Die Übertragung exemplarischer Situationen auf andere Personen findet sich schon immer im Bereich des Epos ; das Verfahren ist uralt, und seine Anwendung auf Stoffe aus andersartiger (z.B. rhetorischer) Tradition deutet auf den « instrumentalen » Charakter des Rhetorischen bei Lucan hin, auf den ich morgen kurz zu sprechen kommen werde.

M. Rutz : 1. Ich stimme mit Ihnen durchaus überein. Die enkomiastische Tendenz der Alexander-Epen hätte irgendwo Spuren hinterlassen müssen, wenn Lucan sie als Vorlage benutzt hätte.

2. Auf den Einfluss Benedetto Croces auf die Wertung der « rhetorischen Dichtung » bin ich gestossen, als ich für meine Besprechung der Arbeit von Piacentini nachforschte, woher der ganz abwertende Gebrauch der Begriffe « rhetorisch » und « barock » herrührt : er findet sich in den Artikeln der *Enciclopedia italiana*, und er ist die Ursache dafür, dass der Kampf Piacentinis gegen diese Bezeichnungen so wenig aktuell wirkte.

3. Ihr Hinweis zeigt deutlich, wie schwierig die exakte Trennung rhetorischer und historiographischer « Situationen » sein kann.

4. Gewiss, das Prinzip literarischer *aemulatio* musste dieses Verfahren ungeheuer fördern.

M. Le Bonniec : Je serai bref, car la question que je voulais poser a été déjà soulevée par notre Président et M. Rutz y a déjà répondu en partie. Elle concerne les recueils d'*exempla* en général, et plus particulièrement le traité de Valère-Maxime, ainsi que les *Controverses et suasoires* de Sénèque le Rhéteur. Il est naturel de penser que Lucain a utilisé ces recueils, spécialement celui de son grand-père. Il y trouvait des développements sur les richesses, sur le tyran, etc., dont il a pu s'inspirer. Envisagez-vous d'entreprendre un dépouillement systématique de ces sources probables du poète ?

M. Rutz : Sicher sind die Sammlungen von grosser Bedeutung für sein Bild des Tyrannen gewesen. Wegen des Fehlens anderer überlieferten *exempla*-Sammlungen müssen sie uns diese natürlich ersetzen, und so ist die Entscheidung vielfach unmöglich, wo Lucan auf *exempla*-Sammlungen, wo er auf die Sammlungen seines Grossvaters zurückgegriffen hat. Übrigens dürfte ein genaues Studium der Beziehungen zwischen Lucans Epos und den Sammlungen Senecas des Älteren auch noch manchen Aufschluss über die *elocutio* bringen.

M. Due : I find it extremely important to emphasize—as has so convincingly appeared from your paper—that there are not specific kinds of *inventio* for poetry, rhetoric, and history, but essentially only one and the same. Too often we are so to say caught in the trap of translation and induced by the modern meaning of *invention* to think of the creative power of imagination. I have always thought that *inventio*, εὕρεσις, according to the ancient concept does not mean the finding of new and original contents but rather the discovering of the possibilities of a given situation, i.e. the finding of the *dicenda*. I was confirmed in this opinion by a paper of D. A. Russell (Rhetoric and Criticism, *Greece & Rome* 14, 1967, 130-144). There, by means of rhetorical theory, it is demonstrated that to the ancient mind τὰ δέοντα εὑρεῖν are already "there", though, latent and does not have to be made up as a mere figment of imagination.—Am I right in saying that your examination of Lucan's use of rhetorical examples has confirmed this thesis ?

M. Rutz : Ja, Sie haben völlig recht. Wir haben uns immer noch nicht völlig gelöst von einem Begriff dichterischer Erfindung, der dem Genie-Begriff der zweiten Hälfte des 18. Jahrhunderts verhaftet ist. Herr von Albrecht erwähnte Benedetto Croce: das ist ein gutes Beispiel für das Fortleben jener Auffassung von der Imagination des Dichters.

M. Grimal: Vous avez posé le problème des rapports entre Lucain et la rhétorique en des termes très neufs, qui permettent d'entrevoir des solutions nouvelles, en particulier de mieux comprendre la nature et le rôle de la rhétorique au temps de Lucain.

Une première question se rapporte à la mention des enfants à qui Alexandre destine l'eau précieuse qu'on lui offre ; ce trait sentimental, dites-vous, est sans doute une addition littéraire. Il ne faut pas oublier toutefois, que les mercenaires, dans l'armée d'Alexandre, étaient accompagnés de leur femme et de leurs enfants. Plusieurs épisodes célèbres postérieurs à la mort du roi le montrent. En soi, Alexandre peut avoir, effectivement, conseillé de donner l'eau aux enfants qui souffraient davantage de la soif.

Alexandre a été un héros cher aux rhéteurs, cela est fort vrai ; mais aussi aux philosophes, pour qui il était le *stultus* par excellence, et aussi aux romanciers, et enfin aux poètes épiques. La rhétorique ne vient qu'en dernier lieu, héritière de toute une tradition complexe. Est-il nécessaire que ce soit à elle et à elle seule que se rattache Lucain quand il parle d'Alexandre?

Les descriptions, qui passent pour des éléments de la rhétorique chez Lucain, et qui le sont évidemment après lui, chez les écrivains grecs de la seconde sophistique ou dans les *Florides* d'Apulée, étaient, chez Apollonios ou chez Callimaque, ou chez Catulle, des ornements poétiques ; elles appartenaient au répertoire des moyens de l'épopée cyclique alexandrine. Pourquoi, chez Lucain, n'en viendraient-elles pas? Il ne faut pas perdre de vue que la rhétorique est avant tout orientée vers la prose.

La rhétorique, moyen de culture, représente un ensemble de recettes pour toucher, émouvoir, agir sur les âmes ; elle le fait à l'aide de procédés empruntés à toute la tradition culturelle et, en particulier, littéraire, antérieure. Elle n'est que partiellement une création originale. Peut-être ne faut-il pas trop renverser les termes historiques du problème et assurer, avec Croce et d'autres, que la rhétorique est l'ennemie de la poésie, et son antithèse — en réalité, la rhétorique est fille de la poésie, comme l'éloquence dépend du drame ; elle se donne pour objet de parvenir à une expression globale, sentie plutôt que logiquement déduite, des choses spirituelles, ce qui est proprement le but de la poésie. A ce titre, elle sert Lucain, mais celui-ci n'avait pas besoin de passer par ce détour, la tradition proprement poétique lui fournissant un répertoire vaste de moyens et de « couleurs ».

Un exemple précis est sans doute fourni par le début du livre 2 qui, comme vous l'avez montré, remplit une triple fonction : c'est un retour en arrière, analogue à celui du livre 2 de l'*Enéide*, c'est une manière de présenter les cycles historiques, — donc, ce passage revêt une valeur philosophique ; vous dites aussi, très justement, que c'est un recours aux *exempla*, — donc, un procédé de caractère rhétorique ; mais il est certain aussi, comme j'ai essayé de le montrer, que le rappel du temps de Marius et de Sulla, au moment où éclate la guerre civile, a été effectivement présent à l'esprit des contemporains, à celui de Cicéron notamment. La rhétorique n'est donc pas une explication suffisante par elle-même, elle n'est, me semble-t-il, au moins ici, qu'une superstructure.

M. Rutz : Für Ihren Hinweis auf die Kinder im Tross bin ich Ihnen sehr dankbar ; im Prinzip ändert sich unter dieser Annahme nichts, da es mir nur darauf ankam, zu zeigen, dass in der historiographischen Alexandertradition die beiden Typen dieser Episode vertreten waren.

Mir scheint, dass wir uns mit dem historischen Abhängigkeitsverhältnis von Dichtung und Rhetorik (Sie sagten richtig : « La rhétorique est la fille de la poésie ») hier nicht zu beschäftigen brauchen. Das Problem für Lucan ist sozusagen ein pädagogisches : in welcher geistigen Welt ist er aufgewachsen, erzogen, gebildet? Welche Voraussetzungen bringt er von hier aus mit? Und da werden wir ganz sicher sagen können, dass es die deklamatorische Rhetorik ist, die die Grundlage seiner geistigen Welt gelegt hat, sicher ein sehr komplexer Bereich, dem Dichtung ebenso angehört hat wie Philosophie — aber es kam mir darauf an, zu zeigen, wie das Aufwachsen in einem solchen geistigen System den Dichter geprägt und sein Dichten beeinflusst hat, in Zustimmung wie in Opposition gegenüber den Bemerkungen, die er während seines Erziehungsprozesses in sich aufgenommen hat. Die Rhetorik verkörpert in der Erziehung der damaligen Zeit die Welt, aber natürlich ist sie nicht die Welt, sondern, wie wir heute gern sagen, ein « sekundäres System ». Wenn ich Sie recht verstanden habe, gehen wir in dieser Bewertung durchaus konform.

M. Bastet : Sehr beeindruckt von Ihrem Vortrag, sage ich sofort, dass ich meine eigenen Bemerkungen zur bildenden Kunst bei Lucan anders formuliert hätte, wenn ich nur eher von Ihren einleuchtenden Ansichten hätte profitieren können. So kommt es mir z.B. vor, dass manches, was ich stoisch genannt habe, vielmehr im Allgemeinen der Rhetorik der neronischen Epoche angehören könnte.

Ich möchte nun einige Fragen stellen :

1. Lucans Beschreibung des Ammonsorakels stimmt nicht mit Curtius Rufus 4, 7, 23 (Lucan : arm — Curtius : reich) überein. Soll Lucan das selbst erfunden haben, oder hat er diese Umgestaltung irgendeiner (rhetorischen) Quelle entlehnt?

2. Ich glaube, der Trojapassus im 9. Buch (950 ff.) nimmt dort einen sehr merkwürdigen Platz im ganzen Aufbau des Epos ein. Wäre es möglich, hier ein rhetorisches Gesetz zu entdecken, nach dem nach einer gewissen Steigerung ein Höhepunkt folgt (Troja usw.), auf dem dann die Komposition des Epos, wie bei einer Rede, schliesslich zu Ende geht? — Ich meine, könnten hier, hypothetisch selbstverständlich, Argumente gesammelt

werden, welche für die alte Frage : 12 oder 16 Bücher, Neues herbeibringen könnten?

3. Die Alexanderfigur ist von Ihnen noch einmal deutlich hervorgehoben. Warum hat Lucan ihn eigentlich so schrecklich negativ geschildert? Übte er damit doch zu gleicher Zeit Kritik aus an Augustus, Claudius, Nero, die sich mit Alexander im besonderen identifiziert haben? Ein Alexander-Gemälde des Apelles wurde mit den Gesichtszügen Augustus' versehen, und später mit denen des Claudius, wie Plinius erzählt.

4. Warum identifiziert Lucan sich in 9, 984 ff. so stark mit Homer, und nicht gerade mit einem anderen Dichter, der ebenso starke rhetorische Einflüsse empfing wie er selbst? Das homerische Epos steht m.E. im schroffen Gegensatz zum lucanischen.

M. Rutz : 1. Diese Frage kann ich Ihnen im Augenblick nicht beantworten.

2. Die Stellung der Trojaszene innerhalb des Epos ist nicht ohne Problematik. Ich darf daran erinnern, dass M. Léon Herrmann sogar die Verse 9, 980-986 aus dem Zusammenhang des 9. Buches herauslösen und dem *prooemium* zuordnen wollte. Wenn wohl auch niemand durch diesen Versuch überzeugt worden ist, so zeigt er doch, zu welchen Gedanken die Stellung dieser Verse herausfordern kann. Ich glaube, der Gedanke der Mittelachse, den Miss Marti äusserte, könnte hier hilfreich sein. Wenn wir ihm zustimmen, hätten die Verse eine immerhin herausragende Stellung innerhalb des Ganzen des Epos. Insofern könnten diese Verse vielleicht wirklich Argumente für die Diskussion um den geplanten Endpunkt liefern.

3. Sicher bedeutet die negative Wertung Alexanders Kritik an den Kaisern, mindestens an den « caesarischen » Herrschern unter ihnen.

4. Gerade Ihre Frage bestätigt den rhetorischen Charakter des Selbstvergleichs. Der Topos des Ruhmes, den das Heroldsamt des Dichters, nicht aber schon die grosse Tat an sich ge-

währt, ist spätestens seit Ciceros Rede *Für den Dichter Archias* ausschliesslich mit Homer verbunden. Statt dessen sich auf Vergil zu beziehen, würde den Gehalt des Topos nicht nur verfälschen, sondern eliminieren.

Mlle Marti : 1. Y a-t-il peut-être aussi une relation avec le *topos* de l'*Alexander stultus* (opposé à Héraclès chez les Grecs, à Caton chez les Romains) dans les traités stoïciens, comme nous le voyons chez Sénèque ?

2. Pensez-vous que Lucain ait pu emprunter quelques-uns au moins de ses *exempla*, non pas comme vous le suggérez, à des collections d'*exempla*, mais d'une part à Tite-Live et d'autre part aux diatribes et aux satires (Lucilius) ?

M. Rutz : 1. Der Topos *Alexander stultus* ist eine Teilerscheinung der negativen Bewertung Alexanders in der Rhetorenüberlieferung. Eine spezielle Hervorhebung bei Lucan scheint mit jedoch nicht gegeben.

2. Es ist sehr schwer, diese Dinge zu trennen. Zu den Gemeinplätzen moderner Interpreten gehört ja zum Beispiel, dass die römische Geschichtsschreibung ihrem Wesen nach zu exemplarischer Gestaltung neigte ; das erklärt sich sicher aus dem pädagogischen Wirkenwollen, das der römischen Geschichtsschreibung zu eigen ist. Für die Satire wie für die kynisch-stoische Diatribe gilt ähnliches. Das psychagogische Anliegen erfordert die Verwendung von *exempla* ; anderseits fordert diese Aufgabe die Bereitstellung von *exempla* und begünstigt damit ihrerseits das Entstehen von *exempla*-Sammlungen. Das Verhältnis ist so komplex, dass eine ganz systematische Trennung wohl nie möglich sein wird.

VII

MICHAEL VON ALBRECHT

Der Dichter Lucan und die epische Tradition

DER DICHTER LUCAN UND DIE EPISCHE TRADITION

I. Vorbemerkungen

« *Natura facit poetam, philologia hodierna dissolvit* [1]. »

Fast noch pessimistischer als dieses Wort des Lucan-Kommentators C. M. Francken stimmt eine Äusserung Friedrich Schlegels, der philologische Noten zu einem Gedicht mit « anatomischen Vorlesungen über einen Braten » vergleicht [2]. Das Thema « Lucan als Dichter » soll und kann hier nicht in seiner ganzen Breite behandelt werden. Bei der Beschränkung auf Lucans Verhältnis zur Tradition besteht freilich die Gefahr des *dissolvere* in besonderem Masse. Einen wichtigen Schritt zur sinnvollen Gliederung und damit zu einer organischen Interpretation der « Nachahmungen » bedeutete es, als C. M. Francken [3] über C. Hosius [4] hinausgehend zwischen « Quellen » und « Vorbildern », zwischen formaler und inhaltlicher Abhängigkeit unterschied [5]. Im folgenden soll nicht von Lucans Quellen, sondern von seinen Vorbildern die Rede sein, insbesondere von seinem Verhältnis zur Gattungstradition des Epos.

[1] C. M. Francken, Parerga III, *Mnemosyne*, N.S. 22, 1894, 162.

[2] F. Schlegel, *Fragmente* (« Athenaeum », Ersten Bandes zweites Stück, Berlin 1798), 12. *Kritische F. Schlegel-Ausgabe* (hsg. von E. Behler unter Mitwirkung von J.-J. Anstett und H. Eichner, Band II [*Charakteristiken und Kritiken I*, hsg. und eingel. von H. Eichner], München-Paderborn-Wien 1967), 171.

[3] S. Anm. 1.

[4] C. Hosius, Lucan und seine Quellen, *RhM*, N.F. 48, 1893, 380-397.

[5] Die grundsätzliche Unterscheidung ist wichtig, wenn auch in der Praxis ein Autor, der als Quelle benutzt wird, oft auch auf die formale Gestaltung und gedankliche Durchdringung einwirken kann, vgl. z.B. M. v. Albrecht, *Silius Italicus* (Amsterdam 1964), 87 und öfter.

Das Epos ist vielleicht die Gattung mit den strengsten Traditionen, und Lucan lebt im allgemeinen Bewusstsein als derjenige Dichter, der diese Traditionen unter allen Epikern am offensichtlichsten missachtet hat. Wie schon Petron [1] gesehen hat, verstösst Lucans Verzicht auf den « Götterapparat » gegen die klassische Definition des Epos, die ja eben eine Verbindung von göttlicher und menschlicher Handlung verlangt [2]. Antike Philologie sah in ihm mehr einen Historiker als einen Dichter [3], und Quintilian meinte, die Redner sollten ihm mehr nacheifern als die Poeten [4]. Die Fragestellung « Lucan als Dichter » ist also schon unter dem Gesichtspunkt der poetischen Theorie pro-

[1] Petron., 118, 6 ; vgl. dazu H. Stubbe, *Die Verseinlagen im Petron* (eingeleitet und erklärt, Leipzig 1933 [*Philologus*, Suppl.-Band 25, Heft 2]). F. T. Baldwin, *The Bellum Civile of Petronius* (New York 1911). Reiche Literatur bei E. M. Sanford, Lucan and His Roman Critics, *CPh* 26, 1931, 233-257.

[2] Petron., ebd. : *Non enim res gestae versibus comprehendendae sunt, quod longe melius historici faciunt, sed per ambages deorumque ministeria... praecipitandus est liber spiritus.* Vgl. Theophrast bei Suet., p. 17 in der Ausgabe von A. Reifferscheid (Leipzig 1860) mit der wichtigen Erläuterung auf S. 379. Diom. *Gramm.* I, p. 483 f. (K.) : ἔπος ἐστὶ περιοχὴ θείων τε καὶ ἡρωικῶν καὶ ἀνθρωπίνων πραγμάτων. *Epos dicitur graece carmine hexametro divinarum rerum et heroicarum humanarumque comprehensio.* Poseidonios bei Diog. Laert, 7, 60 : ποίησις δέ ἐστι σημαντικὸν ποίημα, μίμησιν περιέχον θείων καὶ ἀνθρωπείων. Serv., *Aen.*, 1, p. 4 oben (Th.) : *Est autem heroicum quod constat ex divinis humanisque personis, continens vera cum fictis.*

[3] Serv., *Aen.*, 1, 382 : *Lucanus ideo in numero poetarum esse non meruit* (vgl. Martial., 14, 194), *quia videtur historiam composuisse, non poema* (vgl. Isid., *Orig.*, 8, 7, 10). Der *historicus character* dokumentierte sich in den Augen der antiken Kritiker z.B. in abrupten Übergängen ; reiches Material aus Servius bei J. Ziehen, Lucan als Historiker, *Berichte des Freien Deutschen Hochstiftes* (Frankfurt [Main] 1890), Heft 1, Abteilung für Sprachwissenschaft, a) Sektion für alte Sprachen, 50-71. Arist., *Poet.*, 23, 1459 a-b, vermisst bei den historischen Epikern Einheit der Handlung und des Gedankens (Einheit der Person genügt nicht !). P. Grimal hat in seinem Vortrag gezeigt, dass Lucan nicht in diesem Sinne ein « kyklisches », sondern ein « homerisches » Epos schreiben wollte, das die peripatetischen Forderungen in einem tieferen Sinne erfüllt.

[4] Quint., *Inst.*, 10, 1, 90 : *Lucanus ardens et concitatus et sententiis clarissimus et, ut dicam quod sentio, magis oratoribus quam poetis imitandus.* Zum Thema vgl. E. M. Sanford, a.O.

blematischer als ein entsprechendes Thema bei anderen Epikern.

Im folgenden soll das Thema nicht von der Theorie — hier hat P. Grimal wesentliche Zusammenhänge erhellt — sondern von der poetischen Praxis aus angegangen werden. In der Beschränkung auf das Verhältnis zur epischen Tradition kann unsere Fragestellung freilich in vieler Beziehung zunächst nur eine Art « Negativtest » sein, d.h. uns mehr darüber Aufschluss geben, was Lucan als Dichter nicht ist, als was er als Dichter ist.

Die « epische Tradition » kann unter dem Gesichtspunkt der dichterischen Praxis als die Summe der vor einem bestimmten Zeitpunkt wirkenden epischen Dichter und der in ihren Werken fassbaren Formprinzipien und Gehalte verstanden werden. Wir betrachten hier das Verhältnis Lucans zu einzelnen Epikern (eine weitere Untersuchung, die hier nicht angestellt wird, könnte von typischen Szenen [1] ausgehend nach der besonderen Ausprägung fragen, die bestimmte Formprinzipien der Tradition bei Lucan erfahren). Unser Blick wird dabei, wie das Thema es nahelegt, mehr auf die Eigenart Lucans gerichtet sein als auf diejenige seiner Vorgänger. Diese werden also nicht um ihrer selbst willen interpretiert, sondern nur herangezogen, soweit dies für die Kennzeichnung Lucans als Dichter dienlich scheint.

Dabei hoffen wir, im Werke Lucans Antworten auf die Fragen zu finden, ob der Dichter, ohne sich an den Buchstaben der Definition des Epos zu halten, sie nicht doch in einem tieferen Sinne — als Forderung, eine « kosmi-

[1] Hierüber trefflich W. Rutz, *Studien zur Kompositionskunst und zur epischen Technik Lucans* (mschr. Diss. Kiel 1950), *passim*, bes. 116 ff. H. P. Syndikus, *Lucans Gedicht vom Bürgerkrieg* (Diss. München 1958). Zu den Sturmszenen M. P. O. Morford, *The Poet Lucan* (Oxford 1967), 20-58. Vgl. auch U. Piacentini, *Osservazioni sulla tecnica epica di Lucano* (Berlin 1963 [Dt. Akad. der Wissenschaften zu Berlin. Schriften der Sektion für Altertumswiss. 39]).

sche Poesie» zu gestalten — gut verstanden [1] und erfüllt hat, und ob es nicht doch letztlich dieses Dichterische [2] ist, das dem Historischen und dem Rhetorischen die Rolle zuweist.

II. Homer

Im Mittelpunkt unserer Betrachtung des Verhältnisses Lucans zu Homer steht die Frage, inwieweit Homer für Lucan gegenüber der römischen Tradition zurücktritt. Ausgehend vor allem von dem Problem «Mythos und Geschichte» wird dabei auf die relative Bedeutung Homers für Lucan neu hinzuweisen sein.

1. Lucan selbst verbindet sein Epos mit Homer, und zwar im 9. Buche (980-986) inmitten der Troia-Szene. In dem Augenblick, als Caesar den Göttern Troias eine Wiederherstellung der Stadt (999) verspricht, stellt Lucan seine eigene Dichtung neben Homers *Ilias*. Es wäre freilich übereilt, wollte man aus dieser Stelle auf eine besondere Intensität von Lucans Homernachfolge schliessen. Homer erscheint hier weniger als Vorbild denn als Sinnbild für den epischen Dichter und seine verewigende Kraft. — Ein weiteres kommt hinzu : Die Verbindung, die Caesar in dieser Szene zwischen Troia und Rom herstellt, erinnert mehr an Vergil als an Homer [3]. Dies ist wohl kein Zufall : Wie

[1] So sah z.B. Silius die Leistung des homerischen Epos : *carmine complexus terram mare sidera manes* (13, 788).

[2] Dabei ist natürlich nicht von dem modernen, sondern von dem antiken Begriff des Dichterischen auszugehen. Vgl. E. Lledó Iñigo, *El concepto «Poiesis» en la filosofía griega* (Madrid 1961). N. A. Greenberg, The Use of Poiema and Poiesis, *HSPh* 55, 1961, 263-289.

[3] Lucan ist nicht Antivergil in dem Sinne, dass er die *Aeneis* völlig leugnete : er sieht durchaus die Wurzeln des Caesarentums in der Vergangenheit (vgl. auch Grimals Deutung von Caesars Gebet im ersten Buch), wenn bei Lucan auch aufs ganze gesehen das Empfinden vorherrscht, dass der Aufstieg Caesars und das von ihm gestaltete Weltreich durch nichts weniger als durch

W. Rutz [1] betont, scheinen im ganzen die Beziehungen Lucans zu seinen römischen Vorgängern sprechender zu sein als diejenigen zu den Griechen.

Man hat in der neueren Forschung eindringlich die Aspekte hervorgehoben, die Lucan — vor allem in seiner epischen Technik — von Homer trennen : Zurücktreten der Kontinuität des Geschehens und der Gegenständlichkeit und Objektivität der Darstellung, Zunahme des Subjektiven und Affektischen, Verselbständigung der Einzelszene. Unter diesem durchaus berechtigten Gesichtspunkt erscheint Lucan als einseitiger Fortsetzer vergilischer Ansätze und geradezu als Antipode Homers [2]. Homerferne aus Unkenntnis oder bewusster Antihomerismus? Die erstere Antwort verbietet sich angesichts der Rolle Homers in der antiken Erziehung ; die einfache Pichonsche Regel, wonach Lucan griechische Literatur nur in römischer Brechung benützt hätte, gilt für Homer jedenfalls nicht ; schon in Lucans *Prooemium* hat man überdies antithetische Bezugnahme auf Homer gefunden [3].

2. Neben diesen — mehr formalen — Aspekt, der bekannt ist und den wir daher nicht näher auszuführen brauchen, dürfen wir jedoch zwei inhaltliche stellen, die vielleicht weniger beachtet wurden. Der erste : Lucan als historischer Dichter tritt Vergil und Homer als mythischen Dichtern

den Untergang des republikanischen Roms erkauft worden ist. Grimals Gedanke, dass Lucans Hoffnung sich *realiter* nicht auf die Wiederherstellung der Republik, sondern auf eine gute Monarchie richtete,scheint mir bestimmten Stellen der *Pharsalia* gerecht zu werden, die bei anderen Deutungen isoliert bleiben.

[1] W. Rutz, a.O. (s. Anm. 1, S. 271), 87 mit Hinweis auf R. Pichon, *Lse sources de Lucain* (Paris 1912), 217 (Pichons überscharfer Formulierung kann ich nicht zustimmen).

[2] Vgl. zuletzt K. Seitz, Der pathetische Erzählstil Lucans, *Hermes* 93, 1965, 204-232. Die « Parteilichkeit » Lucans ist oft übertrieben worden.

[3] G.-B. Conte, Il proemio della Pharsalia, *Maia*, N.S. 18, 1966, 42-53.

gegenüber. Lucan kann somit den Mythos Homers durch die historische Realität überbieten. So vergleicht Lucan im sechsten Buch (6, 48 ff.) eine von Caesar errichtete Mauer mit der von den Göttern gebauten Mauer Troias — und zwar sehr zu Ungunsten des Götterwerkes [1]. Alles, was man von früheren Mauern, sei es mythischer oder historischer Art, gehört hat, muss angesichts von Caesars Mauer verblassen. Dies gilt zunächst rein quantitativ — der Sinn fürs Gigantische war ja gerade in Neronischer Zeit sehr ausgeprägt —, aber es bedeutet doch wohl auch, dass das *hic et nunc* historisch Reale für den Römer einen Vorrang gegenüber dem bloss Gehörten besitzt. Für diese Denkfigur finden wir auch in den *Silven* des Statius eine grosse Zahl von Belegen [2]. Aber auch schon die Augusteer sind durchaus bereit, dem historisch mächtigen Gott Augustus in gewisser Weise einen höheren Wirklichkeitsgrad zuzuerkennen als mythischen Göttern und Heroen. In der ungestraften Abholzung des heiligen Haines von Massilia durch Caesar hat Lucan diesen religionsgeschichtlichen Sachverhalt mit grosser Klarheit in ein Bild gefasst [3]. Geschichte ist für den Römer mehr als Mythos : « La guerre de Troie était un jeu d'enfants en comparaison des guerres civiles de Rome » (Voltaire) [4]. In diesem Sinne sucht Lucan Homer kraft der Historizität seines Stoffes zu überbieten.

3. Der nun folgende letzte Gesichtspunkt ist vielleicht überraschend, scheint mir aber für Lucans Beziehung zu Homer fast der wichtigste. Lucan steht nämlich in einer

[1] Vgl. auch Verg., *Aen.*, 9, 144 f.

[2] Vgl. H. Cancik, *Untersuchungen zur lyrischen Kunst des P. Papinius Statius* (Spudasmata XIII, Hildesheim 1965).

[3] Vgl. besonders : Die Soldaten gehorchen, da sie den Zorn der Götter und den Zorn Caesars gegeneinander abwägen (3, 439 : *expensa superorum et Caesaris ira*).

[4] Voltaire, *Essai sur la poésie épique*, ch. 4 (Vermittelt durch : Pierre Schmid, Quelques jugements sur la Pharsale, *EL*, Sér. 2, Bd. 8, 1965, 254).

ganzen Reihe wesentlicher Züge Homer näher als Vergil. Wir beginnen mit scheinbar Äusserlichem:

Übergehen wir phraseologische Berührungen zwischen Lucan und Homer, die nicht durch Vergil vermittelt sind [1], und eilen wir sogleich zu einer szenischen Reminiszenz! Cato verhindert im 9. Buch durch einen moralischen Appell die Abfahrt der kriegsmüden Soldaten, ganz ähnlich wie Odysseus im 2. der *Ilias* [2]; die Beziehung Cato-Odysseus deutet nun in ihrer ethischen Akzentuierung nicht etwa auf Vergil, sondern eher auf eine stoisch-moralische Homerinterpretation, wie Lucan sie fast notwendigerweise in seinen Lehrjahren gehört haben muss [3]; Odysseus als Typos des stoischen Weisen: diese Interpretation ist in Lucans Übertragung einer Odysseus-Szene auf Cato vorausgesetzt. Auch anderes Homerische instrumentiert er um, soweit es zum Träger seiner eigenen dichterischen Absichten zu werden vermag. Neben der ethischen Akzentuierung, die z.B. im Notturno [4] des 2. Buches Lucans aus der Dolonie fast ein Nikodemus-Gespräch macht, ist es das Grundthema der Erwartung des Unterganges — *veluti venientia fata, non transmissa, legent* (7, 212 f.) —, das in Lucan mit Recht Reminiszenzen an das homerische ἔσσεται ἦμαρ wachruft [5]. Die Voraussage von Caesars Tod durch den sterbenden Domitius erinnert an die entsprechende Szene zwischen Achill und Hektor [6]. Die Beziehung

[1] F. Caspari, *De ratione, quae inter Vergilium et Lucanum intercedat, quaestiones selectae* (Diss. Leipzig 1908), 12 (mit Literaturangaben).

[2] *Il.*, 2, 155-210; Lucan, 9, 217-293. Bienengleichnis *Il.*, 2, 87-93; Lucan., 9, 284-293. Auch das Redenpaar Thersites-Odysseus wirkt bei Lucan herein (*Il.*, 2, 211-277).

[3] Vgl. dazu allgemein meinen Artikel « Allegorie » im *Lex. der Alten Welt.* Über Pompeius und Odysseus vgl. die Diskussion.

[4] Zu den Nachtszenen A. Eichberger, *Untersuchungen zu Lucan. Der Nilabschnitt im 10. Buch des Bellum civile* (Diss. Tübingen 1935), 66 f.

[5] Lucan., 7, 131; vgl. 195; *Aen.*, 2, 324; 7, 145; *Il.* 4, 164 ff.

[6] Lucan., 7, 608-616; *Il.*, 22, 356-360. Der Tod Achills bleibt dabei ausserhalb der *Ilias*; gilt entsprechendes vom Tod Caesars bei Lucan?

Caesars zu Achill, die durch die Alexander-Ideologie vermittelt wurde und sich auch in dem Gleichnis vom Unstern fassen lässt [1], ist hier fast weniger wichtig als die an Homer orientierte Hineinnahme des Künftigen in die Gegenwart. Ein wesentlicher Zug, der Lucan mit Homer, dem Vater auch der Tragödie, verbindet, ist überhaupt die tragische Weltsicht. Pompeius hat wie Hektor keine reale Zukunftshoffnung — anders Aeneas. Vergil verzichtet ja trotz tragischer Zeichnung einzelner Gestalten letztlich nicht auf ein positives Endziel.

Pompeius kann seine Sorge denn auch so hemmungslos ausdrücken wie Priamos [2]; Latinus zeigt dagegen klassisches Mass. Wenn das Grässliche und Erbärmliche bei Lucan wie bei Homer eine grössere Rolle spielt als bei Vergil, so ist dies nicht der einzige Berührungspunkt zwischen Rhapsodischem und Rhetorischem (ein anderer ist die Bereitschaft, um momentaner Wirkung willen « Widersprüche » mit entfernteren Partien des Werkes in Kauf zu nehmen).

Ein letzter Punkt ist vielleicht der wichtigste: der kosmische Aspekt. Schon ganz äusserlich betrachtet ist der Umfang der geographischen Information bei Lucan und Homer grösser als bei Vergil. Wir übersehen nicht, dass die Wurzeln der lucanischen Kataloge andere sind als die der homerischen, halten aber doch die Tatsache als solche fest. Damit hängt auch das Verhältnis zur geschichtlichen Realität zusammen: Lucan und der homerische Dichter haben subjektiv das Bewusstsein — wenn auch jeder natür-

[1] Im 10. Buche wird Alexander mit einem Unstern (*sidus iniquum gentibus*, 10, 35 f.) verglichen; 10, 89 f. nennt Cleopatra Caesar *gentibus aequum sidus*. Beides ist deutlich auf einander bezogen; hinter Caesar steht Alexander, hinter beiden Achilleus, der vor dem Kampf mit Hektor (*Il.*, 22, 25-32) mit einem Unstern verglichen wird. Hinter Cleopatra steht Helena, wobei allerdings auch Euripides (*Or.*, 128 f.) und Vergil (*Aen.*, 2, 573) mit hereinwirken (R. Goossens, *Latomus* 5, 1946, bes. 277 f. und R. T. Bruère, *CPh* 59, 1964, 267).

[2] *Il.*, 22, 33 ff.; vgl. Lucan., 7, 337-384, bes. 376 ff.

lich auf einer ganz verschiedenen Stufe — wirkliche Geschichte darzustellen. Nur rückblickend erscheint ja Homer als « mythologischer Epiker » ; für den homerischen Dichter selbst jedoch ist der Mythos Geschichte. Blicken wir auf das dichterische Selbstverständnis, so ist überraschenderweise Vergil in dieser Reihe der einzige, der bewusst und aktiv einen « Mythos » gestaltet und die Geschichte nur in Durchblicken mit einbezieht. In der — jeweils relativen — « Historizität » ihres Stoffes und in dem jeweils zeitnahen Weltbild berühren sich also Homer und Lucan, während Vergil dank den besonderen Bedingungen seiner Zeit und seines Ingeniums der grosse Unzeitgemässe werden konnte, der das historisch Reale in einem nicht mehr naiv vorgegebenen, sondern denkend errungenen Mythos aufgehoben sein liess.

III. Ennius

Auf *Apollonios Rhodios* darf ich, um den Vortrag nicht allzusehr anschwellen zu lassen, vielleicht in der Diskussion kurz zurückkommen und hier die wichtigen Ergebnisse der Arbeiten F. Mehmels als bekannt voraussetzen [1].

Im Zusammenhang mit *Ennius* sollen uns hier drei Fragen beschäftigen : 1. Das Problem der direkten Ennius-Benützung, 2. Das Zielińskische Inkompatibilitätsgesetz, 3. Das Problem der inneren Einheit des Epos bei Ennius und bei Lucan.

1. An den wenigen Stellen, wo wir Lucan mit Ennius konfrontieren können [2], stellt sich die Frage, ob direkter

[1] F. Mehmel, *Valerius Flaccus* (Diss. Hamburg 1934). *Virgil und Apollonius Rhodius* (Hamburger Arbeiten I 1940).

[2] Zu Lucan und Ennius : Caspari, a.O., 12 f. ; W. E. Heitland, Einleitung zu: *M. Annaei Lucani Pharsalia*, Edited with English Notes by C. E. Haskins (London 1887), S. cxxviii ; F. Skutsch, *RE* V 2, 2617 ; C. Hosius, *De*

oder nur indirekter Einfluss vorliegt. Nehmen wir als Beispiel die Situation des Scaeva im 6. Buch, die wir mit ähnlichen Darstellungen bedrängter Helden bei Homer, Ennius und Vergil vergleichen können. Subtrahieren wir diejenigen Elemente, die durch Vergil vermittelt sein können, so bleibt für eine direkte Ennius-Benützung kaum mehr ein Anhaltspunkt übrig [1]. Eine Einwirkung der Hannibal-Gestalt des Ennius auf Lucans Caesar anzunehmen (vgl. 1, 304 ; 183 ; 2, 45), ist ein reizvoller Gedanke ; aber dazwischen stehen Vergils Turnus, der Hannibal des Livius und die rhetorischen Exempla : Was bleibt da noch als ennianisches Gut erkennbar? In anderen Fällen ergibt sich folgende Argumentation als Möglichkeit : Wir kennen eine Ennius-Stelle z.B. aus Cicero ; wie kann man beweisen, dass Lucan sie nicht auch aus Cicero kennt?

So kommt es, dass es viel leichter ist zu behaupten, dass Lucan Ennius nicht gekannt hat, als das Umgekehrte. Es ist gut, sich daran zu erinnern, dass die Überlieferungslage eine objektive Entscheidung unmöglich macht.

Aber selbst wenn Lucans Zeit, wie man seit F. Leo annimmt [2], Ennius nicht gekannt hat, bleibt doch immer noch die Notwendigkeit, das Problem der indirekten Einflüsse genauer zu prüfen. So würde zwar Ennius für die Lucan-Forschung nicht viel bedeuten, wohl aber Lucan für die Ennius-Forschung. Z. B. hat für den Versschluss *vincere bello* (Lucan, 1, 145; 366) C. Hosius [3] auf Grund von

imitatione scriptorum Romanorum imprimis Lucani (Festschr. der Univ. Greifswald 1907), bes. zu 1, 145. VAHLEN erwähnt Lucan in seiner « Praefatio » nicht.

[1] *Il.*, 16, 102 ff. ; Enn., *Ann.*, 401-408 ; Verg., *Aen.*, 9, 803-811 ; Lucan., 6, 133-137 ; 192-195. An Ennius erinnern, wenn man von den durch Vergil gedeckten Vokabeln absieht, 134 : *nimbus*, 136 : *quassae*, 194 *nec quicquam* (wobei auch diese Elemente auf nur ungenauen Reminiszenzen beruhen ; vgl. auch 210 : *frangit*).

[2] *Plautinische Forschungen* (Berlin 1895), 24 f. ; VAHLEN « Praef. », S. lxxiii.

[3] *De imitatione... zu Lucan.* I, 145.

Lucilius 450 (Marx) ennianischen Ursprung angenommen. Man könnte Ähnliches von dem Elefanten-Gleichnis 6, 208-213 vermuten, zumal Rabirius fr. 3 (Morel) eine wenig beachtete Parallele bietet [1]. Doch genüge es, die Ennius-Forschung auf dieses neue Feld hinzuweisen.

2. Für die Lucan-Interpretation relevanter ist das Problem der Erzähltechnik. Wie G. Krókowski [2] gezeigt hat, folgt Lucan in seiner Darstellung seltener als die übrigen Epiker dem von Th. Zieliński [3] festgestellten « Inkompatibilitätsgesetz », wonach in der homerischen [4] Erzählung parallele Handlungen nur so dargestellt werden können, dass die Handlung I in einen Zustand der Ruhe oder gleichmässigen Bewegung übergeht, wenn die Handlung II einsetzt, und dass der Dichter erst zur Handlung I zurückkehrt, wenn die Handlung II in einen solchen Zustand übergegangen ist. Während also das Epos in dieser Weise (und dies selbst um den Preis grosser Unwahrscheinlichkeiten) einen weitgehend einsträngigen Zeitablauf ohne Überschneidungen und Rückgriffe anstrebt, finden wir bei Lucan [5] neben « episch » gestalteten Übergängen auch

[1] Mit dem Elefanten wählt der Römer ein würdevolleres Tier als der homerische Esel es ist (*Il.*, 11, 557) — und — für den Neronischen Dichter bezeichnend ! — ein grösseres Tier als der vergilische Löwe (*Aen.*, 9, 792). Erfunden hat Lucan das Gleichnis jedenfalls nicht ; das zeigt die Rabirius-Stelle ; es wäre aber merkwürdig, wenn die Elefanten, die im Kampf mit Pyrrhus und Hannibal eine so wesentliche Rolle spielen, ausgerechnet erst bei Rabirius Eingang ins epische Gleichnis gefunden hätten. — In der Ausgabe des Rabirius von J. Garuti (Studi pubbl. dall'Istituto di Filol. Classica V, Bologna 1958) fehlt unser Fragment. Dagegen hat Heitland, a.O., S. cxxviii die Parallele notiert.

[2] G. Krókowski, *Quaestiones epicae* (Wrocław 1951), 71-76.

[3] Th. Zieliński, Die Behandlung gleichzeitiger Ereignisse im antiken Epos I, *Philologus* Supplementband 8/3, 1901, 407-449.

[4] Streng beachtet dieses Gesetz auch Apollonios Rhodios (Krókowski, 54-58).

[5] Mehrfach auch schon bei Vergil (Krókowski, 41-70).

solche, die beim Wechsel der Szene zeitlich mehr oder weniger weit zurückgreifen und in dieser Weise parallele Handlungen nacheinander berichten. Eine solche Darstellungsweise entspricht mehr der Art der Historiker als der der Epiker; für seine freiere Behandlung paralleler Geschehnisse im Sinne historischer Erzähltechnik — die Historiker waren für ihn ja in mancher Beziehung nicht bloss « Quelle », sondern auch Vorbild! — konnte Lucan sich auf den grossen epischen Vorgänger Ennius berufen. Wahrscheinlich hat Ennius in dieser Beziehung aber auch nur mittelbar, und zwar durch die *Aeneis* [1], auf Lucan gewirkt.

3. Die innere Einheit eines Epos kann sich in Gehalt und Form dokumentieren — wie in der *Aeneis* — oder rein im Gedanklichen verbleiben, wie bei Ennius.

Das Gedankliche bedingt eine Zunahme des « Rhetorischen », wie wir sie sowohl bei Ennius als auch bei Lucan beobachten können. Die Werte der römischen *res publica*, Panegyrik und Invektive spielen herein, wenn man auch bei Lucan die « Parteilichkeit » sehr übertrieben hat.

Was Ennius seinem Werk sicherlich nicht gegeben hat, ist die strenge formale Einheit im aristotelischen Sinn. Die Farben Homers hat er erobert, die Struktur — im Sinne antiker *Ilias*-Interpretation — noch nicht. Ennius bleibt also ein « kyklischer » Dichter; Lucan hingegen wollte, wie auch die Vorträge von B. M. Marti und P. Grimal gezeigt haben, trotz seiner Hochschätzung des Historisch-Realen ein formvollendetes Epos vergilisch-homerischen Anspruchs schreiben. Auch in diesem entscheidenden Punkte ist also die eventuelle Einwirkung des Ennius durch das vergilische Medium geläutert.

[1] Antike Kritiker beobachteten vor allem an manchen Übergangsstellen in der *Aeneis* einen *historicus character*, vgl. J. Ziehen, a.O. G. Krókowski, a.O.

IV. Vergil

Bei der Darstellung von Lucans Verhältnis zu Vergil beschränken wir uns auf zwei Grundprobleme: 1. Lucan der « Anti-Vergil [1] » und Lucan der « Ultra-Vergil », 2. Die Wandlung des subjektiven Elements von Vergil zu Lucan.

1. Lucan will keinen geschichtsbegründenden Mythos schaffen, sondern eine historische Wirklichkeit, die in ihrer Grösse jeden Mythos in den Schatten stellt, in episch verbindlicher, mit Vergil konkurrierender Form vermitteln und deuten. Schon in diesem Anspruch will die *Pharsalia* nicht bloss als « Anti-*Aeneis* », sondern auch als « Über-*Aeneis* » verstanden werden. Durch den Begriff des Anti-Vergil [2] wird jedenfalls nur eine Seite des Verhältnisses Lucans zu seinem grössten römischen Vorgänger beleuchtet. Beide Tendenzen, die der Gegenposition wie die der Überbietung, seien im folgenden erläutert.

F. Caspari [3] hat mit Recht betont, dass Lucan sich sehr frei gebärdet und wörtliche Anklänge an Vergil oft geradezu zu vermeiden scheint. Aber diese richtige Beobachtung hat bei ihm zu dem Fehlschluss geführt, Vergil spiele für Lucan sachlich keine bedeutende Rolle [4]. Demgegenüber ist daran

[1] « Gegen-Vergil » : A. Thierfelder, Der Dichter Lucan, *Archiv für Kulturgeschichte* 25, 1935, 1-20, bes. 14.

[2] Dieses Wort muss in seiner Bedeutung präzisiert werden, vgl. das Ende dieses ersten Abschnittes.

[3] *De ratione, quae inter Lucanum et Vergilium intercedat* (Diss. Leipzig 1908/9), bes. 94.

[4] Die sprachliche Einwirkung kann auch er nicht ganz leugnen. Wichtig R. Pichon, *Les sources de Lucain* (Paris 1912), 217-229. — Erst nach Abfassung dieses Kapitels wurde mir folgende Arbeit bekannt : L. Thompson and R. T. Bruère, Lucan's Use of Virgilian Reminiscence, *CPh* 63, 1968, 1-21 (manchmal etwas forciert). Besonnen und gut sind die Vergleiche zwischen Szenen der *Aeneis* und der *Pharsalia* in der bereits zitierten Dissertation

zu erinnern, dass man sich in den Rhetorenschulen darin übte, direkte Anklänge an die Vorlage zu vermeiden [1]; freie Paraphrase war eine Kunst, auf die man stolz war. Aber auch direkte Vergil-Reminiszenzen [2] finden sich bei Lucan in genügend grosser Zahl, um die Ansicht Casparis zu widerlegen.

Beginnen wir mit der Disposition im grossen! Tetradische Gliederung hat man nicht nur in der *Pharsalia*, sondern zum Teil auch in der *Aeneis* beobachtet. Beiden Epen gemeinsam ist weiterhin die Berührung mit dem Totenreich im 6. Buch [3], der Einsatz eines grossen Kampfes im 7. Buch, der Rückblick auf die Vorgeschichte im 2. Buch, sowie, was eine neue Beobachtung zu sein scheint, die den Konflikt letztlich verschärfende Verbrüderung der beiden feindlichen Lager im 4. Buch.

Ausser diesen Berührungen in der Gesamtanlage, die grossenteils auch dann gültig bleiben, wenn man keine Konzeption auf zwölf Bücher annimmt (denn die Verbindung bestimmter Szenen mit bestimmten Buchziffern bleibt auch dann bestehen) [4], sind im einzelnen Anklänge festzustellen, die den Gehalt des Werkes angehen [5].

von W. Rutz *(passim)*; sie betreffen vor allem das Problem der « epischen Technik ».

[1] Eine deutliche Anspielung ohne Wiederholung auch nur eines Wortes ist z.B. 4, 96 : *lucri pallida tabes* (vgl. *Aen.*, 3, 57 : *auri sacra fames*).

[2] Z. B. *faces et saxa volant* (7, 512), wörtlich aus *Aen.*, 1, 150. Die Liste der Vergil-Nachahmungen bei W. E. Heitland (Vorwort zu : *M. Annaei Lucani Pharsalia*, Edited with English Notes by C. E. Haskins [London 1887]), S. cx-cxxvi, ist nützlich, aber etwas wahllos ; vgl. auch R. B. Steele, Lucan's Pharsalia, *AJPh* 45, 1924, 301-328, Abschnitt I *(Adapted Material)*.

[3] M. P. O. Morford, *The Poet Lucan* (Oxford 1967), 68, bemerkt, der Platz der Nekromantie sei vergilisch, die Sache aber von Ovid und Seneca bestimmt.

[4] Z. B. erinnert Sil., 2 an *Aen.*, 2 und der Anfang von Sil., 3 an den Beginn von *Aen.*, 3, und doch hat Silius nicht zwölf, sondern siebzehn Bücher geschrieben.

[5] Einzelnes bei R. Pichon, *Les sources de Lucain* (Paris 1912), 218 ff. E. Malcovati, *M. Anneo Lucano* (Milano 1940), 100-104.

An der Umkehrung des Motivs der Latinerstädte (*Aen.*, 6, 773-776 ; Lucan., 7, 391-396) und des Motivs der Revolutionäre im Jenseits (*Aen.*, 8, 666 f. ; Lucan., 6, 793 f.) hat A. Guillemin [1] gezeigt, wie Lucan durch die Darstellung des Untergangs bewusst ein Gegenbild zum vergilischen Ursprungsmythos schafft.

Diese wichtige Beobachtung kann nach zwei Seiten ergänzt werden :

a) Lucan kennt im 7. Buch nicht nur Kontrastimitation, sondern er nimmt auch vergilische Untergangsschilderungen [2] in gleichem Sinne überbietend auf ;

b) Sachlich relevante Vergil-Imitation findet sich nicht bloss, wie A. Guillemin glaubte, im 7. Buch und in bestimmten Teilen des 6. Buches, sondern auch im übrigen Werk.

A. Als Hintergrund für das 7. Buch der *Pharsalia* ist das 2. Buch der *Aeneis* wichtig, das den Untergang Troias schildert. *Venit summa dies* (*Aen.*, 2, 324 ; Lucan., 7, 195). Dieses Zitat aus dem zweiten Buch der *Aeneis* bezieht sich bei Lucan nicht mehr bloss auf Troia, sondern auf die römische Welt im ganzen. Die ohnmächtige Majestät des Latinus im 7. Buch der *Aeneis* spiegelt sich vergrössert in Lucans Pompeius [3]. Von Turnus steigernd auf Caesar übertragen ist das gewaltige Mars-Gleichnis (*Aen.*, 12, 331-340 ; Lucan., 7, 567-572). Wie der Turnus des 12. *Aeneis*-Buches erkennt Pompeius im 7. Buch Lucans, dass

[1] L'inspiration virgilienne dans la Pharsale, *REL* 29, 1951, 214-227. Kontrastimitation liegt auch vor in der Umdeutung von *advenisse diem* (*Aen.*, 7, 145 ; Lucan., 7, 131).

[2] Guillemin verweist a.O. nur allgemein auf *Aen.*, 2.

[3] Beide lassen dem Verhängnis wider besseres Wissen seinen Lauf ; das Bild des Sturmes intensiviert Lucan (*Aen.*, 7, 594 ; Lucan., 7, 123-127).

die Götter gegen ihn sind [1]. Die Totenblässe der Soldaten des Pompeius vor der Schlacht ist gewissermassen eine mehrfache Brechung der Leichenblässe des Turnus, der wie ein Opfertier zum Altar schreitet [2]. Die von Lucan zum Prinzip erhobene (vgl. 7, 212 f.) Kunst der Vorausdeutung auf das Kommende bedient sich also auch vergilischer Mittel.

Die von Guillemin festgestellte Kontrastimitation konnten wir ergänzen durch Imitationen, die sich in gleichem Sinne bewegen wie ihre vergilischen Vorbilder, wobei vor allem das 2., 7. und 12. Buch der *Aeneis* wichtig sind. Hier sollen die epischen Motive nicht so sehr bestimmte vergilische Personen evozieren, als vielmehr das Format des Geschehens bezeichnen und — durch Überbietung Vergils — dieses Format womöglich noch steigern.

B. Eine weitere Ergänzung zu den Beobachtungen Guillemins, die sich auf das 7. Buch und auf Teile des sechsten beschränkten, ergibt sich aus der Betrachtung der übrigen Gesänge.

Beginnen wir mit dem 1. Buch. Das Prooemium hat zwar bekanntlich Elemente historischer Prooemien [3] in sich aufgenommen, erweist sich aber bei näherem Zusehen in seinen Aufbauprinzipien als eine erweiterte Variation des *Aeneis*-Prooemiums [4]. Im *Aeneis*-Prooemium folgen aufeinander :

[1] *Aen.*, 12, 895 ; 4, 95 ; Lucan., 7, 85 f. Vgl. auch Lucan., 7, 88 : *nil ultra fata morabor* mit *Aen.*, 12, 11 : *nulla mora in Turno.*

[2] *Aen.*, 12, 219-221 ; Lucan., 7, 130. Etwas ferner steht *Aen.*, 4, 644.

[3] M. Pohlenz, Causae civilium armorum, *Epitymbion H. Swoboda dargebracht* (Reichenberg 1927), 201-210.

[4] Ausserdem verdienen die Berührungen mit dem *Georgica*-Prooemium Beachtung, auf die E. Paratore, Virgilio Georgico e Lucano, *ASNP* 2/12, 1943, 40-69, hingewiesen hat.

a) Angabe des Themas (*Aen.*, 1, 1-7),

b) Anrufung der Muse (*Aen.*, 1, 8-11),

c) Exposition der *causae* (*Aen.*, 1, 12-33).

Bei Lucan haben wir eine ähnliche Gliederung :

a) Angabe des Themas (1-7 mit erweiternder Betrachtung 8-32),

b) Nero als inspirierende Gottheit : Ersatz der Musenanrufung (33-66),

c) Exposition des *causae* (67-182).

Das vergilische Gerüst ist durch verschiedene Elemente ausgefüllt. Die eigentliche Angabe des Themas umfasst zwar, wie in der *Aeneis*, sieben Verse, wird aber dann mit einem leichten Anklang an das homerische τίς ἄρ σφωε θεῶν in einer Art rhetorischer Meditation [1] vertieft. Sodann wird die Musenanrufung durch die huldigende Nennung des Kaisers als inspirierender Gottheit ersetzt, wobei weniger die *Aeneis* als die *Georgica* und wohl auch Manilius Pate stehen. Der dritte Teil mit der Exposition der *causae* zeigt am Anfang eine Huldigung an Ovid *(fert animus)*, einen Dichter, dessen Bedeutung für Lucan wir im folgenden noch herausarbeiten wollen, dann aber vor allem auch eine Reihe « historischer » Elemente, z.B. Charakteristiken der Hauptgestalten und der weltgeschichtlichen Situation, sowie das Thema des « Sittenverfalls ». Dies alles wird aber nicht bloss theoretisch vorgetragen, sondern durch Gleichnisse und Bilder dem Leser vor Augen gestellt. Dahinter steht mehr als nur ein rhetorisches Streben nach ἐνάργεια : das dichterische Bemühen, das historische Geschehen ins Kosmische zu erhöhen (Weltuntergang, Isthmus, Eiche,

[1] Vgl. aber auch *Georg.*, 1, 5-23 (allerdings mit folgendem Unterschied : Anrede bei Lucan, Anrufung bei Vergil).

Blitz). Über die Bedeutung dieser Tatsache wird weiterhin zu sprechen sein. Hier sollte nur gezeigt werden, wie eine vergilische Form durch andersartige Elemente angereichert wird (ein Verfahren, das die auch von B. M. Marti, W. Rutz und P. Grimal beobachtete Verbindung klassizistischer Struktur mit barocker Ausgestaltung bestätigt).

Antivergilisch ist Lucans Prooemium insofern als das Thema, das hier angekündigt wird, nicht Konstruktion ist (*Aen.*, 1, 33 : *tantae molis erat Romanam condere gentem*), sondern Destruktion. Dabei wird als die Hauptabsicht des Autors hervorgehoben, das selbstmörderische Ringen darzustellen (eine Themastellung, die manchmal in ihrer überpersönlichen Objektivität nicht voll erfasst wird). Es geht Lucan weniger darum, Caesar anzuschwärzen oder Pompeius reinzuwaschen, viel wichtiger ist ihm die Darstellung der verhängnisvollen Situation des Bruderkrieges, bei der die Grenzen von Recht und Unrecht sich verwischen und selbst ein sittlich hochstehender Mann wie Cato nur noch ein Handeln kennt, das um die Sündhaftigkeit des ganzen Geschehens weiss und letztlich von keiner äusseren Hoffnung mehr getragen ist. Den Satz des ersten Buches dürfen wir nicht unterschätzen : *Quis iustius induit arma/scire nefas* (1, 126 f.). Dadurch aber, dass Lucans Helden, vor allem Cato, ohne Hoffnung handeln, stehen sie auf einer anderen Stufe als Aeneas, der sich immer wieder, selbst in den schwersten Augenblicken, von Göttern geführt und von diesseitigen Zukunftsverheissungen getragen weiss. In diesem Sinne — des noch stärkeren Zurücktretens der Lohnmoral — ist die *Pharsalia* mehr als eine Anti-*Aeneis*.

Nicht nur das Prooemium zeigt diese charakteristische Form des teils negierenden, teils überbietenden Anschlusses an Vergil. Beim Einsatz der Erzählung beobachten wir nämlich ausser allgemein für die epische Tradition charakteristischen Zügen (wie z.B. dem Einsetzen an einem symbolisch bedeutsamen Punkt — dem Rubicon-Übergang), vor allem in Gestalt des Löwen-Gleichnisses eine unmittelbare Reminiszenz aus *Aeneis* 12. Vergil vergleicht am Anfang des 12. Buches Turnus mit einem Löwen, der verletzt ist und dadurch erst seine eigentliche wütende Kraft entwickelt. Lucan hat das Motiv des Gleichnisses beibehalten, aber Vergil durch eine Steigerung der Dramatik zu überbieten gesucht. Er zerlegt den Vorgang in mehrere Stufen :

1. Der Löwe erblickt den Gegner ;
2. er setzt sich nieder und sammelt seine Kraft und Wut ;
3. er zeigt alle äusseren Zeichen der Erregung ;
4. er wird getroffen ;
5. er stürmt dem Jagdspiess entgegen und durch diesen hindurch.

Lucan verbindet hier mit Vergil

1. das Motiv,
2. die Stellung in einer Eröffnungsszene ;
3. die thematische Bedeutung, und zwar
   a) Kennzeichnung des treibenden Affekts ;
   b) Ankündigung eines grossen Kampfes ;
4. Vorausblick auf den Tod des Helden.

Anders als Vergil setzt Lucan hier jedoch das Gleichnis nicht an den Anfang, sondern an das Ende einer Szene. Der dramatischere Aufbau des Gleichnisses entspricht dem Gang der Haupthandlung [1]. Wie die Szene im Gleichnis gipfelt, so das Gleichnis selbst in einer kühnen Pointe *(per ferrum... exit)*. In diesem Gleichnis wird die *ira* Caesars in einer Weise portraitiert, die überbietend an die Darstellung der *ira* des vergilischen Turnus anknüpft. Dabei wird durch die

[1] Für Lucans Gleichnisse ist überhaupt strengere Parallelität zur Handlung charakteristisch.

spätere Erwähnung des Getroffenseins das Motiv der Selbstaufpeitschung erheblich verstärkt, das in der *Aeneis* nur an anderer Stelle andeutungsweise erscheint (12, 108), in den Tragödien Senecas aber beherrschend ist.

Wie Caesars *ira* die *ira* des Turnus überbietet [1], so spiegelt sich in der Gesinnung der Caesarianer die Todesbereitschaft des Turnus, freilich ins Frivole gesteigert: *Usque adeo miserum est civili vincere bello?* (Lucan., 1, 366; *Aen.*, 12, 646).

Wir brechen ab und stellen fest:

a) Ebenso bedeutsam wie die Kontrastimitation ist das Streben Lucans, Vergil zu überbieten;

b) Die sachlich relevante Vergil-Nachfolge ist nicht auf die Bücher 6 und 7 beschränkt.

Anlass zur Vergil-Nachfolge sind dabei weniger Analogien zwischen Personen als vor allem solche Themen, die Lucan besonders am Herzen liegen:

a) Die Untergangsthematik (*Aen.* 2 und *Aen.* 7-12);

b) die Technik der Vorbereitung und Vorausdeutung (z.B. *Aen.* 12);

c) die Affektdarstellung (*ira* und Todesbereitschaft: z.B. *Aen.* 12).

Die grosse Selbständigkeit Lucans und der oft nur « punktuelle » Charakter der Anspielungen zeigt dabei, dass am Anfang nicht der Wille zur *imitatio*, sondern die Absicht zur Durchführung der eigenen Themen steht, wobei die epische Tradition, in der Vergil die Hauptrolle spielt, für Lucan die Sprache und die Bilder bereitstellt.

[1] Vgl. auch das zuvor besprochene Mars-Gleichnis.

Lucan ist nicht in dem Sinne der Anti-Vergil, dass er die *Aeneis* negieren wollte, er setzt sie voraus und will bewusst ein kontrastierendes und sie überbietendes Gegenstück dazu schaffen, wobei er im einzelnen sehr frei verfährt; Vergil liefert für epische Szenen technisch kaum mehr als Ansatzpunkte und, was die Deutung betrifft, « Bezugspunkte ».

2. Es lohnt sich, noch länger bei einem Element zu verweilen, in dem Lucan einen vergilischen Ansatz überbietend weiterführt. Ich meine die in neuerer Zeit unter anderen Gesichtspunkten mehrfach gewürdigte [1] affektische Durchdringung der Erzählung; dabei möchte ich weniger auf die Analyse und abstrakte Benennung der das Geschehen vorwärtstreibenden Affekte eingehen als auf die emotional getönte Betrachtung der Ereignisse durch den Dichter. Hier scheint sich mir nämlich ein Umschwung von Vergil zu Lucan zu vollziehen, der vielleicht noch nicht genügend beachtet ist.

Die Entwicklung des subjektiven Momentes im Epos von Homer über Vergil bis hin zu Lucan beleuchtet in charakteristischer Weise die Anrede an den Helden Scaeva (6, 257-262), wenn man sie vor den Hintergrund der epischen Tradition stellt. Als Hektor die Waffen des Achilleus anlegt, die er dem Patroklos abgenommen, erscheint schon bei Homer eine Betrachtung (*Il.*, 17, 201 ff.); sie ist aber einmal dadurch objektiviert, dass sie dem obersten Gott in den Mund gelegt ist, zum andern ist sie dadurch mit der Handlung verknüpft, dass Zeus ankündigt, Hektor werde jetzt noch einmal siegreich kämpfen. — In Vergils *Aeneis* finden sich solche Worte (wie schon bei Apollonios [2]) aus der

[1] Vor allem durch W. RUTZ *(passim)*.

[2] A. R., 4, 445. R. HEINZE, *Virgils epische Technik* (Leipzig 1915[3]), 370 ff.; in der hellenistisch stilisierten *Ciris* und bei Ovid sind solche Stellungnahmen

eigenen Person des Dichters heraus gesprochen, so die Anrede an Pallas (10, 507-509) und an Nisus und Euryalus (9, 446-449), und zwar meist, wie auch die Worte des Anchises an Marcellus (6, 882 f.), in die für Vergil so charakteristische leise Trauer getaucht, mit der ein — im modernen Sinne des Wortes — « lyrisches » Element ins Epos Einlass findet [1]. Instrument für die bei Vergil immer spürbare « Lyrisierung » des Epos ist dabei eine — überaus taktvoll angewandte — rhetorische Form : die Apostrophe. Die vornehme Zurückhaltung Vergils wird von Lucan aufgegeben ; das Rhetorische tritt stärker hervor. Es wäre jedoch verfehlt, die zahlreichen subjektiven Äusserungen Lucans als « raisonnement » abzutun und als prosaischen Fremdkörper aus seiner Dichtung herauszulösen.

Der richtige Zugang erschliesst sich, wenn man einerseits die Linie verfolgt, die hier von Vergil zu Lucan führt, und andererseits versucht, sich über den Unterschied zwischen beiden Dichtern in dieser Beziehung klar zu werden.

Die betrachtenden Partien bei Lucan sind in ihrem Grundcharakter meist weniger rational als leidenschaftlich. Auch die Sprache ist stark affektisch und spart nicht mit Interjektionen und Ausrufungen. Wir haben es also mit einem emotionalen Mit- und Nachvollziehen des Geschehens zu tun, ähnlich wie wir es bei arienhaften und ariosen Partien der Oratorien beobachten können. Diese Parallele ist nicht zufällig herangezogen, sondern sie führt weiter. Handelt es sich doch bei den Texten der Arien und Ariosi Bachscher und Händelscher Oratorien oft um nach rhetorischen Prinzipien aufgebaute und mit rhetorischen Mitteln emotional stilisierte Meditationen, die den Bericht eines Ereignisses der

häufiger als bei Vergil. Vgl. M. v. ALBRECHT, *Die Parenthese in Ovids Metamorphosen und ihre dichterische Funktion* (Spudasmata VII, Hildesheim 1967), 189 ff. ; 193 ff.

[1] Über das Musikalische in der *Aeneis* : V. PÖSCHL, *Die Dichtkunst Virgils* (Innsbruck-Wien 1950, 1964²), *passim*.

Heilsgeschichte begleiten. Diese Texte haben, zumindest nach der Anschauung der damaligen Zeit, lyrischen Charakter. Lyrisierung und Rhetorisierung gehen also, wie bei Lucan, auch sonst unter bestimmten geistesgeschichtlichen Bedingungen Hand in Hand [1]. So ist die Möglichkeit gewonnen, das sogenannte « raisonnement » Lucans nicht als etwas Fremdartiges, von aussen an das Epos Herangetragenes zu verwerfen, sondern in ihm eine besondere Form poetischer Darstellung zu erkennen, die ausgehend von den Ansätzen zu einer Lyrisierung des Epos bei Vergil das subjektiv-kontemplative Element in rhetorisch geformten lyrischen Meditationen entfaltet.

Die Entfaltung unterscheidet sich allerdings sehr stark von der vergilischen. In dreifachem Anlauf soll jetzt versucht werden, den Unterschied neu herauszuarbeiten.

Lucan ist nicht mit der Leistung Scaevas einverstanden ; er bewundert sie, ohne sie letztlich gutheissen zu können. Auch mit dem Gang des Schicksals ist Lucan nicht einverstanden, denn den Glauben und die Hoffnung Vergils hat er nicht mehr. Weder der zwar verehrte, aber ohnmächtige Vertreter der Vergangenheit, Pompeius, noch der bedenkenlose Vertreter der Zukunft, Caesar, findet seinen ungeteilten Beifall. So bleibt Lucan, gerade in seinen rhetorisch-lyrischen Meditationen, doch immer « g e g e n ü b e r ». Er ist nicht gläubiger Zeuge eines einem hohen Ziele zustrebenden heilsgeschichtlichen Prozesses, sondern staunender Betrachter von Götterdämmerung und Weltuntergang. Lucan versieht die Gigantomachie sozusagen mit umgekehrten Vorzeichen.

Die leise Trauer Vergils (die den modernen Leser nachhaltiger beeindruckt als sein Romglaube) wird von Lucan überboten durch das hochpathetische Nachempfinden einer Weltkatastrophe. Auch in diesem Punkt versucht Lucan

[1] In gleicher Richtung weist der Vergleich solcher Äusserungen Lucans mit den Chorliedern der Tragödien Senecas (B. M. Marti mündlich).

nicht bloss ein Gegenstück zur *Aeneis* zu schaffen, sondern Vergil zu übertönen. Die dabei entstandenen pathetischen « Arien » Lucans ersetzen den intimen Lyrismus Vergils durch eine stärkere Gestik ; dies ändert aber nichts daran, dass genetisch zwischen beiden ein Zusammenhang besteht, nur dass die « Rhetorik » des Augusteers « lyrischer » und der Lyrismus des neronischen Dichters « rhetorischer » gefärbt ist.

Ein Blick auf Parallelerscheinungen bei Lucan soll es uns erlauben, den Unterschied zu Vergil noch schärfer zu formulieren. Lucan ersetzt die « mystische » Einweihung des Aeneas in der Unterwelt durch die « naturwissenschaftliche » Caesars in Aegypten ; A. Eichberger [1] hat dort überzeugend die religiöse Phraseologie der Initiation des 6. *Aeneis*-Buches wiedergefunden. — Eine andere Parallelerscheinung sind die erst bei (Ovid und) Lucan hervortretenden makrokosmischen Gleichnisse, die z.B. Caesar mit dem Ozean und den Bürgerkrieg mit dem Weltuntergang in eins sehen [2]. — In analoger Weise ist nun auch das « Lyrische » bei Lucan nicht mystisch und introvertiert, sondern rhetorisch und extravertiert, ek-statisch [3] im wörtlichen Sinne und bei aller Affektivität mehr der Aussenwelt, dem Makrokosmos, als dem Mikrokosmos der Einzelseele zugewandt [4].

[1] *Untersuchungen zu Lucan. Der Nilabschnitt im 10. Buch des* Bellum civile (Diss. Tübingen 1935), 9 (mit Lit.) : « Aus dem Mysterium des Glaubens ist eine Leistung des Verstandes geworden. »

[2] Vgl. z. B. L. Eckardt, *Exkurse und Ekphraseis bei Lucan* (Diss. Heidelberg [1934] 1936), 48 ff.

[3] Es ist wohl kein Zufall, dass gerade der junge Hölderlin sich von Lucan so stark angezogen fühlte.

[4] Das Schwinden des Lucanverständnisses hängt letztlich wohl auch mit dem Rückgang der überpersönlichen Lyrik seit der Präromantik zusammen.

V. Ovid

Wir sprachen bisher nicht von Vergils *Georgica*, von Lucrez und von Manilius. Der Einfluss der Lehrdichtung, die ja zur epischen Gattung gehört, ist mit bedingt durch die besondere Rolle, die das Naturhafte und das Gedankliche bei Lucan gewinnt. Für einen Dichter, der wie Lucan auf den Götterapparat verzichtet, werden notwendigerweise diejenigen Hexametriker relevant, bei denen die Natur ebenfalls nicht durch das Prisma des Mythos gesehen wird : also vor allem der Vergil der *Georgica* [1] und noch mehr vielleicht Lucrez [2] und die nichtmythologischen Partien im ersten und im letzten Buch der *Metamorphosen* Ovids — und dies bezeichnenderweise trotz des Unterschiedes der Philosophenschulen. Wir können dies hier, was Lucrez, die *Georgica* und Manilius [3] betrifft, nur andeuten. Treffend formuliert Morford : « Lucretius first showed that it was possible to unite poetic imagery with scientific exposition ; this is one of the distinguishing features of Lucan's stormwriting [4]. »

Wenn wir nun zu Ovid übergehen, so ist nach dem soeben Gesagten bereits klar, dass Ovids brillante Verstechnik und seine Phantasie, die ja auf so viele jugendliche Dichtertalente einen Zauber ausgeübt hat, nicht die einzigen Ursachen für die besondere Rolle sind, die Ovid unter Lucans Vorbildern spielt. Wie schon der jüngere Seneca war auch Lucan besonders von den didaktischen Partien

[1] Zuletzt (unter anderem Gesichtspunkt) E. Paratore, Virgilio georgico e Lucano, *ASNP* 2/12, 1943, 40-69. Vgl. daneben Morford, 28 ; Caspari, *passim*, bes. 94 ; Hosius, *De imitatione...*, *passim* ; Thompson-Bruère, a.O.

[2] Das Verhältnis Lucans zu Lucrez verdient gesonderte Untersuchung.

[3] C. Hosius, Lucan und seine Quellen, *RhM*, N.F. 48, 1893, 380-397, bes. 393-395 (zum Teil sehr aufschlussreiche Parallelen) ; F. Schwemmler, *De Lucano Manili imitatore* (Diss. Giessen 1916) ; Malcovati, a.O., 107.

[4] M. P. O. Morford, *The Poet Lucan* (Oxford 1967), 27.

in Ovids *Metamorphosen* gefesselt ; merkwürdigerweise hat man aber gerade Lucan bei der Wirkungsgeschichte des « Naturwissenschaftlers » Ovid bisher überhaupt nicht ausreichend berücksichtigt [1]. Wir sprechen hier nicht von den vielen phraseologischen Anklängen an Ovid, auch nicht von wichtigen Szenenverwandtschaften (Erysichthon-Caesar ; Pompeius und seine Gattin — Ceyx und Alcyone), auch nicht von der Magie Medeas und Erichthos, nicht einmal von dem bedeutsamen *fert animus* zu Beginn, sondern beschränken uns bewusst auf einen neuen Punkt, der, wie ich meine, recht nah an Lucans dichterische Eigenart heranführt. Ich möchte ihn an einigen Beispielen erläutern.

Wir beginnen mit einem Text, der bei Lucan insofern eine Ausnahme bildet, als er einen Mythos behandelt (4, 629 ff.). Antaeus sinkt, von Hercules niedergerungen, zu Boden, und wie sein Schweiss herabrinnt, so strömen aus der mütterlichen Erde dem Riesen neue Kräfte zu, die erschlaffte Muskulatur spannt sich wieder, und der scheinbar Besiegte ist wiederum so stark wie zuvor. Die Aufgliederung des Mirakels in einzelne Phasen und die Verbindung der dargestellten Verwandlung mit einer Art magischer « Logik » (der Schweiss rinnt hernieder, die Kräfte strömen herauf), überhaupt die Erfassung eines wundersamen Prozesses mit geradezu naturwissenschaftlich anmutender Exaktheit : dies alles sind Züge, die Lucan in den ovidischen Schilderungen der Metamorphose schon vereinigt finden konnte. Bemer-

[1] Enttäuschend S. VIARRE, *La survie d'Ovide dans la littérature scientifique des XIIe et XIIIe siècles* (Poitiers 1966, Publ. du C.E.S.C.M. IV). Zu Lucan und Ovid vgl. einzelne bei W. RUTZ, *Lustrum* 9, 1964, 260 f. und 330 f. angeführte Arbeiten sowie bes. seine Interpretation der Erysichthon-Erzählung im Vergleich mit Lucan (Diss., *cit.*, 174 ff. ; vgl. 126). S. auch S. BROGLIA, L'apparato magico del 6° libro della Farsaglia, *Annali della Facoltà di Lettere, Filosofia e Magistero della Università di Cagliari* 15, 1948, 203-235, bes. 224-228. R. PICHON, a.O., 231-235. Eine umfassende Würdigung fehlt.

kenswert ist übrigens, dass Lucan selbst hier, wo es sich um einen Mythos handelt, nicht etwa eine monströse äusserliche Verwandlung, sondern einen viel subtileren inneren Vorgang schildert. Schon hier können wir also eine Tendenz beobachten, einen inneren Verwandlungsprozess im Stil der ovidischen äusseren Metamorphosenschilderungen darzustellen.

Dieser Zug lässt sich an manchen anderen Stellen weiter verfolgen. Normalerweise wählt Lucan ja keine mythischen, sondern natürliche und historische Stoffe. Nehmen wir beispielsweise die Schilderung der Meeresstille. Dies ist an sich ein durchaus natürliches Ereignis, das nun aber von Lucan in einer Weise verfremdend dargestellt wird, die mir für seine poetische Technik und für sein Verhältnis zu Ovid höchst aufschlussreich zu sein scheint.

5, 436 : *Sic stat iners Scythicas astringens Bosporos undas,*
cum glacie retinente fretum non impulit Hister,
inmensumque gelu tegitur mare.

Dann die für den Römer paradoxe Vorstellung des Reiters und des Fuhrknechts auf dem Eise, und schliesslich die höchste Selbstentfremdung des Meeres :

5, 451 : *Fluctus nimiasque precari*
ventorum vires, dum se torpentibus unda
excutiat stagnis et sit mare.

Lucan erfasst Veränderungen in der Natur und er stellt diese mit dem epischen Apparat dar. Das heisst, dass die Vergleiche auch bei diesem Römer einer höheren Sphäre angehören als das Verglichene, also nicht wie bei Homer erklärend, sondern verklärend wirken.

Noch wichtiger aber ist das Folgende : an dieser Stelle kann man beobachten, wie Lucan durch entlegene Gleichnisse, die an Ovids Erfahrungen am Schwarzen Meer anklingen — Zufrieren der Donau usw. — und durch paradoxe Ausdrucksweise dem Leser den Eindruck vermittelt, das Meer sei kein Meer mehr, es habe sich verwandelt und von seiner eigentlichen Natur entfernt, zu der es erst wieder zurückfinden müsste *(et sit mare!)*.

Ähnliches gilt von der Art, wie Lucan den Kampf des Helden Scaeva schildert. Zunächst muss daran erinnert werden, dass die Mauer, die Scaeva verteidigt, am Anfang des Buches in ihrer Entstehung geschildert und in ihrer Grösse gewürdigt wird. Dann gerät die Mauer ins Wanken und verschwindet schliesslich dadurch, dass die Berge der Gefallenen das Niveau des Erdbodens bis auf ihre Höhe heben. Da hängt alles von der Tapferkeit Scaevas ab. Indem Lucan das Einswerden dieses Helden mit seiner Aufgabe im Sinne der rhetorischen ἐνάργεια in ein treffendes Bild zu fassen sucht, sagt er von ihm: *Stat non fragilis pro Caesare murus* (6, 201). Die geistige Verwandlung des Helden durch Einswerden mit seiner Aufgabe ist hier in schlagender Weise formuliert.

Wir haben gesehen, dass Lucan die mythischen Verwandlungen Ovids ersetzt durch subtilere Vorgänge, sei es natürlicher oder moralischer Art. Seine Betrachtungsweise ist dabei aber sowohl durch den «naturwissenschaftlichen» Charakter als auch durch das Streben nach rhetorischer ἐνάργεια der ovidischen Sehweise verwandt. Lucan überträgt gewissermassen die Darstellungstechnik Ovids aus dem Mythischen ins Natürliche; dabei entfaltet er gewisse schon bei Ovid selbst, vor allem im ersten und letzten Buch, vorhandene Ansätze. Aufs ganze gesehen besteht jedoch der Unterschied gegenüber Ovid darin, dass Lucan nicht das Mythische durch realistisch-naturwissenschaftliche und rhetorisch-anschauliche Behandlung mit dem Schein des Wirklichen zu umgeben strebt, sondern dass er umgekehrt dem Realen durch eine der ovidischen Metamorphose verwandte Art der Betrachtung und Darstellung den

Charakter des Aussergewöhnlichen und Wunderbaren verleiht. Lucan ist also nicht nur ein Nachfolger Ovids, was das Technische betrifft, sondern er ist in gewisser Weise auch ein Anti-Ovid, da er nicht mehr das Poetische zu realisieren, sondern das Reale zu poetisieren sucht [1].

VI. Schluss

Eingangs sagten wir, unser Thema könne in mancher Beziehung als « Negativtest » gelten, d.h. eher sichtbar machen, was Lucan als Dichter nicht ist, als was er als Dichter ist.

Unsere auf den Gehalt gerichtete und nach Dichtern gegliederte Untersuchung könnte ergänzt werden durch eine mehr formale Betrachtung nach Szenentypen ; dies liegt ausserhalb der freiwillig gesteckten Grenzen ; die bisher vorliegenden ausgezeichneten Arbeiten [2] zu diesem Thema, deren Kenntnis wir hier voraussetzen, erlauben jedoch den Schluss, dass auch in formaler Beziehung die Kunst Lucans sich nicht ganz aus der epischen Tradition erklären lässt. Wir sprachen schon von der « historiographischen » Freiheit in der Behandlung des Zeitkontinuums und von dem Hervortreten der Subjektivität ; nur kurz sei auch an folgende Einzelheiten der epischen Technik erinnert : Einzelkämpfe treten zurück, Gleichnisse sind verhältnismässig selten und

[1] Dass er auch hierin an Ovidische Ansätze (im 1. und 15. Buch der *Metamorphosen*) anknüpfen konnte, bestätigt nur den Reichtum dieses für die Kaiserzeit so wichtigen Augusteers. — Übrigens sind die Darstellungen des Sterbens durch Schlangenbisse im 9. Buch Lucans als « Metamorphosen des Zerfalls » (Lucan., 9, 813 ; Ov., *Met.*, 6, 388) stilisiert. Als Meditationen des Vergehens stellen sie sich neben vergleichbare Abschnitte bei Ovid und Lucrez ; auch Rabirius hatte, wie die Fragmente zeigen, spezifisches Interesse für Todesthematik.

[2] Vgl. besonders die schon erwähnten Dissertationen von W. Rutz, H. P. Syndikus und anderen.

im Stil zum Teil mehr rhetorisch als episch, Traumszenen sind nicht häufig und haben keinen unmittelbaren Handlungsbezug, Götterszenen und auch Beschreibungen von Kunstwerken fehlen. Ganz anders als etwa bei Silius Italicus, wo die Vergil-Nachfolge zum Kunstprinzip und damit zum Lebensnerv der Dichtung geworden ist — sein Epos schliesst sich an die *Aeneis* an wie die *Apostelgeschichte* an die *Evangelien* — erfassen wir bei der *Pharsalia* von der epischen Tradition aus nicht — oder doch nur indirekt — den eigentlichen Kern des Dichterischen.

Abschliessend soll es unsere Aufgabe sein, die Merkmale, die unser « Negativtest » — der Vergleich mit früheren Epikern — hervortreten liess, nun positiv zu formulieren :

1. Als Stoff dient das Reale, und zwar aufs ganze gesehen ohne den mythischen Überbau. Da Lucan auf die *theologia fabulosa* [1] verzichtet, so bleibt einmal der Bereich der Natur und zum andern derjenige der Geschichte. Dieses Reale wird von Lucan sehr ernst genommen [2].

2. Freilich macht der Dichter nicht bei der Bestandsaufnahme Halt. Stehen doch diese Bereiche für ihn nicht beziehungslos nebeneinander, vielmehr spiegelt sich nach stoischer Art die Geschichte in der Natur [3]. Dieser Ersatz für den Mythos zeigt, wie richtig Thierfelder [4] gesehen

[1] Vgl. Varro bei Aug., *Civ.*, 6, 5.

[2] Zur römischen Abneigung gegen das Fiktive P. GRIMAL, *Essai sur l'Art poétique d'Horace* (Paris 1968), 183. Die Exaktheit von Lucans Information betont auch R. CASTRESANA UDAETA, *História y política en la Farsália de Marco Anneo Lucano* (Madrid 1956), 62. Von « Verismus » bei Lucan spricht (im einzelnen vielleicht doch etwas übertrieben) PIACENTINI, 39.

[3] Zu den kosmischen Gleichnissen vgl. besonders L. ECKARDT, *Exkurse und Ekphraseis bei Lucan* (Diss. Heidelberg [1934] 1936), 48 ff. Vgl. auch O. SCHÖNBERGER, Leitmotivisch wiederholte Bilder bei Lucan, *RhM* 103, 1960, 81-90. FRITZ KÖNIG, *Mensch und Welt bei Lucan im Spiegel bildhafter Darstellung* (Diss. Kiel 1957, Mschr.).

[4] A. THIERFELDER, a.O., 5.

hat, als er sagte, Lucan habe den Sinn des Götterapparats besonders tief verstanden. Lucan erringt sich denkend eine dichterische Weltschau. Nicht nur die Stoa, sondern auch die Dichter standen hierbei Pate, wobei ihm aus ganz unterschiedlichen Gründen der homerische wie der vergilische Mythos fernlag, Lucrez und Ovid dagegen (trotz der Schulunterschiede) wichtige Ansatzpunkte boten.

3. In Lucans Werk durchdringt sich Objektiv-Episches mit Subjektiv-Lyrischem. Man kann hierin die einseitige Fortsetzung einer vergilischen Linie sehen. Parallel damit geht das Hervortreten eines starken Engagements. Träger dieses Subjektiven ist das Rhetorische. Neben dieser Analogie ist aber auch ein polarer Gegensatz zu Vergil festzustellen : Lucans Empfinden ist weniger mystisch-innerlich als «ek-statisch» im wörtlichen Sinne; er blickt nicht nach innen, sondern nach aussen, er « tritt » aus sich selbst « heraus ».

4. Lucans Verständnis der Geschichte ist tragisch, jedenfalls frei von dem Streben nach harmonischem Ausgleich. Hierin ähnelt Lucan mehr Homer als Vergil. Ist Lucan parteiischer als diese beiden Epiker? Sein erstes Ziel ist nicht pamphletistisch, es geht ihm vielmehr um die exemplarische und formvollendete Darstellung eines grossen weltgeschichtlichen Zusammenhangs [1]. Ist für Lucan alles letztlich sinnlos [2]? Hier scheint eine gewisse Vorsicht geboten. In einem Karfreitagsgemälde braucht kein österlicher Glanz zu sein. Lucan schafft bewusst eine Darstellung

[1] In ähnlichem Sinne EICHBERGER (zitiert Anm. 4, S. 275), 69 f. Vgl. G. LAFAYE, Les causes de la guerre civile dans César et Pétrone, *Revue des cours et conférences*, 2e année, nº 33 (Paris 1894), 491-497 ; 533-540, bes. 495 : « Ainsi Lucain met en pleine lumière les causes générales que César a dissimulées avec un si grand soin. » 497 : « On peut même dire, somme toute, que Lucain est plus historien que César. »

[2] Lucan der « Dichter des Widersinns » (THIERFELDER, 13).

des Untergangs als Gegenstück zu dem Geburtsmythos Vergils. Das Insistieren auf Prozessen des Zerfalls und des Todes entspringt dabei also nicht etwa einem persönlichen Sadismus oder nur einem perversen Zeitgeschmack, die relative Hoffnungslosigkeit nicht bloss einem individuellen Pessimismus, sondern diese Züge sind konzeptionsbedingt: Während die *Aeneis* das Mysterium der Geburt Roms darstellt, hat Lucan die *Pharsalia* als ein « Mysterium des Todes » gestaltet.

5. Wie im Verhältnis zur Geschichte finden wir auch in bezug auf die epische Tradition einerseits grosse Selbständigkeit, andererseits aber auch das Ausgehen von präzisen und realen Ansatzpunkten als Charakteristikum Lucans. Gewiss, die epische Tradition liefert ihm eine Sprache, deren Untertöne Lucan in knappster Form zu evozieren versteht; aber sein Ingenium, das mit grosser Freiheit die Grundlinien bestimmt, reduziert das Fremde gewissermassen zum Samenkorn und macht es sich nur insoweit zu eigen, als es diesen Grundlinien entspricht [1].

Ist nun Lucan ein Epiker zu nennen? Ein traditioneller Epiker — nein. Ein Epiker in einem neuen Sinne — ja. Das Epos als *divinarum humanarumque rerum comprehensio* war mit dem Schwinden des mythischen Weltbildes und der gestalthaften Gottesvorstellung schon früh problematisch geworden. Sein universaler Anspruch wurde durch das hohe philosophische Lehrepos fortgeführt, zunächst bei den Vorsokratikern und dann in neuer Weise in Rom, wo das philosophisch-didaktische Element vor Lucrez schon bei Ennius ins Epos Eingang fand. In Rom wandelt sich denn auch, der Gestaltlosigkeit der römischen Gottesvorstellung entsprechend, das alte Epos in verschiedenen Schattierungen zur « kosmischen Poesie », zum « Weltge-

[1] Daher die relativ geringe Rolle szenischer Imitation bei Lucan.

dicht »[1] wobei in dieser Beziehung Lucrez und Ovid für Lucan zumindest ebenso bedeutsam sind wie der Didaktiker Vergil. Die römische Konzeption des « Weltgedichts »[2] hat die Schranken der Mythologie ebenso durchbrochen wie die der Gattungstraditionen des Epos im ursprünglichen Sinne[3]. Das Epos hat also nicht zuletzt durch Lucan eine Metamorphose erfahren, die indirekt der Entstehung einer kosmischen Dichtung wie der *Göttlichen Komödie* Dantes den Boden bereitet hat.

[1] Es spricht für die dichterische Kraft der Römer, dass diese Synthese möglich war, dass also nicht etwa Philosophie und Geschichte rein prosaisch wurden und die Poesie sich in ein Reservat des Fiktiven zurückzog.

[2] Vgl. E. Zinn, Die Dichter des alten Rom und die Anfänge des Weltgedichts, *A&A* 5, 1956, 7-26; jetzt auch in: *Römertum*, hsg. von H. Oppermann (Darmstadt 1962), 155-187.

[3] Andere Gattungen wirken herein: man könnte auch « Elegisches », « Idyllisches », « Satirisches » usw. bei Lucan herausarbeiten.

DISCUSSION

M. Durry : Puisque vous avez axé votre exposé sur la tradition, il aurait dû venir en tête de nos Entretiens. C'est ainsi que le cercle est bouclé ; puissions-nous, dans ce cercle, avoir enfermé Lucain afin de le mieux connaître ! Voudriez-vous revenir sur Apollonios de Rhodes ?

M. von Albrecht : Lucan berührt sich mit Apollonios in seiner Freude am wissenschaftlichen Detail und in seinem psychologischen Interesse. Die Art der Behandlung ist jedoch grundverschieden. Apollonios strebt in erster Linie nach zeitlicher Kontinuität und nach Gegenständlichkeit, Lucan nach Intensität. Apollonios kultiviert in gewisser Beziehung bewusst die « Oberfläche », Lucan strebt nach vertiefender Deutung — oft auf Kosten der Anschaulichkeit (vgl. besonders Friedrich Mehmel, *Virgil und Apollonios Rhodios.* Hamburger Arbeiten 1, 1940).

Mlle Marti : Vous avez décrit la technique de Lucain qui, partant soit d'un fait réel, d'un objet, soit d'un événement historique (tempête, armes, forêts, mutinerie), les transforme en poésie. Vous avez aussi prononcé les mots de microcosme et de macrocosme. Pourriez-vous tout d'abord nous montrer de quelle manière le réel devient symbole dans la *Pharsale* ; et ensuite nous indiquer si Lucain, tout en décrivant les événements de la guerre civile, leur donne, à votre avis, une signification universelle ; s'il élève à l'échelle d'une histoire cosmique les événements qui se déroulent dans le temps et l'espace, en d'autres termes, si le microcosme reflète et nous aide à comprendre le macrocosme ?

M. von Albrecht : Ihre Fragen erschöpfend zu beantworten, hiesse ein Buch über Lucan und seine Poetik zu schreiben. Darum nur einige kurze Bemerkungen : Als historischer Epiker geht Lucan zweifellos zunächst von einem Realen aus ; er verwandelt es dann, wie mir scheint, in zwei Prozessen, die einander entgegengesetzt sind. Zuerst wird das Reale in einem Vorgang, den Pichon als « synthetische Konzentration » bezeichnet hat, vereinfacht. Diese Vereinfachung beginnt mit der Vermeidung von Wiederholungen und dem Abstreifen von Zufälligem ; sie kann aber bis zur Reduktion des Gegenständlichen auf einen einzigen produktiven Punkt gehen. Aus diesem Keim wird dann mit innerer Logik der Gegenstand neu geschaffen, so dass er nun weniger das darstellt, was « wirklich gewesen ist » als, um mit Aristoteles zu reden « was sein könnte ». Durch Reduktion und erneute Entfaltung wird das Reale so umgestaltet, dass es zugleich symbolische Bedeutung gewinnen kann. Dass für eine poetische Darstellung ein Minimum an Realität genügt, aber zugleich unerlässliche Voraussetzung ist, versuchte ich neulich an dem Bilde des Staubkorns zu verdeutlichen, das die Kristallbildung ermöglicht.

Hinsichtlich der Beziehung zwischen Makrokosmos und Mikrokosmos haben Sie mit Recht den Seesturm als Beispiel herangezogen. In der altepischen Welt ist der Makrokosmos von Göttern erfüllt, äussere und innere Stürme gehören von Natur zusammen. Lucan hingegen muss davon ausgehen, dass vielen seiner Leser die Natur entgöttert und der menschlichen Seele entfremdet erscheint. Als Dichter sucht er die ehemals im Epos selbstverständliche Analogie zwischen aussen und innen bewusst herzustellen. Der stoische Gedanke der συμπάθεια kann ihn darin nur bestärken. (Wie sehr auch für Lucan zunächst die Trennung beider Bereiche nahe liegt, beweist der grosse Umfang reflektierender Partien einerseits und geographischer Kataloge andererseits.) Lucan schlägt die Brücke zwischen aussen und innen, eine Grundbedingung poetischen Gestaltens, mit einer Bewusstheit, die uns Moderne in Erstaunen setzt. Reflexion und Philosophie waren ihm aber nicht Selbstzweck, sondern ein Mittel, um in einer entgöttert scheinenden Welt dennoch Dichter sein zu können.

M. Due : It may be too much to say that Lucretius is among the sources of Lucan's philosophy; nevertheless, I am quite sure that a comparison between these two poets would prove most interesting and illuminate several aspects of what may be termed poetical philosophy in Roman literature. It is quite obvious, too, that in the field of poetical technique a comparison would be extremely useful. The connection between Lucan and Lucretius might seem strange at first sight. But perhaps—if for one moment we allow ourselves to consider their private chaacter—they have had the same experience of disgust amidst all the luxury and splendour of an over-civilized society (cp. Lucr., 4, 1131 ff.). What do you think about this suggestion?

M. von Albrecht : Ich denke, Sie haben völlig recht. Man kann z.B. an das Lob des einfachen Lebens im vierten Buch (4, 373 ff.) denken. Ausserdem scheint mir eine Analogie zwischen den « Meditationen des Verfalls » bei Lucan und bei Lucrez zu bestehen.

M. Le Bonniec : 1. La *Pharsale* continue à certains égards la tradition alexandrine : c'est une œuvre savante, parfois même étiologique. On pense à une influence possible des *Aitia* de Callimaque, et surtout des *Métamorphoses* et des *Fastes* d'Ovide. Je suis persuadé qu'Ovide, poète *érudit*, a exercé sur Lucain une profonde influence. Qu'en pensez-vous?

2. Lucain multiplie les interventions personnelles qui sont beaucoup plus nombreuses dans son poème que dans l'épopée traditionnelle, dans l'*Enéide* par exemple. De même, Ovide, dans ses *Métamorphoses*, interrompt souvent le récit pour faire part au lecteur de son indignation ou de son scepticisme. Il serait intéressant d'étudier de ce point de vue Ovide comme modèle de Lucain.

M. von Albrecht : 1. Da Ovid der « römische Kallimachos » ist und Lucan ihn nachweislich stark benützt hat, möchte ich am ehesten an eine indirekte Einwirkung des Kallimachos durch Ovid auf Lucan denken.

2. Ihr Hinweis auf die subjektiven Äusserungen Ovids ist sehr berechtigt. In meinem Buche über *Die Parenthese in Ovids Metamorphosen* bin ich näher darauf eingegangen, ohne jedoch auf Lucan bezug zu nehmen.

M. Rutz : Die weitgehende Gleichheit unserer Auffassungen macht es kaum möglich, einen Diskussions-Beitrag zu liefern. Ich möchte nur zwei Einzelheiten hervorheben und unterstreichen :

1. Die Versuche, in grösserem Umfang Einfluss des Ennius auf Lucan festzustellen, scheinen mir wenig sinnvoll. Ich halte Ihre Auffassung für durchaus wahrscheinlich, dass Lucan vielleicht von Ennius nicht mehr gegenwärtig war, als es uns ist, weil auch für ihn und seine Zeit Ennius fast ausschliesslich der von Cicero zitierte Ennius gewesen ist.

2. Mit dem Gebrauch des Ausdruckes « rhetorische Übertreibung » sollte man aufhören, soweit es Lucan betrifft. Man misst, wenn man diesen Ausdruck gebraucht, Lucan an dem Ideal einer Dichtung, das nicht das seinige war. Der Wille zur Expressivität ist in diesen Dingen allein entscheidend; nicht am Verhältnis zur Wirklichkeit haben wir solche Stellen zu messen, sondern an der Frage, wie weit der Ausdruck gelungen ist. Das « Rhetorische » in diesem Sinne — wie auch gestern mehrfach betont — ist nicht Zutat, sondern integrierender Bestandteil und legitimes Mittel des dichterischen Ausdrucks.

M. von Albrecht : 1. Ich bin ganz darin mit Ihnen einig, dass auf dem schwierigen Gebiet « Lucan und Ennius » grösste Vorsicht geboten ist.

2. Von « rhetorischer Übertreibung » sollte man in der Tat bei Lucan nicht sprechen. Es ist hier zweifellos ein Wille zum

Ausdruck wirksam, aber auch (was nicht immer gesehen wird) ein *rationales* Element : der Wille, dem Realen eine ethische oder kosmische Interpretation zu geben.

M. Bastet : Nach allem, was schon gesagt wurde, kann ich kurz sein. Ich möchte nur einiges bemerken.

Erstens scheint es mir wichtig, wie Herr Due mit Recht hervorgehoben hat, sich tiefer mit dem möglichen Einfluss Lukrezens auf Lucan zu beschäftigen. Besonders die Stellen, wo bei Lukrez und bei Lucan die Gleichnisse auftreten, könnten vielleicht neue Angriffspunkte eröffnen.

Zweitens erlaube ich mir, nochmals auf das allgemeine Kunstwollen der neronischen Epoche hinzuweisen. Die Gemälde zeigen Figuren mit übersteigerten Gesichtszügen, im Gegensatz zu den Gemälden der augusteischen Epoche. Die Überbietung Vergils soll also m.E. gesehen werden im Rahmen einer breiteren kulturgeschichtlichen Entwicklung : i.e. handelt es sich nicht nur um Vergil, sondern zudem um eine allgemeine geistige Umgestaltung des Zeitgeschmacks.

Drittens möchte ich bei Ihren Bemerkungen zum Elefantengleichnis (6, 208) auf die heroische Rolle hinweisen, die die Elefanten seit Alexander im Hellenismus zu spielen beginnen. (Material u.a. bei Spinazzola, *Pompei alla luce degli scavi nuovi di Via dell'Abbondanza* [1953].) (In der römischen Münzprägung zum Beispiel treten die Elefanten ziemlich plötzlich auf, nach alexandrinischem Beispiel vielleicht. Sie werden besonders wichtig in der Triumphalsymbolik.)

M. von Albrecht : Der Vorstellung eines « Zeitstils » wohnt methodologisch eine eigentümliche Dialektik inne. Wir abstrahieren ihn aus konkreten Kunstwerken und erklären sie dann wieder aus ihm. Dabei besteht die Gefahr, auf Grund von Zügen, die bedeutenden und unbedeutenden Werken gemeinsam sind, die Einmaligkeit grosser Schöpfungen zu verwischen. Wenn wir wissen, dass durchschnittliche Produkte jener Epoche zu « Übertreibung » neigen, so enthebt uns dies nicht der Pflicht, nach der Funktion und dem Stellenwert zu fragen, den sie in einer grossen Dichtung wie der *Pharsalia* hat. Ich habe dies, ausgehend vom Verhältnis zur epischen Tradition, versucht. Lucan gestaltet so, weil Einfühlung und Ek-stase bei ihm kosmische Dimensionen annehmen. Bei ihm — und vielleicht bei dem Architekten der *Domus Aurea*? — ist dies innerlich notwendig und glaubwürdig, andere folgen einfach der Mode.

M. Grimal: Dans cette définition de la technique épique de Lucain par ses contours, ou ses facettes, que devient l'autre moitié de la tradition homérique, à laquelle Virgile doit beaucoup, et qui est constituée par l'*Odyssée*? Le thème du voyage n'a pas été traité par Lucain lui-même. Mais il est présent, malgré cela, divisé, entre les différentes parties du poème : ici la tempête sur l'Adriatique, là, la marche dans le désert, etc. Ne peut-on penser que Lucain lui a donné un rôle précis : emplir les moments d'attente, de relâchement entre les scènes dramatiques, les sommets de la tension poétique? Problème qui est toujours délicat dans le récit épique.

La tradition épique, homérique aussi bien qu'hellénistique, comportait la description de nombreuses œuvres d'art. Lucain, à peu près seul, renonce à cet ornement. Pourquoi?

Il est juste de faire intervenir, pour expliquer Lucain, l'influence de la poésie didactique, qui est une forme de l'épopée. Une difficulté traditionnelle, soulevée à propos de la contradiction (apparente) entre l'épicurisme de Lucrèce et son entreprise d'exposé poétique, nous aidera sans doute à comprendre que, dans le cas de Lucain, la doctrine stoïcienne, au contraire, invitait à l'épopée : non seulement l'exemple de Cléanthe nous le montre, mais aussi la doctrine de la sympathie, qui établit des correspondances entre tout microcosme et le macrocosme. On peut dire que le poème de Lucain est une épopée de philosophie politique.

Ce qui entraîne, je crois, une conséquence importante : tandis que l'épopée traditionnelle, jusqu'à Virgile, met en scène les actions des héros, et d'eux seuls, chez Lucain, les foules jouent un rôle (au début du livre 2; ailleurs les soldats, etc.); la cité entière est incluse dans l'épopée. Cela appartient sans doute au romantisme de Lucain, cette poésie de l'anonyme — la cité, les autres hommes étant, aux yeux d'un stoïcien, partie intégrante de la *Natura*, et leur devenir aussi important que le sort individuel des protagonistes.

M. von Albrecht: Ihr Hinweis auf die *Odyssee* und die Funktion des Reise-Motivs ist fruchtbar. Ausserdem scheint mir ein Kontrast beabsichtigt zu sein zwischen der « Heimkehr » und dem « sanften Tod » des Odysseus einerseits, und der Flucht und dem gewaltsamen Tod des Pompeius andererseits.

Nun zum Verzicht auf Beschreibungen von Kunstwerken: Als mögliche Erklärungen bieten sich entweder philosophische Erwägungen stoischer Art oder die Eigenart von Lucans Begabungsrichtung an, deren auditiven Charakter Mlle Marti neulich hervorhob. Ich neige zu der zweiten Annahme. Freilich wissen wir nicht, ob ein « Schild Catos » nicht in einem der späteren Bücher Raum gefunden hätte.

Der politisch-philosophische Aspekt, auf den Sie mit Recht hinweisen, bildet ein wichtiges Glied in der Welt des lucanischen Epos, die vom Mikrokosmos des Individuums (Ethik) über den der Gesellschaft (Politik) bis zum Makrokosmos (Physik) reicht. Die « Sympathie » zwischen dem Raum der Physik und dem der Politik drückt sich in den Prodigien aus; das von Ihnen beobachtete Verständnis der Einzelnen für Gruppen, Massen und einfache Menschen schlägt ebenfalls die Brücke zwischen zwei Bereichen. Hierher gehört das aktive und engagierte Verantwortungsgefühl für die Menschheit als Ganzes, deren Selbstzerstörung der Wissende nicht tatenlos zusehen kann. Der Dichter « lehrt » nicht stoische Philosophie, sie wird ihm zu einem modernen Mittel, um auf rationalem Wege zu einer *dichterischen* Weltschau zu gelangen.

INDICES

Remarque

Comme dans d'autres volumes de la collection, les index sont rédigés en latin, ce qui en facilitera la consultation. Ils ont été établis par M. René Amacker, licencié ès lettres (Genève), membre de l'Institut Suisse de Rome.

I. INDEX AUCTORUM

A. Auctores antiquiores

B. Auctores recentiores

II. INDEX NOMINUM

AVERTISSEMENT

Dans cet index général des noms, on a imprimé en romains les noms de personnes, de villes, de peuples, etc., et les désignations des écoles philosophiques; en *italiques*, les noms des dieux, des héros mythologiques, des fêtes et des monuments ; en PETITES CAPITALES, les noms modernes.

III. INDEX RERUM NOTABILIORUM

Avertissement

Cet index des matières ne prétend pas être exhaustif. Pour réduire la part d'arbitraire qui découle du choix des sujets retenus, on s'est borné à relever, en général, ce qui a trait à l'interprétation de la *Pharsale* (*Ph*) et à la connaissance de son auteur (L). Pour les compléments d'information, le lecteur est prié de consulter les index précédents. Quant aux termes retenus, on a jugé utile de ne pas les disposer seulement dans l'ordre alphabétique, mais encore de les regrouper dans les rubriques les plus importantes, grâce à de nombreux renvois; on espère ainsi que ce répertoire servira à donner une vue synthétique du contenu de ce volume.

PRINTED IN SWITZERLAND

ACHEVÉ D'IMPRIMER LE 29 MAI 1970
SUR LES PRESSES DE L'IMPRIMERIE DU
« JOURNAL DE GENÈVE », A GENÈVE, SUISSE